JN156509

明治の宮廷と女官

扇子忠 著

雄山閣

『明治の宮廷と女官』正誤表

頁・行	誤	正
二頁一七行目	そういう点では、明治宮廷の大奥は……	そういう点では、明治宮廷のお内儀は……
一四頁六行目	……公家や宮中大奥の女官たちから……	……公家や宮中お内儀の女官たちから……
二一頁一一行目	（雨林家・公家）	（羽林家・公家）
二一頁一四行目	（以上、雨林家・公家）	（以上、羽林家・公家）
五一頁一三行目	……大臣家・雨林家・名家……	……大臣家・羽林家・名家
五三頁一五行目	「精華家（せいかけ）」九家、「大臣家（だいじんけ）」三家、「雨林家（うりんけ）」六十六家、「名家（めいけ）」二十八家……	「精華家（せいがけ）」九家、「大臣家（だいじんけ）」三家、「羽林家（うりんけ）」六十六家、「名家（めいか）」二十八家……
五八頁一二行目	四辻家は雨林家の一つで……	四辻家は羽家の一つで……
七八頁七行目	次は、大奥について述べる。……大奥の入り口……	次は、お内儀について述べる。……お内儀の入り口……
一一五頁一七行目	更に、その後、「中宮」という名称はいつの間にか消えてなくなり、「皇后」と「女御」の二つの名称だけが明治維新まで残った。	削除
一二七頁一二行目	内裏を男子禁制の場と決めた。	後宮を男子禁制の場と決めた。
一三五頁一一行目	摂家（せっけ）のほか、精華家（せいかけ）、大臣家（だいじんけ）、羽林家（うりんけ）、名家（めいけ）、……	摂家（せっけ）のほか、精華家（せいがけ）、大臣家（だいじんけ）、羽林家（うりんけ）、名家（めいか）、……
一三八頁一二行目	従来のように「雨林家」以下の……	従来のように「羽林家」以下の……
一六五頁一行目	話は以上だが、明治宮殿の大奥でも……	話は以上だが、明治宮殿のお内儀でも……
一六五頁三行目	宮中大奥で「仕人（つこうど）」として……	宮中お内儀で「仕人（つこうど）」として……
二一四頁四行目	母は、「雨林家（うりんけ）」の飛鳥井雅光（あすかいまさみつ）の次女・存子（ながこ）だ。	母は、「羽林家（うりんけ）」の飛鳥井雅光（あすかいまさみつ）の次女・存子（ながこ）だ。
二一五頁二行目	門跡の実家は、家格の高い精華家（せいかけ）の一つであり……	門跡の実家は、家格の高い精華家（せいがけ）の一つであり……
二二三頁一〇行目	公家の「名家（めいけ）」である柳原光愛（みつなる）の長女として……	公家の「名家（めいか）」である柳原光愛（みつなる）の長女として……
二二七頁一二行目	公家の「雨林家（うりんけ）」の基祥（もとさち）の侍女として……	公家の「羽林家（うりんけ）」の基祥（もとさち）の侍女として……
二三八頁七行目	……三年後の明治八年五月に十二等出仕の……	……二年後の明治八年五月に十二等出仕の……

まえがき

明治維新前後の宮廷は、「公武合体論」や「尊皇攘夷論」の策謀（さくぼう）に翻弄（ほんろう）され、南北朝以来の不穏（ふおん）な状況に晒（さら）された。やがて、薩摩、長州、土佐の志士たちの暗躍（あんやく）によって一大クーデターが成功する。幕府は解体され、各藩は版籍奉還を行う。ここで新たな天皇親政が実現し、新政府による政治体制が整った。

一方、天皇を取り巻く公家や女官たちは宮廷の故習に執着し、自分たちの既得権と権威をかざし、天皇を御簾の奥深くにかくまって人前に晒（さら）すことをかたくなに阻（はば）んだ。が、新政府はそれを無視して、大胆な宮廷改革に取り組んだ。その魁（さきがけ）として、新政府は天皇の東幸を強引に断行し、東京遷都のお膳立てを整えた。次に、新政府は旧江戸城を皇居と定め、入内して間もない皇后と皇太后に総ての女官を引き連れて東行するよう仕組んだ。そればかりではなかった。従来、天皇の藩屏（はんぺい）といわれてきた公家たちにも、京都から東京に居を移すことを義務づけた。

やがて、東京に移された皇室は、ヨーロッパの先進君主国のそれらと対等の立場であるべく、諸条件を整えることが急務とされた。が、公家出身の保守的な老女官たちは、古来の宮中大奥の仕来りを重んじ、天皇の神聖さを保持することだけに執着した。それは、神聖と神秘に対する執着といっても過言ではない。また、一部の若い女官たちは、宮廷の故習に従って天皇の側女（そばめ）となった。

そこで、新政府の為政者たちは、宮廷の陋習の根源が従来の女官制度にあると見なし、繰り返し女官制度の改革を行い、近代国家にふさわしい皇室を築き上げようと奔走した。そのために、先帝に仕えた老女官全員を罷免し、若い天皇や皇后の身の回りの世話を行ってきた公家出身の「上臈」たちを新たに女官として起用した。ところが、一つの問題が浮かび上がった。皇后の入内後数年経っても、皇嗣が授からなかった点だ。これには、女官たちのみならず、新政府首脳陣も慌てた。

新政府は女官筆頭に選んだ四辻清子に、若き天皇にいち早く皇嗣が授かるべく圧力を掛けた。四辻清子は若い女官の中から複数の側室を選び、天皇の夜伽をさせた。が、夜伽をした女官は懐妊して、出産に漕ぎ着けたものの、生まれた皇子や皇女は次々に夭折してしまった。やがて、重責を負った女官長の四辻清子は心労のためか病に倒れ、長い間お局で臥せる。その結果、次席の高倉寿子が実質的な女官長となる。が、高倉寿子は四辻清子とは違って、新政府の言いなりにはならなかった。日本をヨーロッパの近代君主国に比肩しうる君主国にするためには、皇室も先進国に見習って一夫一婦制でなければならないと、高倉寿子は頑なに思った。が一方では、連綿と続いてきた天皇家を百二十二代目で絶やしてはならないとも思い、二律背反の事態に悩んだ。そこで高倉寿子は、夜毎違う女官に天皇の夜伽をさせるような節操のないやり方を変えた。まず、女官の中から一人を選び、その女官だけに一定期間天皇の夜伽役を務めさせたのだ。その結果、漸く皇嗣を儲けることが出来た。が、皇嗣を生んだ女官たちは次々に体調を崩し、また生まれた皇子や皇女も次々に夭折した。結局、六人の女官から十五人の皇子や皇女が誕生したものの、成人したのは皇子一人と皇女四人だけだった。こうして、かろうじて皇統が紡がれた次第である。

だが、改められた明治の女官制度も、やがて次の大正時代には更に改められることになった。すなわち、天皇のもとに夜伽役の女官は置かれなくなり、近代国家にふさわしい皇室の一夫一婦制が初めて実現したのである。

そういう点では、明治宮廷の大奥は、日本史上最後の天皇の世継ぎのための「女の園」だったのだ。世界史上で宮廷といえば、中世ヨーロッパの王朝や秦の始皇帝、或いは朝鮮王朝などの宮廷をついつい想像する。が、明治宮廷は、それらの宮廷とは存在意義も違えば、女官たちのありようも違った。筆者は、その点を本書で明らかにしたい。

平成二十六年八月吉日

扇子　忠

■明治の宮廷と女官■目次

まえがき……1

第一章　明治の宮廷……7
1　御簾から出た現人神……7
2　東京奠都と天皇親政……18
3　一條美子の入内と立后……35
4　天皇の側近……50
5　西京の「京都御所」……59
6　東京の「明治宮殿」……69
7　宮廷の様相……86
8　宮廷の年中行事……100

第二章　明治の後宮……111
1　后妃と女官……111
2　正室と側室……113
3　女官と上臈（女房）……116

第三章　明治の女官……128
1　女官制度の改革……128
2　女官勤め……155
3　お局生活……168
4　女官の服装……209

第四章　明治の著名な女官……214
1　女官長になった高倉寿子……214
2　大正天皇の実母になった柳原愛子……223
3　天皇から最も寵愛された園祥子……227
4　「明治の紫式部」といわれた税所敦子……231
5　「宮中の女狐」といわれた下田歌子……237

参考文献……244
写真・図版出典一覧……247
付録1　女官内規……249
2　女官内賜金規程……265
3　明治時代女官任官状況……268

第一章　明治の宮廷

1　御簾から出た現人神

嘉永五年（一八五二）九月二十二日、孝明天皇の第二皇子が、外祖父に当たる権大納言・中山忠能邸で誕生された。後の明治天皇だ。母は、忠能の十七歳になる娘で女官見習いとして出仕したばかりの安栄（宮中での通称）、すなわち慶子だった。お七夜の同月二十九日に参内して、「祐宮」と名を賜う。出典は、中国最古の卜書『周易』で「自天祐之吉无不利（天より之を祐く、吉にして利ならざるなし）」による。

祐宮は、忠能を「御養育掛り」とし、木村ライを「御乳人」、入谷容子を「御添乳」として、五歳まで中山邸で育てられた。その後、当時の女官最高位の「典侍」に昇格した実母・慶子のお局にお住いになった。万延元年（一八六〇）六月十日、孝明天皇にほかの皇子が授からなかったため（第一皇子は誕生後、夭折）、祐宮は「准后女御」・九條夙子（後の英照皇太后）の実子とされた。当日、梨木持子（当時、四十二歳）が「女蔵人」から祐宮付きの「御乳人」になった。また、後に女官筆頭となる四辻清子（当時、二十一歳。明治十七年、室町に改姓）が祐宮付きの世話役である「上臈」として出仕し、「高松」と称した。同年九月二十八日、祐宮は親王宣下をお受けになり、「儲君（皇太子）」となられる。名を「睦仁」と賜った。このお名前については、「今度生まれて来る稚児には、皇子であれ皇女であれ、仲睦まじい《睦》という字を付けよ」と、「准后女御」が仰せられたという（坂本辰之助編『明治天皇』）。当日、樹下範子（当時、十八歳）が「御小姓」として、ほかの四人の判任官と共に、祐宮の専属女官として出仕した。

当時の政情は、安政の大獄、桜田門外の変、皇女・和宮の降嫁問題などで騒然としていた。が、睦仁親王は、世相とは隔絶された雲深き九重の禁裏で、女性たちだけに囲まれて幼年期を過ごされた。日課は、卯の半刻（午前七時）にご起床、亥の刻（午後九時）にご就寝と決められていた。ご朝食後は稚児髷を結い、白粉で薄化粧を施され、縫い模様の振り袖姿で書の手習いに勤しまれた。午後は本絞り緋綸子の着物に白袴をお付けになって参内され、父・孝明天皇のもとで必ず御題二つを戴き、詠進されることが義務付けられた。ちなみに、そういったご幼少の習慣が稔り、後世に九万三千三十二首にのぼるお歌を残される結果になった。父君の御前からお下がりになると、『四書五経』の素読や『古今和歌集』を手本にして和歌の手習いに励まれた。進講したのは、忠能をはじめ伏原宣諭・宣明父子、高辻修長たちだった。とりわけ、実母・慶子は睦仁親王を厳しく躾けられたようだ。が、手習いの時間外は、睦仁親王の御乳人・梨木持子、「上臈」の四辻清子や樹下範子たちと歌留多遊びに興じられることもあった。

天皇のご気性とご性格については、渡辺幾治郎著『明治天皇』に信頼できる史料に基づいて詳しく書かれている。それによると、天皇の幼少の頃は負けず嫌いだったようだ。気に召さない時は、随分わがままな振る舞いをされたようである。が、反面気弱でもあったようだ。『中山忠能日記』に、当時のご気性が窺われる記録が残されている。睦仁親王が満十二歳の元治元年（一八六四）七月十九日、蛤御門の変（禁門の変）が勃発した朝、長州軍が打ち込んだ大砲の砲弾が内裏に落下し、睦仁親王は爆音が轟くやいなや失神されてしまったという。ご幼少の頃は、女性たちだけに囲まれてお育ちになったためか、それほど気弱な少年だったようだ。

慶応二年（一八六六）十二月二十五日、孝明天皇が満三十五歳の若さで崩御されたため、翌三年一月九日に満十五歳になられたばかりの睦仁親王が践祚された。が、その後しばらく経ってからの慶応四年一月十五日、元服。同年八月二十七日、京都御所にて大礼が執り行われ、第百二十二代天皇として即位された。すなわち、帝位のお世継ぎはあったものの、帝位に就かれたことを内外に知らしめる表向きの即位礼の儀式は長い間なかった。即位十二日後、一世一元の制が定められ「明治」と改元された。この元号は、易経の「聖人南面而聴、天下嚮明而治（聖人南面して聴けば、天下、明らかに向かって治る）」の一句から採られた。

一方、睦仁親王が元服される十二日前の慶応四年一月三日、京都南郊の鳥羽（京都市南区）や伏見（京都市伏見区）で、幕府軍およそ一万五千人と薩摩・長州軍およそ五千人との戦いが勃発した。「戊辰戦争」の始まりだ。この戦闘は、わずか四日間で決着がついた。薩摩・長州軍の銃砲の火力が、幕府軍のそれに勝ったのだ。第十五代将軍・徳川慶喜（よしのぶ）は、大坂から軍艦「開陽丸」で側近や妾（めかけ）を連れて江戸に遁走する。戦に勝った薩摩・長州軍は新政府軍、すなわち官軍として錦の御旗を掲げて江戸攻撃に向かい、幕府は瓦解して江戸城が無血開城となった。

ここで明記しておかなければならないことは、王政復古派の公卿勢力が公武合体派に代わって俄（にわか）に台頭し、倒幕の策謀を弄（ろう）したという舞台裏だ。慶応三年十二月九日、中山忠能、正親町三条実愛（おおぎまちさんじょうさねなる）（明治三年に嵯峨に改姓）、岩倉具視（ともみ）たちが王政復古の大号令を発した。その結果、先帝・孝明天皇に忠勤を励んだ徳川慶喜と、京都の治安維持に貢献した会津の松平容保（かたもり）は、幕府を倒そうとした薩摩と長州の謀略によって「賊臣」と見なされ「朝敵」とされたのだ。同日夜、土佐の山内容堂（ようどう）は「慶喜、祖先以来の覇業を抛（なげう）ちて大権を奉還す。その功、実に大なり。然るに、二、三の公卿、幼冲（ようちゅう）の天子を擁し、陰険の挙を行わんとし、全く慶喜の功を没せんとするは何ぞや」と非難したが、岩倉具視（ともみ）は「今日の挙は、一に皆聖断に出でざるはなし。何ぞ其の言を慎まざるや」と、大嘘をついて反論した。いわゆる「小御所会議」の「徳川慶喜の朝政参与拒否の論議」の模様だ（宮内庁編纂『明治天皇紀』）。

慶応四年三月十四日、「五箇條御誓文」が渙発（かんぱつ）されたが、「我が国未曾有の変革を為さんとし」云々（うんぬん）は、即位以前の幼少の睦仁親王の発意ではない。また、「朕（ちん）、幼弱を以て猝（にわか）に大統を紹（つ）ぎ、爾来（じらい）何を以て万国に対立し、列祖に事（つか）へ奉らんやと朝夕恐懼（きょうく）に堪えざる也」云々も、決して睦仁親王のお言葉ではない。王政復古を図った岩倉具視たちの意図的な作文に過ぎない。王政復古派が目論んだのは、祭政一致を図り神祇官（祭祀を司る国家機関）をでっち上げることだった。すなわち、天皇は天照大神を皇祖とする現人神として、天皇を神聖化する企みだ。当時、地方の人たちは天皇について全く知識がなかった。現に、信じられないような通達が地方に出されている。

　此ノ日本ト云ウ御国ニハ、天照皇太神宮様カラ、御継ギ遊バサレタ所ノ天子サマト云ガ、ゴザッテ、是ガ昔カラ、チットモ変ワッタ事ノ無イ此ガ日本国ノ御主人サマヂヤ。（明治文化研究会編第二十二巻『長崎裁判所・御諭書』）

また、「天子様ハ、天照皇太神宮様ノ御子様ニテ、此ノ世ノ始メヨリ、日本ノ主ニマシマシ……神様ヨリ尊ク、一尺ノ地、一人ノ民モミナ天子様ノモノニテ、日本国ノ父母ニマシマセバ……」云々と、奥羽地方に発布された人民告諭にある（福地重孝著『激動の中の明治天皇』）。

新政府は、国民の天照大神に関する神話信仰を利用して、天皇と国民を父母の関係に当たる「神」として位置付け、一方、外国に対しては「実在の人」、すなわち日本の主権者だと宣言し、矛盾を孕んだ枠組みを造り上げた。この枠組みによって、従来「ミカド」と「タイクン」の序列に関する理解が曖昧だった在日外国使節たちにとっては明解になったようだ。

話は相前後するが、「五箇條御誓文」が渙発される十一日前の明治元年（一八六八）三月三日、英国公使パークスが初めて謁見した時の天皇のご様子が、A・B・ミットフォードの著書『英国外交官の見た幕末維新』に記されているので引用しよう。

　我々が部屋に入ると、天子は立ち上がって、我々の敬礼に対して礼を返された。彼は当時、輝く目と明るい顔色をした背の高い若者であった。彼の動作には非常に威厳があり、世界中のどの王国よりも何世紀も古い王家の世継ぎにふさわしいものであった。彼は白い上衣を着て、詰め物をした長い袴は真紅で婦人の宮廷服の裳裾のように裾を引いていた。被りものは廷臣と同じ烏帽子だったが、その上に、黒い紗で作った細長く平らな固い羽根飾りをつけるのがきまりだった。私は、それを他に適当な言葉がないので羽根飾りと言ったが、実際には羽根のような物ではなかった。眉は剃られて額の上により高く描かれていた。頬には紅をさし、唇は赤と金に塗られ、歯はお歯黒で染められていた。このように、本来の姿を戯画化した状態で、なお威厳を保つのは並大抵のわざではないが、それでもなお、高貴の血筋を引いていることがありありとうかがわれていた。……まだ極めて年若なうえに、女官たちのいる大奥から離れて新しい地位に就いたばかりだということから予想されたように、天皇（みかど）はすこしはにかんでいたように見えた。

また、同年五月二十二日、親征のために大坂に行幸された天皇に信任状の奉呈のために、パークスが再び天皇に東本願寺で謁見した際の模様が、この時同道した通訳官・アーネスト・サトウ（後の駐日公使）の著書『一外交官の見た明治維新』にリアルに描かれているので、これも長くなるが引用しよう。

　それはかなりの大広間であった。両側には天井をささえる木の太柱がずっと一列に並んでいた。一番奥まったところにある高座の上、黒い漆塗りの柱でささえられた天蓋（てんがい）の下に、簾（すだれ）をいっぱいに巻き上げて、天皇（ミカド）がすわっておられた。私たちは二列に並び、右の一列は提督を先頭にして海軍の士官が、左の一列は公使を先頭に公使館の職員が、相共に広間の中央へ進んだ。全員は三回頭を下げた。最初は部屋の中央まで進んだとき、次は壇の下で、三度目は壇の上にのぼってからであった。壇上は、われわれ全員が楽に並べるだけの広さがあった。最初に頭を下げて敬礼したとき、天皇（ミカド）は天蓋（てんがい）の下に起立された。外国事務局督と、他の一人の高官が、玉座の左右にそれぞれひざまずいていた。

玉座の前の左右に、小さい木製の獅子の彫刻がすえてあった。これはすこぶる時代を経たもので、日本国民に大いに尊ばれているものだ。玉座のうしろには、多数の廷臣が黒い紙の帽子をかぶり、色さまざまの華麗な錦の礼服をきて、二列に並んでいた。天皇(ミカド)が起立されると、その目のあたりからお顔の上方まで隠れて見えなくなったが、しかし動かれるたびに私にはお顔がよく見えた。多分化粧しておられたのだろうが、色が白かった。口の格好はよくなく、医者のいう突顎(プラグナサス)であったが、大体から見て顔の輪郭はととのっていた。眉毛はそられて、その一インチ上の方に描き眉がしてあった。衣装は、うしろへたれた長い黒色のゆるやかな肩衣(ケープ)に、マントのような白い長袍(ガーメント)、それに紫色のゆるやかな長袴(トラウザー)であった。……ハリー卿が進み出て、イギリス女王の書翰(しょかん)を天皇(ミカド)に捧げた。天皇は恥ずかしがって、おずおずしているように見えた。そこで、山階宮(やましなのみや)の手をわずらわさなければならなかったのだが、この宮の役目は実は天皇から書翰を受取るにあったのである。また、陛下は自分の述べる言葉が思い出せず、左手の人から一言(ひとこと)聞いて、どうやら最初の一節を発音することができた。すると、伊藤は、前もって用意しておいた全部の言葉を翻訳したものを読みあげた。

こうした心許ない若い天皇をどうして新しい国家の元首に育て上げるかという課題は、新政府の首脳にとって頭の痛い問題だった（大久保利謙『宮廷改革と明治天皇』）。

翌年二月、大久保利通は次のように宮廷改革を建議した。

御座所(ござしょ)を設け、巳(み)の刻（午前十時）より申(さる)の刻（午後四時）まで出御(しゅつぎょ)、万機を聞食(きこしめ)さるる事。ここには、女房の出入を禁ずる事。

一、巳(み)の刻出御、毎日総裁、議定、参与に拝謁仰(はいえつおお)せ付けらるる事。

一、侍読を置き、名卿賢侯の内にて宇内の形勢に通達せる者を選び、常に左右に咫尺して徳器涵養時務豁開に勉励すべき事。

一、御馬術調練等叡覧あらせらるるべき事。

一、制度規則大いに名実を正さるべき事。

また、『五箇条御誓文』と同時に出された『国威宣布宸翰』に「朕、幼弱ヲ以テ、猝ニ大統ヲ紹ギ、爾来何ヲ以テ万国ニ対立シ、列祖ニ事へ奉ラント、朝夕恐懼ニ堪エザル也」と書かれている。従って、従来、宮中の大奥で女性だけに囲まれてお育ちになった幼弱の天皇をいかに強靭な元首に鍛錬するか、君徳培養が目下の課題であった。当時、新政府は次のような告文を公布している。

主上御幼年ニアラセラレ、是マデ後宮御住居ノ御事ニ候トコロ、先般御誓約ノ御趣旨モコレアリ候。旁ク思食ヲ以テ、以来御住居アソバサレ、毎日辰ノ刻御学問所へ出御。万機ノ政務、聞食セラレ候間、輔相ヨリ逐奏聞候。尤モ、時々八景ノ間へ臨御モアラセラレ、御政暇ニハ文武御研究、申ノ刻入御ノ御順序ニ御治定仰セ出デラレ候事。

若い天皇は、毎朝十時に後宮から御座所にお出ましになり、午後四時まで政調を聴聞されるようになったとのことだ。また、ある時は文武両道にも勤しまれるようになった。そして、女官の近侍はお内儀に限定され、表では男子の近習が天皇に仕えた。以上が、維新来初めての宮廷改革だった。

後に詳しく述べるが、従来宮廷には「お局」と称する後宮の勢力が表の政治を強く牽制し、支配していた。従って、明治新政府の発足に当たり、更なる宮廷改革が不可避であった。が、「お局」にメスを入れることは、ひとかたならぬ難事であった。その様子は、次の書翰から窺える。

> 岩倉卿四五日ノ間、御所へ詰メ切リ必死ノ御尽力ニテ利害得失御諫争（いさめあらそう）。終ニ御許容アラセラレ……。是迄禁中ノ内官等、太政官ノ役人ヲ見ルコト仇讐ノ如キ勢コレアリ、実ニ不可言ノ次第モコレアリ。（島津久光重臣・蓑田伝兵衛宛て大久保利通書翰）

宮廷の陋習を打ち破ることは、新政府首脳たちにとって極めて頭の痛い難題だった。そこで、手っ取り早く打開するためには、御所を守ろうとする保守的な公家や宮中大奥の女官たちから天皇を引き離す以外に策はないと、新政府は考えた。が、事は尋常に進まなかった。

> 御東幸につき京師（京都）の腐儒迂生（役立たずの学者や世事に疎い愚かな人たち）異論出で、大いに輦輿を止め奉る等の説あり。天子の天子たる御事を知らず、固陋（見識・見分が狭くて頑固）の見を以って天下の大機を誤らんとす。前途の事、始終内部の障妨（差し障りや妨げ）より、却って国威を縮少するに至る件、挙げて数うべからず。（木戸孝允日記・明治元年十月一日）

新政府が画策した天皇の東幸に対して、公家衆や女官たちは相当強く反対し、妨害をも行った様子が窺える。一方、政府の急進的改革派の大久保一蔵（後に利通と改名）などは、当初より遷都を考えていた。とにかく、新政府は、強引に天皇の東幸を決断した。

なお、政府内で遷都について議論されていた頃、江戸を東京と改称する旨、次のような勅語が発せられた。

> 江戸は東国第一の大鎮、四方輻輳の地、よろしく親臨以て其政を視るべし。因て自今、江戸を称して東京とせ

ん。是朕の海内一家、東西同視する所以なり。

注意してみると、「東京とす」ではなく、「東京とせん」となっている。これは、京都から遷都することをひたすら嫌った公家や女官の抵抗をあらかじめ排除するための、予防策であり詭弁だ。所詮、政府のやり方は今も昔も変わらない。

蛇足だが、「東京」という名称は、中国では長安に対する洛陽、瀋陽に対する遼陽をそれぞれ「東京」と呼んだ古例に従ったつもりだろうと思われる。従って、名古屋を「中京」、京都を「西京」、奈良を「南京」と位置付けたのだ。それは現在、東京と大阪の狭間で田舎扱いされてきた名古屋市民の間に、「中京テレビ」、「中京大学」、「中京競馬場」などという名称が、また、無邪気な京都市民の間に「西京高校」、「西京信用銀行」、「西京漬け」などという名称が、それぞれ抵抗感もなく受け入れられて定着していることからも明らかだ。

同年九月二十日、天皇は平安京奠都以来一千有余年の古都から出御され、二か月ほど前に江戸から「東京」と改称された地に向けて初めて東幸された。天皇がお乗りになった鳳輦は、供奉する公卿と藩兵およそ三千三百人に守られ、京都御所の紫宸殿の南正面に位置する承明門から発輦し、三条大橋を経由して東海道を東へと下った。

その様子は、「儀容荘厳、また以ってして久しく幕府の外に朝廷あるを知らざりし無智の人民をして、始めて聖天子の威厳を悟らしめたるもの多し」（『太陽』四巻九号、明治三十一年四月発行）とある。幕末期には参勤交代で東海道を上り下りする大大名の行列でさえ、せいぜい一千人前後の規模であったから、街道筋の民衆はさぞ驚いたことだろう。当時のほとんどの民衆は、「世の中で一番偉い人」は自分たちが住んでいる藩の「お殿さま」か、幕府の将軍、すなわち「公方さま」だと思っており、既述したように天皇の存在を全く知らなかったか、知っていたとしても「天子さま」がどういう存在であるかなど到底知る由もなかった。そこで、「天子さま」とはいったいどういうお方なのか一目見てみたいという大勢の民衆が、大行列が通る街道脇に押し寄せ、二重三重の列を織り成して見入った。しかし、民衆が行幸中の天皇の姿を、自分の目で実際に見た訳ではない。民衆は、御簾（みす）に覆われた鳳輦を見たに過ぎなかった。

天皇は、東幸の途中、各所の行在所（あんざいしょ）（宿泊所、休憩所）で高齢者一万五百四十五人に対して慰労金を、孝子・義僕・節婦など百三十八人に対して褒賞金を、水害被害者四千三百七十三人と火災難渋者五千六百九十四人に対して救援金を、合計二万七百五十人に対して一万一千三百両をご下賜された。ちなみに、この東幸に要した費用総額は、およそ七十八万両だったという記録が残っている。これを今の金額に換算すると、約三十一億円になる（小沼淳著『会津藩の崩壊』によれば、金一両＝約四千円）。

十月十三日、天皇は京都御所からご発輦後二十三日を要して江戸城に入城された。江戸は、既に「東京」と改称されていたため、江戸城も「東京城」と改称された。その十か月前まで江戸城を居城としていた最後の将軍・徳川慶喜は、駿府（すんぷ）（静岡）で蟄居（ちっきょ）しており、江戸城は空き家になって荒れ果てた殿舎が残されているのみであった。東京府中も、決して華やかではなかった。旧江戸城あたりの風景は、「国破れて山河在り、城春にして草木深し」の様相だった。徳川慶喜が江戸城を新政府の東征軍に明け渡した後、およそ八万人の武士のうち、ある者は東京の上野戦争で戦死し、ある者は東北に転戦し、江戸に残った者は駿府に蟄居した徳川慶喜につき従い家族を引き連れて移り住んだ。また、参勤交代で江戸詰めになっていた諸大名たちは、江戸に住まわせていた妻子を伴ってそれぞれの所領に帰り去り、府中の商人たちも有力大名の藩へと流れて行った。その結果、東京は「朱門粉壁軒（しゅもんふんぺき）を連ねたる大名小路は皆廃屋となり、雨は漏り風に破るるも修むる者なく、昨日まで輪奐（りんかん）たる大建築の邸宅も、今は之を売らんとするに買う者なきのみあらず、無代価にて贈与せんとするも、土地に属する租税を負担せざるにあたわず引き取る者なく、わずかに家屋だけは破壊して、湯屋の薪材となす者あり」（『太陽』四巻九号）という有様だった。

天皇は、生活が疲弊し、人心が荒廃した民衆を見かねて、東京府中一千五百九十二町の町民に酒樽二千九百九十樽をご下賜された（拙著『錦絵が語る天皇の姿』）。それぞれの町の代表者たちは、城内でご下賜された酒樽を町内に持ち帰り、町民は仕事を休んで三日三晩にわたって祝杯を挙げ、仮装行列や山車(だし)を繰り出して鉦(かね)や太鼓を叩き踊り狂ったという。当時の情景は、現存する多くの錦絵に見られる。それらの錦絵には、「天盃頂戴」とか「世直し」と書かれた幟(のぼり)を掲げて騒いでいる民衆の姿が生きいきと描かれている。この一事は、新政府の人心収攬のための施策であり、庶民が天皇に関心を寄せ始めた証(あかし)でもある。

この東幸は、およそ三百年にわたり政治の実権を握ってきたかつての将軍の居城に天皇が入ることによって、天皇親政による国政の刷新を旧藩諸侯や民衆にイメージ付けることを意図したものでもあった。天皇は、東京にご着輦(ちゃくれん)後、東北諸藩の征伐や函館の乱の鎮圧祈願のために、東京府下の日枝神社や浦和の氷川神社へ行幸された。また、東京城内では、天皇は先の官軍の東征で勲功をたてた薩摩や長州の藩兵の軍事操練を天覧されたり、諸外国との国交を深めるために来日外国使節を引見されたり、ご多忙な毎日であった。

そんな折、天皇の御身と帝都のいく末を案じる京都や摂津地方の民衆の間に不穏な動きがあるという知らせが、天皇の東幸に供奉してきた新政府首脳のもとに届いた。そこで、首脳の一人である岩倉具視は、京都や摂津の民心を安堵せしめるため、天皇が一旦京都に還幸されるべく建議した。同時に、天皇が京都で皇后を冊立(さくりつ)され、次回は皇后ともども東幸されるよう勧めた。岩倉は、その間に東京城内に新宮殿の造営を完了し、全国に皇威を示さなければならないと考えていたのだ。これに対して、東幸に供奉した三條実美(さねとみ)、大久保利通、木戸準一郎（後に孝允(たかよし)と改名）など他の首脳たちは、岩倉の建議に反対の意を示した。三條の意見は、「今もし、にわかに還幸したまはば、関東の人心を失うや必然なり。東京の盛衰は、日本全国の盛衰興廃に関す。たとえ京摂を失うとも、東京を失わざれば、すなわち天下を失うことなし」（『明治天皇紀』）というものだった。岩倉は「先帝の祭祀、立后(りっこう)の大儀は共に朝廷の急務とせらるる所なり」と反論し、京都の留守廷を守る皇太后（英照皇太后）や宮家からの賛同も得て決定してしまう。討論の結果、天皇は東京に二か月間ご滞在後、一旦京都に還幸されることになった。

2　東京奠都と天皇親政

明治元年（一八六八）十二月二十二日、天皇は京都に還幸された。天皇は旅の疲れを癒す暇もなく、三日後の二十五日に孝明天皇の「御三年祭」、二十八日には「立后の儀」が執り行われた。「立后の儀」とは、言うまでもなく皇后を定める儀礼・儀式だ。五摂家の一つである一條忠香の三女・寿栄君（諱は勝子、入内前に美子と改名）が選ばれ、慣例に従って「女御」として入内した日に、改めて「皇后」に冊立された。後にいう昭憲皇太后だ。この時、天皇は満十六歳、皇后は満十九歳だった。

明治二年（一八六九）三月七日、天皇は再び東幸のため京都を発輦された。天皇は鳳輦にお乗りになり、彦根藩主・井伊直憲が前衛、金沢藩主・前田慶寧が後衛を固め、前回の東幸の際の警護とほぼ同じ陣容のおよそ三千五百人の武士が供奉した。武士たちは、みな黒地の筒袖半纏に黒地の股引、草鞋脚絆のいでたちであった。京都では、天皇を取り巻く女官や公家をはじめ、民衆までが東京遷都の噂を聞いて動揺したことは言うまでもない。これに対して、三條実美を頭とする新政府首脳のナンバー・ツーである岩倉具視が欺瞞に満ちた詔勅を偽造して公にした。「京都は桓武天皇以来千有余年の帝都にして、列聖山陵のある所なり。今後千百年を経るとも、決して遷鼎（遷都）して京都を廃するが如きことなかるべし」（『明治天皇紀』）という詭弁を弄して、未然に騒動をおさめたのだ。しかし、天皇が東京に着御されると、直ちに「東京城」が「皇城」と改称され、実質的な東京遷都が行われた。この遷都に関しては、天皇からの「詔」や新政府からの「布令」など、公式のステートメントは一切なかった（佐々木克著『江戸が東京になった日』）。

その背景には、京都の民衆ばかりでなく、保守的な公家や旧藩諸侯が東京遷都を強く反対していたので、新政府から通達を発して火に油を注ぐような愚を避けたいという事情があった。その後、新政府機関である太政官が東京に移され、それに伴って天皇の藩屏であった宮家や主だった公家たちの多くが東京に居を移した。すると、京都の街は灯が消えたように、にわかに寂れてしまった。一方、東京遷都が決まると、荒れ果てた東京の町の復興は急速に進められることになった。

当時、国内は未だ平穏ではなかった。函館では、開陽丸など八隻の軍艦や運搬船に分乗して江戸を脱走した榎本武揚率いる旧幕府軍の残党二千余人と、航路途中の仙台で加わった東北諸藩の脱藩兵など二千五百余人が、黒田清隆率いる新政府の大軍と戦っていた。いわゆる「函館戦争」の真っ最中であった。また、東京や横浜では、攘夷論に固執する暴徒が在日外国官民に危害を加えるという事件が頻発した。それらの事件に憤激したイギリスやフランスの在日使節代表は、新政府に対して賠償を求めるとともに、厳しい取り締まりと犯人の厳重な処罰の要求を行った。

一方、新政権の首謀者たちは仲間内で選挙を行い、輔相に三條実美、議定に岩倉具視、鍋島直正、徳大寺実則の三人、参与に東久世通禧、大久保利通、木戸孝允、副島種臣、後藤象二郎、板垣退助の六人を決定し、いよいよ国政に着手した。同年六月十七日、政府は二百六十一の藩主から版籍奉還を受け、旧藩主は藩知事となった。その後、残りの二十二藩の藩主もそれに続き藩知事になった。同時に、従来の公家と諸侯を「華族」として統合した。また、官制の改正を行い、神祇官、民部、大蔵、兵部、刑部、宮内、外務の七省を置き、いよいよ新生国家としてスタートする準備を整えた。

天皇もいよいよ忙しくなった。天皇は、来日外国使節の引見、戊辰戦争や復古功臣の行賞、新たに設置された太政官への親臨、御前会議などで多忙を極められた。その合間に、宮中の吹上馬場で乗馬の練習や、御学問所（公務室）で侍講から『記紀』、『資治通鑑』、『十八史略』などの進講を受けられた。つまり、これまで女性たちだけに囲まれてお育ちになった若い天皇を、新生日本の主権者として育成すべく、大久保利通が建議し宮中改革を断行したのだ。

従来、天皇に対する上奏や上聞、天皇からの叡慮や勅語の伝達は女官を通じて行われてきた。その際、女官が必ず容喙し、叡旨を曲解することも少なからずあった。そこで、大久保たちはその陋習を払拭し、新国家の元首にふさわしい威厳に満ちた天皇像を築き上げるためにも、旧態然とした宮廷に執着する公卿や女官たちから若き天皇を引き離すべく、東京遷都を断行したのだ。

同年十月十二日、新政府は女官制度の改革を行い、先帝以来の女官たち全員を一旦罷免した。皇后が東行のために京都をお発ちになり、東京に着御される十二日前の出来事だった。

明治三年（一八七〇）四月十七日、駒場野（現在の目黒区駒場二丁目の駒場公園）で各藩兵の大調練の天覧があった。東京遷都以来、調練は皇城内でのみ度々行われてきたが、皇城外で行われたのは初めてだった。当日、大久保利通は午前三時に自宅を出て調練の準備に余念が無かった。彼の日記には「主上（天皇）十時前御着。尤も御馬にて、兵隊前後に列し、実以て未曾有の事。雀躍に堪えず」と記している。実は、天皇が庶民の前にお姿を現されたのはこの時が初めてだった。この日の調練には在京の諸藩兵およそ一万八千人が集められたが、藩ごとに兵式がフランス式、英国式、オランダ式とばらばらであり、軍装もそれぞれに違っていた。当時、統一された近代兵制は未だ敷かれていなかったのだ。兵制の施行は、明治六年（一八七三）の徴兵令の発令を待って、西欧での視察研究の後に帰国した山県有朋らによって手掛けられることになった。

明治四年（一八七一）七月十四日、廃藩置県の結果、三府三百二県（同年十一月に一使、つまり北海道が加えられる）が置かれた。その後、三府七十二県に集約された。現在の行政区画である一道一都二府四十三県になったのは、明治二十二年（一八八九）のことだ。明治四年には、再度に亘る女官制度改革と宮内省の官制改革が行われた。が、当時、依然として古い宮中の故習が君主国としての政治に害を及ぼしていた。「宮禁の制度、先例・故格を墨守するもの多くして、君側の臣は堂上華族に限られ、先朝以来の女官権勢を張り、どうもすれば聖明を覆いたてまつる等の事無きにあらず」（『明治天皇紀』）という有様で、右大臣・三條実美や大納言・岩倉具視らも憂慮していたが、畏れ多くも一千年に及ぶ宮中の慣習や制度にそう易々とメスを入れる訳にも行かなかった。そこで、参議・西郷隆盛は「国威を発揚せんとせば、宜しく根源に遡りて宮禁の宿弊を改めざるべからず。即ち、華奢・柔弱の風ある旧公卿を宮中より排斥し、これに代わるに剛健・清廉の士を以てして聖徳を輔導せしむるを肝要とす」（同『紀』）と、三條や岩倉に進言し英断を促した。

その結果、政府は宮内卿（大臣クラス）に徳大寺実則（精華家・公家）、宮内大輔（次官クラス）に万里小路博房（名家・公家）、宮内少輔（次官補クラス）に吉井友実（旧薩摩藩士）、宮内大丞（局長クラス）に村田経満（通称新八、旧薩摩藩士）を起用し、宮内省内に「侍従職」と「内匠・調度職」の二部門を設置して、天皇の公務を手伝う侍従の職掌を定めた。そして、従来、侍従職を独占していた公家全員が一旦罷免され、改めて侍従長として徳大寺実則（兼務）、東久世通禧（雨林家・公家）、河瀬真孝（旧長州藩士）の三人が任命された。侍従には、高島鞆之助、高城重信（以上、旧鹿児島藩士）、高屋長祥、片岡利和（以上、旧高知藩士）、河野通信、有地品之允（以上、旧山口藩士）、堤正誼（旧福井藩士）、北條氏恭（旧狭山藩士）、島義勇（旧佐賀藩士）、米田虎雄（旧熊本藩士）、醍醐忠順（精華家・公家）、東園基愛、堀河康隆、入江為福、綾小路有良、石山基文（以上、雨林家・公家）、勘解由小路資生、裏松良光（以上、名家・公家）、富小路敬直、高辻修長、五條為栄、伏原宣足（以上、半家・公家）たちを任命した。なお、後には旧幕臣の山岡鉄太郎（通称鉄舟）も宮内省員に加えられている。侍従の多くが士族から選ばれたのは、武士道を以って天皇の聖徳涵養の任に当らしめるということが目的であった。その結果、天皇のご日常は、がらりと変わった。それを喜んだ政府首脳の一人、西郷隆盛は叔父の椎原国幹に次のような内容の書状を書き送っている。原文を口語体で要約すると、以下の通りだ。

喜ぶべきことは、主上（天皇）のご身辺のことです。士族より出仕することになった侍従をご寵愛下さること

> は誠に嬉しい限りです。主上は、朝から晩まで御座所にお出ましになり、公務のかたわら和漢洋のご学問にお励みになり、時間が許される限り侍従たちと夜遅くまで歓談もされます。……晴れた日は馬にまたがり、自ら一小隊を率いて軍事教練をされることもあります。……時には、私ども政府の主だったものを食事にお招き下さることもあります。また、一か月に三度は、政府要人並びに各省庁の長官を召集され、政治課題を討議されます。そして、日に日に政治変革の効果が見られます。主上ご自身に尊大なお振る舞いは一切なく、これは水魚の交わりとでも申し上げられます。（『明治天皇紀』、坂本辰之助著『明治天皇』等より要約）

　実際、この官制の改革で、宮内省がそれほど進歩的になった訳ではない。幹部クラスは、いずれも旧公家であったものか、その子弟ばかりだった。これらの公家出身者たちは、近代国家には無用の長物である門閥や血統だけを頼りにして、世間のことには疎いにも拘らず、ひたすら奢り高ぶって他人を見下す輩が多かった。しかし、天皇ご自身はそうではなかった。天皇は、ご叡明であった。当時十九歳の天皇に決定的に精神的影響を与えたのは、五十四歳で侍講として宮内省に出仕した元田永孚だ。元田は、後に宮中顧問官や枢密院顧問官にまで上り詰めているが、明治二十四年に七十四歳で他界するまでの二十年間に亘り、天皇に近侍し補弼してきた。元田は若年の天皇に、以下のように諭した。

> 古より明君を貴ぶところは、己の智を智とせずして、人の智を智とし、己の力を力とせずして、人の力を力とするにあり。これを寛仁大度という。寛仁ならずんば、何を以てか億兆を愛せん。大度ならずんば、何を以てか四海を容れんや。然れども天性寛容仁柔にして、人言を納るゝは易く、英毅剛強にして、人言を用いるは最も難しく、最も貴しとす。（前記『明治天皇』）

言わずもがな、君徳培養に誠忠を尽くした元田の期待に添った明治天皇は、速やかに国家統一を為し、日清・日露の両大戦に勝利し、無私英邁の大御心を以て東洋一の大帝国を築き上げられたことは周知の通りだ。

話は横道にそれたが、宮内省内の改革が一段落した後、政府は太政官制自体の大改革も行った。新政治体制として、「太政官」を「正院」として、新たに「左院」と「右院」を設けることになった。「正院」に「太政大臣」、「納言」、「参議」を置き、天皇親臨を輔弼し、立法・行政・司法の諸事務を管轄する。「左院」は立法府として、議員は大、中、小議官を以って組織し、議長（後藤象二郎）、副議長（江藤新平）は参議が兼務するか、大議官が就任することとされた。また、「右院」は行政府として、各省の「卿（大臣）」と「大輔（次官）」で構成し、行政問題を審議することとされた。ちなみに、「太政大臣」には三條実美、「参議」には西郷隆盛、木戸孝允、大隈重信、板垣退助などが就任することになった。また、各省は神祇省（大輔・福羽美静）、外務省（卿・副島種臣、大輔・寺島宗則）、大蔵省（卿・大久保利通、大輔・井上馨）、兵部省（大輔・山県有朋）、文部省（卿・大木喬任）、工部省（大輔・伊藤博文）、司法省（大輔・佐々木高行）、宮内省（卿・徳大寺実則、大輔・万里小路博房）、開拓使（長官・東久世通禧、次官・黒田清隆）の九機構があったが、これらの人事は薩摩、長州、土佐、肥前の藩士からそれぞれ選ばれ、意図的にバランスをとった形にした。

また、勅任官、奏任官、判任官の等級を改め、正四位以上を勅任官、正六位以上を奏任官、従六位以下を判任官と定めた。その他、各省庁の組織や役人の職掌の改正も行った。

これに先立ち、軍部の組織を確立するために国内に四鎮台を置き、既に解散させられていた旧藩兵を「東京鎮台（本営東京）」、「東北鎮台（本営仙台）」、「大阪鎮台（本営大阪）」、「鎮西鎮台（本営熊本）」に所属させた。これらによって、軍事権も統一され、中央政府の基礎を確立することができた。先の大政奉還の際、山内容堂は建白書で「海陸軍備ハ一大至要トス、軍局ヲ京攝ノ間ニ築造シ、朝廷保護ノ親兵トシ、世界ニ比類ナキ兵隊トナサンコトヲ要ス」と述べているが、軍隊の編成は政権を奉還する側にとっても、新政権を引き継ぐ新政府側にとっても、必要不可欠という意見で一致していた。それ故に、天皇はみずから親兵を指揮され、陸海軍を統率する「大元帥」になられた。また、天皇は、皇族の男子が軍人になることを奨励され、「皇族は特別ノ事情ノナキ限リ、自今陸海軍軍人タルベキ」（福地重孝著『激動の中の明治天皇』）と仰せられた。従って、佐賀の乱では嘉彰親王（後の小松宮彰仁親王）が、西南の役では有栖川宮熾仁親王が、それぞれ征討総督として現地に向かわれている。

明治五年（一八七二）五月二十三日から同年七月十二日までの凡そ五十日間、天皇は「近畿・中国・九州巡幸」のため品川より船で宇治山田へ、そして陸路を経て京都と大阪に進まれ、更に御召艦「竜驤」で下関、長崎、熊本、鹿児島、神戸へと順次寄港され、最後に横浜に上陸し還幸された。この時、天皇は初めて軍服を着用されたという。いわゆる肋骨服だ。「御親兵」と呼ばれていた近衛兵は、赤帽子に赤い毛を付けて、服は黒の小倉、金ボタンに白帯、それに刀を差した。それらの様子は、現存する明治錦絵に多く見られる（拙著『錦絵が語る天皇の姿』）。

新政府は、天皇を元首とする一君万民の近代国家体制の地歩を固めるために、全国民に天皇の存在を知らしめ、同時に天皇が全国の実情と民衆の様子を見て回わられる機会を創出したのだ。当時、三條実美が「辺鄙ノ民概ネ皆故見ニ慣レ、旧習ニ泥ミ覇府アルヲ知テ皇室アルヲ知ラズ」（遠山茂樹著『北海道巡幸の上奏稿』）と述べている通り、民衆の天皇に関する知識や、民衆の国民としての意識がほとんど定着していなかったからだ。

その後、明治九年（一八七六）六月二日から同年七月二十一日まで四十九日間の「奥羽巡幸」、明治十一年（一八七八）八月三十日から同年十一月九日まで七十二日間の「北陸・東海巡幸」、明治十三年（一八八〇）六月十六日から同年七月二十三日まで三十八日間の「山梨・三重・京都巡幸」、明治十四年（一八八一）七月三十日から同年十月十一日まで七十四日間の「北海道・山形・秋田巡幸」、明治十八年（一八八五）七月二十六日から同年八月十二日まで十八日間の「山陽道巡幸」など合計六回の大旅行、いわゆる「六大巡幸」が挙行された。これらの巡幸には、大臣、参議、宮内官、侍従、侍医、近衛兵など二百人から四百人が供奉した。

天皇は、旅先の府県知事から行政の実情や地方の特色などの報告を受けられ、所在の兵営に臨御して観兵され、また主だった学校に臨幸して学生・生徒の学業状況をご下問され、商工業の特設展示場などを天覧された。更に、高齢者、功労者、節婦などには褒賞金をご下賜された。同時に、天皇を初めて仰ぎ見る地方の民衆が、天皇を目のあたりにすることで、新しい時代の到来を実感する本来の目的も達成された。

新しく国旗として定められた日章旗がはためく沿道を、十六菊花紋の天皇旗を先頭に天皇がお乗りになる西洋式の馬車と近代装備に身を包んだ近衛兵の鹵簿（ろぼ）を見て、天皇の存在が民衆の脳裏の奥深くに印象付けられたに違いない。沿道に詰めかけた民衆は、「十里、二十里を遠しとせず、老若男女は晴れ着で（天皇を）拝みに来た」（中村平治著『天皇症候群を排す』）という。そして、「行列の通った後の砂利を争って拾い、家内安全、五穀豊穣の守り神とした」そうだから、地方の民衆の大多数は、天から神の降臨があったとでも思ったのかも知れない。一説では、当時、天皇は民間信仰上の別のテンノウ、即ち厄難や災禍を払いのけてくれる牛頭天王（ごずてんのう）と混同されていたともいわれている（宮田登著『生き神信仰』）。

地方巡幸のほかにも、天皇の行幸は盛んに行われた。華族学校や師範学校の開校式、大学や士官学校の卒業式、元老院や国会の開院式、内国勧業博覧会の開会式のほか、観菊・観桜会、側近邸宅での能楽鑑賞、観兵式や観艦式、陸・海軍の演習などへ、ある時は天皇と皇后がご同列で、またある時は別々に行幸や行啓があった。ちなみに、明治元年から明治二十二年までの天皇の行幸・巡幸の回数は五百二十七回で、それ以後は激減して巡幸は一切なくなり、行幸は東京帝国大学（明治三十年六月から昭和二十二年九月までの呼称）の卒業式と国会の開会式以外には観兵式や陸・海軍の演習など軍事関係の行事に限られた（矢吹活禪著『明治天皇行幸年表』）。

話は戻って、明治六年（一八七三）一月より三月にかけて、宮中の大改革が行われた。後述する女官制度の改正もさることながら、天皇や皇后も日常の旧習を改められた。天皇は断髪され、大奥以外では常に軍服を着用されることになった。皇后と皇太后は、お歯黒（鉄漿）や眉を剃り落として墨で描く習慣も廃された。宮中の食卓には西洋料理や洋酒も並ぶようになり、天皇の生活様式は京都御所での古風な暮らし向きからは一変した。天皇と皇后が、牛乳や牛肉を召し上がるようになったのもこの頃からだ。

両陛下のご日常が一新された矢先の同年五月五日、宮中で一大事件が起きた。深夜、女官のお局から出火し、宮殿すべてに延焼してしまったのだ。爾来十六年間、両陛下は手狭な赤坂離宮を仮皇居とされることになった。

明治十年（一八七七）二月、国内が騒然とした事件が起きた。四年前に「征韓論」に破れて下野していた西郷隆盛たちが「政府に尋問の筋あり」として、兵を率いて鹿児島を出発したため、「西南戦争」が勃発した。同年九月、この内乱は西郷の自刃を以って治まるが、西郷を殊のほか気に入っておられた天皇は大層心を痛められた。明治維新以来、国内では彰義隊の「上野戦争」、松平容保の「会津戦争」、榎本武揚の「北海道戦争」、熊本の「神風連の乱」、福岡の「秋月の乱」、山口の「萩の乱」のほか、新政府に反発する一揆や暴動が全国到る所で多発（維新内乱期の慶応二年から明治三年までの五年間に年平均百三十件発生）してきたが、明治十年末頃になってやっと国内は沈静化した。

当時、挙国一致、国威発揚、富国強兵、殖産興業などと盛んに叫ばれていた。政局が安定して来ると文明開化が一挙に加速され、インフラの整備と並行して軍備、法制、教育、金融、商工業等の制度化が進んだ。そうした中、両陛下の行幸啓の機会が増え、観兵式をはじめ東京上野公園で開催された内国勧業博覧会、競馬、曲馬サーカス等のほか、季節の折々に観菊会、観桜会、華族の邸宅等に盛んに行幸啓された。そういった情景は、当時唯一のビジブルなメディアだった錦絵に多く描かれているが、拙著『錦絵が語る天皇の姿』（遊子館）をご参照戴きたい。

文明開化が加速したとは言え、宮中では「温故知新」の良風美俗は守られた。明治十八年（一八八五）六月から大正三年（一九一四）までの二十九年間、女官として仕えた籔嘉根子が、ありのままの宮中の様子を書いた文章が残っているので、長くなるが引用しよう。

我が国の美風は、どこまでもご保存遊ばすようにご努力なされた。聖上は、しかしながらまた一面、世界の大勢に順応なさることをも、決してお忘れ遊ばしませんでした。

女官の服装のごときも、国交上必要とお認めの上は断然洋服にお改めになり、またお沙汰によって、束髪の結い方、洋食の食べ方、諸礼式等も宮内省お雇いのモール夫妻（ドイツ人）に、伊藤公爵夫人・梅子様の通訳で、皆の者が教えて戴きました。そうしていつもご内儀の食堂で、聖上が卓の席までもご指定になって、洋食の食べ方の練習がございました。接伴役には洋食の嫌いな方がありましたが、その代わりその方たちは、お後で果物を頂戴致しました。初めのうちはいろいろの失敗もございましたが、お陰様でだんだんと諸礼式にも慣れ、外人と会食もできるまでになりました。

その他、馬術のご教授に預かり、また親しく御題を賜って、歌道のご指導を戴きました。何一つ弁えぬ愚か者が、どうやら人らしくなり得ましたのも、みな聖上の賜物と感激に堪えませぬ。今にして往事を回顧致しますると、思い出すことの一つ一つがみな、有り難く勿体ないことのみで、唯々過分の冥加に感激すると共に、せめて今暫くの間でも、御健やかにましましたならば、そればかりが残念でなりませぬ。（藪嘉根子・手記『お腕白盛りから』）

明治二十二年（一八八九）一月十一日、新宮殿が竣工すると両陛下は青山の仮皇居から還幸啓された。ちなみに、この皇居は、旧皇城本丸に総坪数一万二千六百七十五坪（約四万一千九百平米）の建物を二百五十万円の当初予算に基づき五か年計画で造営された。が、実際には約四百九十万円の費用が掛かった（中島卯三郎著『皇城』）。これを現在の価額に換算すると、三千億円くらいになるのではないかと推測する。そうだとすれば、現在の年間の皇室費（内廷費、宮廷費、皇族費の合計）約百億円と宮内庁費約百億円との合計の十五年分に値する。

翌二月十一日の紀元節（神武天皇の即位記念日）に当たるこの日、この新宮殿に於いて、初めて一大国家イベントが行われた。憲法発布の式典が挙行されたのだ。おもしろい話がある。当時の民衆は、憲法発布を「お上が絹布の法被を下さる」と勘違いして大騒ぎしたと、政府の「お雇い外国人」としてドイツから招かれ、東京医学校（後の東京大学医学部）の教授や宮内省侍医を務めたエルウィン・フォン・ベルツの日記に残されている。

午前九時、天皇は宮中の閉ざされた神聖な場所である「賢所」、「皇霊殿」、「神殿」の三殿にお参りされた。その後、天皇は大元帥大礼服をお召しになり、首から大勲位菊花章頸飾を吊るし、胸に大勲位菊花大綬章と同副章とを付けられたお姿で、また、皇后は洋装大礼服のマント・ド・クールをお召しになり、宝冠大綬章と同副章とを付けられたお姿で「正殿」に出御された。そこに皇族をはじめ、政府高位高官、在日外国使節、華族代表などが列して控えるなか、天皇が勅語を賜った。

> 朕、国家ノ隆昌ト臣民ノ慶福トヲ以テ中心ノ欣栄トシ、朕ガ祖宗ニ承クルノ大権ニ依リ、現在及ビ将来ノ臣民ニ対シ、此ノ不磨ノ大典ヲ宣布ス……

そして、七章七十六条からなる『大日本帝国憲法』が、枢密院議長・伊藤博文の手から内閣総理大臣・黒田清隆に手渡された。当日、皇室の規範を定めた十二章六十二条からなる『皇室典範』も公布された。

午後一時過ぎ、両陛下はご同列で青山練兵場に於ける観兵式に臨御された。この時、両陛下が皇居前の二重橋から馬車でご出門されると、待ち受けていた東京大学（後の東京帝国大学）の初の日本人教授・外山正一が音頭を取って、大学職員や学生たちが「万歳、万歳、万歳」と三唱した。これが、万歳三唱の始まりだといわれている。

午後七時より、昼の式典に参列した三百五十七人を宮中にお招きになり、過去になかった大規模な饗宴が「豊明殿」など四室に分けられて催された（拙著『皇室の饗宴とボンボニエール』）。

この憲法発布式典は、「立憲君主制の成立という国家の政治的成果を記念する祝典であったと同時に、新しく造り出された一連の皇室のページェント（公式儀礼）のさきがけとなった」と、米国の日本近代史学者であるT・フジタニ博士がその著書『天皇のページェント』で述べている。現に、日本は明治維新以来、明治元年（一八六八）の天皇即位礼以外に、日本の国威を日本国内外に示す国家的な儀礼・儀式は一切行われていなかった。当時、宮内省式部官だった矢野文雄（政治小説『経国美談』の著者）が、「皇室の尊厳を人目に実にする」ため、「宮廷の諸式を制定して永世の定式を公示する」ことを宮内大臣に建議したと、法学博士・所功がその著書『天皇の儀礼』で記している。また、「皇室の儀礼・儀式を成文化して、華麗で荘厳な儀式を挙行することは、日本国内において国家の近代化と天皇制を絶対として皇室の威厳を確立するためという他に、当時の西欧列強の壮観な国家ページェントに眼を見張り、王室を有する君主国家の儀礼競争に対抗するようになった」と、T・フジタニ博士が述べている。

明治二十七年（一八九四）三月九日、国家的な公式儀礼の一環として「大婚二十五年祝典」が挙行された。このイベントは、外国に留学した経験を持つ伊藤博文が「欧米諸国に在りては、結婚後二十五年に達すれば、銀婚式と称してこれを祝賀する風習あり」と、公的儀礼の実行を建議したという話がある。当時、日本はヨーロッパ先進国を見習って、大いに欧化ムードが漂うまっただ中だったから、銀婚式や金婚式を祝うキリスト教文化の風習であっても採り入れられたのだろう。宮内省は省内に銀婚式挙行のための委員会を設置し、外務省は西欧諸国に駐在する公使たち（当時、日本はどの国とも同盟を結んでいなかったので、諸外国とは大使を交換していなかった）に各国君主の銀婚式に関する調査を命じた。その調査結果が、『各国金銀婚式取調録』として、今も宮内庁書陵部に残されている。余談になるが、当時、天皇は伊藤博文の西洋かぶれにはいささか辟易（へきえき）されていたそうで、「天皇は銀婚式という名称を使うことは絶対に認めなかった」（浅見雅男著『華族誕生』）そうだ。

当日早朝、両陛下は宮中の神聖な場所である「賢所」、「皇霊殿」、「神殿」の三殿にお参りされた。その後、皇族、政府高位高官、十三か国の在日外国使節などが待機する「正殿」に出御され祝福を受けられる。午後、両陛下は馬車で民衆が見守る街路をお通りになり、青山練兵場での観兵式に臨御された。夜は宮中で晩餐会が催され、昼の式典に参列した五百三十四人が招かれる。晩餐会の後、宮中では雅楽が披露された。この日の引き出物として、純銀製のボンボニエール三種（高さ約十一センチの純銀製の一羽の鶴の立像、直径約五センチで高さ約一・五センチの楕円形と丸形の二種類の小箱）がご下賜される。これらは少なからず現存しているが、明治金工の粋を凝らした日本伝統工芸の逸品といえる。詳しくは、拙著『皇室の饗宴とボンボニエール』をご覧戴きたい。

この年は、おめでたいことだけではなかった。朝鮮半島に於ける動乱がきっかけとなり、日清戦争が勃発した。日本は、鎌倉時代に経験した蒙古襲来や、安土桃山時代の豊臣秀吉の朝鮮出兵以来の外国との戦争だった。両陛下をはじめ、全国民が緊張を強いられたことは言うまでもない。この戦争中、天皇は広島に移された大本営に凡そ七か月間駐輦（ちゅうれん）され、兵営の一室で寝起きされるという実に忍耐のご日常だった。幸い、この戦争は短時日で終結し、勝利したことは周知の通りだ。

が、日本国中を震撼とさせた戦争は、これだけではなかった。明治三十七年（一九〇四）二月十日、日露戦争の宣戦布告が行われた。アジアの弱小国と見なされていた日本と、世界の超大国ロシアとの間で戦争が勃発したので、日本人のみならず世界の人々が、この戦争の成り行きを見守ったことは言うまでもない。戦争中、天皇は国の行く末を案じられ、夜もろくにお休みにならなかったそうだ。前述の藪嘉根子の証言がある。それによると、天皇は「これが一つ間違ったなら、国は大変なことになる」、「この寒さでは、さぞ兵隊はつらいことであろう」、「あの事はどうなったであろう。うまく行ってくれればよいがな」と仕切りに仰せになったそうだ。また、「行く末は如何になるかと暁の　ねざめねざめに世を思うかな」や、「はからずも夜をふかしけり国のため　いのちを捨てし人をかぞへて」という残された御製を見る限り、事実であったに相違ない。

が、幸いなことに天運が味方をしたのか、この戦争も比較的早く終息し、戦いに勝利した。

日本国民が戦争に勝って喜びに浸っている一方で、憂慮すべき事態が訪れていた。日清・日露の両戦争を経て、天皇は心身共に疲労困憊され、憔悴しきっておられた。そして、天皇の黒髪は葦毛色に変わり、日露戦争後は急に白髪が多く混ざるお姿におなりになっていた。同時に、天皇の持病であった糖尿病が進み、ご体調は頗る悪化した。が、天皇ご自身はご病状を極力お隠しになり、激務をこなされた。当時、まわりにいた侍医をはじめ侍従や女官たちは、なぜか天皇のご症状にあまり神経を配らなかったようだ。

この頃から、天皇の行幸は陸軍士官学校、陸軍中央幼年学校、陸軍戸山学校などの卒業式、陸軍の特別大演習や海軍の観艦式など軍事的な目的以外にはなくなり、民衆が天皇のお姿を拝見する機会は極めて少なくなった。すなわち、当時の政府や軍部による天皇の神格化が始まったのだ。

とはいえ、天皇ご自身は、まさに血の通った人情味のあるお方そのものだった。前述した藪嘉根子は、高位の女官である「掌侍」にまで上り詰めたので、天皇のお傍に在ってありのままの天皇のご様子を証言している。

> ある場合は、目の玉のむき出る程お叱り遊ばすことが御座いましても、その後は、からりとお忘れ遊ばして、ちっとも御念頭におわしまさぬ。お怒りをいつ迄もお心のうちに留めさせられるようなことは、露程も拝しませんでした。
>
> 大夫様（侍従）なども時にはお叱りを受けて、私たちがお傍におることさえ、お気の毒に思う程の場合が御座いました。翌日、大夫様がご機嫌奉伺に御前に出られます時は、私たちは昨日のことを思い出し、如何かと心配しておりますと、聖上には、もうすっかり御打解け遊ばされ、にこにこなされて、『どうじゃ大夫』などと、い

ろいろの御物語、昨日のことなど、一向御心に留めさせられぬご様子、実に有り難いことと思いました。古歌に『庭の面まだ乾かぬに夕立の　空さりげなく澄める月かな』とありますが、丁度そういったご気性でいらせられました。かくしてこそ、聖上を廻る人々が、心からの忠勤を励み奉ったのでございます。

天皇は、まさに光風霽月そのもののご性格だったように見受けられる。また、天皇の人間像に関して、明治四十二年（一九〇九）から昭憲皇太后の崩御の大正三年（一九一四）までの五年間、「権掌侍御雇」として宮中出仕していた山川三千子（旧姓・久世）は、その著書『女官』で次のように述べている。

一言にしていえば、沈着、豪胆とでも申し上げるのでございましょうか、滅多なことにはお驚きにならない、しかしまた一面細心で、どうしてそこまでご存じなのかと思うほど、よく気のつくこともございました。

やがて、悲劇が訪れた。明治四十五年（一九一二）七月二十日朝、官報号外によって報らされた。

聖上陛下には、去る十四日より御腸胃に少し御故障あらせられ、十五日より少しく御嗜眠一層加わり御食気も段々御減少し来り。十八日午後より少しく御精神御恍惚の御状態にて、御脳症あらせらる。十九日夕方に至り、突然御発熱あり。御体温四十度五分に昇り、御脈百零四、御呼吸三十八に渡らせらる。

追って、同日午後に宮内省から次のような御容態書が公示された。

聖上陛下、去る明治三十七年末頃より糖尿病に罹らせられ、次いで三十九年一月末より慢性腎臓炎御併発あらせられ、爾来御病勢多少御増減あらせられし……本日午前九時、侍医頭・医学博士・男爵・岡玄卿、東京帝国大学医科大学教授・医学博士・青山胤通並びに同大学教授・医学博士・三浦謹之助拝診の上、尿毒症の御症たる旨上申せり。

天皇のご不例が公示された十日後、遂にその日がやってきた。明治四十五年（一九一二）七月三十日午前零時四十三分、天皇が崩御されたのだ。日本国民は、こぞって「我が一天万乗の聖帝は斯くして我らを捨てゝ上天ましました。時に天暗く、悲風虚空に吹く。噫、哀しい哉。噫、痛ましい哉」と、嘆き悲しんだという（坂本辰之助著『明治天皇』）。この表現は、まんざら大袈裟ではない。理性的且つ理知的だった夏目漱石が、明治天皇の崩御について触れた作品『こころ』や、彼が友人に送った私信を読んでみると、当時の国民のこのような心情がひしひしと伝わってくる。

宮中では、御璽、国璽、御剣を新帝に渡御する儀礼・儀式、即ち践祚が正殿で直ちに行われ、皇太子である嘉仁親王が新帝詔書を発して元号を「大正」と改められた。そして、同年九月十三日午前九時より、荘厳な「大喪の儀」が青山練兵場で催された。この時刻に合わせて、全国六千万の民が黙祷を捧げた。当日夜、霊柩を京都伏見桃山御陵にお移しするため、特別に仕立てられたお召し列車が東京を発車した直後、府内のあちこちから弔砲が重々しく悲しげに鳴り響いた。この時、学習院院長・陸軍大将乃木希典と妻静子（静ともいわれる）が、赤坂新坂町の自邸で殉死していた。

同年九月十四日、古来の慣わしにより、亡き天皇の柩を乗せた葱華輦を京都八瀬の童子五十人の輿丁が担ぎ、京都伏見桃山御陵に埋葬された（猪瀬直樹著『ミカドの肖像』）。

明治天皇のご生涯は、まさに激動の時代の渦中にあった。黒船の来航に始まり、「戊申の役」や「西南の役」などの国内騒乱事件が相継ぎ、日本の国運を賭する「日清・日露戦争」にも遭遇された。が、天皇ご自身は、決して好戦的な君主ではなかった。ちなみに、「日露戦争」開戦直前に詠まれた御製「よもの海みなはらからと思ふ世に　など波風のたちさわぐらむ」を見ても、それが分かる。この歌からは、天皇ご自身の野心的なおこころざしなど微塵も感じられない。

日本は、横暴な欧米列強から不平等条約を締結させられ、植民地化される危機にも遭遇した。しかし、そうした亡国の悲運にも拘わらず、植民地化の危機から脱することができた。天皇は、忠誠を尽くす政府や軍部の首脳をはじめ、献身的に従軍した国民に支えられて艱難を乗り切られたのである。換言すれば、それは一重に天皇が我が国の「君主」として、また「大元帥」として新しい日本国家を築き上げようというご意思の結果だったといっても過言ではない。

また、天皇は自らすすんで宮中の故習や不合理な生活習慣から脱却され、欧米先進国の文化・文明をいち早く採り入れられた。現に、天皇は「よきをとりあしきをすて丶外国（とつくに）に　おとらぬ国となすよしもがな」と、お詠みになっている。その結果、明治維新以後、宮中のみならず日本全体に一躍にして文明開化の華が咲いたのだ。明治天皇の働きぶりは、「おのが身はかへりみずして人のため　盡すぞひとの務めなりける」という御製通りだった。また、崩御直前には、「なすことのなくて終らば世に長き　よはひをたもつかひやなからむ」とも詠まれているが、まさにそんなお心掛けのご一生であった。

翻って、過去を振り返れば平安時代、否、それより以前から明治維新に至るまで、天皇は宮中奥深くにおられた。天皇の側近でさえ「竜顔を仰ぐ」ことは許されず、ひたすら御簾を通して拝謁するのみであった。が、明治新政府の政略に基づいて、天皇は表舞台にお出ましになった。だからといって、日本隅々の全国民が天皇のお姿を拝見したわけではない。まして、宮中お内儀に於ける天皇や皇后のご日常など、側近の侍従たちでさえも垣間見ることはできなかった。

既述した通り、明治維新当時のほとんどの民衆は、天皇の存在すら知らなかったというのが歴史学者の間で通説になっている。また、「天子さま」という言葉を知っていた一部の民衆でさえも、天皇が一体どんな存在なのかということさえ全く理解していなかった。それ故に、天皇のお姿を一目見たいという庶民感情は旺盛だった。

そこに、廃れかけていた浮世絵の世界で絵師の出番があった。絵師たちは、天皇のお姿や鹵簿の光景を実際に見て、またある時は宮中の天皇のご様子を想像しながら、天皇をモチーフにした錦絵を盛んに描いた。そして、錦絵が当時唯一のビジブルなメディアとして、また室内装飾品として一大ブームを巻き起こし、飛ぶように売れた。その結果、錦絵に描かれた天皇像は、民衆の心の中に威厳や畏怖の念を焼き付け、明治新政府が意図した新しい天皇のイメージが出来上がったのだ。この論考は、拙著『錦絵が語る天皇像』のメイン・テーマとして捉えたが、「錦絵は、国民国家の統合や、動的な主体としての君主を中心とする近代政治秩序の形成に深く関わっていた」と、T・フジタニ博士の著書『天皇のページェント』でも述べている。

3　一條美子の入内と立后

明治元年（一八六八）十二月二十二日、天皇は初めての東幸後、京都に一旦還幸されたことは既に述べた。還幸の目的は、京都の民心の安堵や先帝・孝明天皇の三回忌法要のほかに、最も重要な天皇の結婚の挙式があった。当時、新政府にとって、天皇を頂点とする君主国家を盤石なものにするためには、即位間もない天皇が皇后を冊立し、逸早く皇嗣を授かり、皇統の継続を確実ならしめ、皇室の安泰を図る必要があった。

立后の候補者については、孝明天皇のご存命中から宮中内外で詮索されていた。当時、宮家や公家が水面下で、未だ八歳にも満たない祐宮の将来の妃の選定について画策をしているなか、天皇の実母・中山慶子の父親の議定・中山忠能と関白・二條斉敬が協議し、天皇（孝明天皇）や皇后（英照皇太后）に左大臣・一條忠香の三女で当時は未だ十一歳の寿栄君（通称。諱は勝子）を、「温良恭倹の徳を具える（温和で素直、且つ人を敬ってつつましい）」（『明治天皇紀』）という風評があることを伝え、やがて天皇になる祐宮の女御に推挙した。その結果、孝明天皇から内諾を得て、親王妃は決まっていた。従って、ことはスムーズに運び、明治天皇の京都還幸後四日目の同月二十六日、もと関白・近衛忠煕が一條家に出向き、寿栄君の入内の宣旨を伝えた。この時、寿栄君の父・忠香やその跡を継いだ忠香の長男・実良も既に亡くなっていたので、一條家のまだ幼い当主・忠貞（実良の養子、寿栄君の義甥）がこれを拝命し、当日を以って寿栄君の名を「美子」と改めた。実は、この名は天皇から拝領したものだ。

美子は五摂家の一つである一條家の三女として生まれ、十四歳年上の腹違いの兄・実良のほかに、同母の七歳上の千代君と六歳上の多百君という二人の姉があった。美子は、九歳の時に実母・新畑民子（一條家の上臈で源氏名「花浦の方」）を、十四歳の時に実父・忠香を亡くしていた。その後、実良が一條家を継いで妹たちを養育することになったが、その兄も美子の入内宣旨を拝命する八か月前に亡くなってしまった。が、三人の娘たちには生まれた時からそれぞれに乳人が付けられ、何不自由なく慈しんで育てられた。忠香は、娘たちの教育に関しては頗る熱心で、娘たちがそれぞれ三、四歳になった頃から、『古今和歌集』を手本としてみずから歌道の教導にあたった。娘たちが六、七歳頃になると、貫名正祈が師匠として邸内に招かれ『本朝三字経』や『四書五経』の素読を始められたようだ。そのほか治部卿・倉橋泰聡から書道、福永らくから箏曲、権中納言・清水谷公正から和歌、権大納言・橋本実麗から笙などの手習いを受けられた。中でもいちばん年下の寿栄君は突出した才能を示し、十歳頃にして教えられたことは何もかも習得してしまったという。なお、後に寿栄君は漢籍を大中臣成郷や若江薫子に、和歌を八田知紀やその門人の高崎正風に、書道を有栖川熾仁親王にそれぞれ師事されたことが知られている。

娘たちは、やんごとなき公家のしきたりに従って、一町（約百メートル）四方の広さがある邸内から外に出ることはなかった。ちなみに、一條邸は現在の京都御苑の西北の一郭、すなわち烏丸通りと今出川通りの交差点の東南の一角辺りにあった。従来、公達（親王、摂家などの息子や娘）は邸外に出ることはあまりなかった。特に、幕末の京都は物騒な世相を呈しており、公家の娘たちは邸内で習い事に勤しんだ。一條家の娘たちもそんな毎日を送って成長し、やがて縁談がどこからともなくちらほらと出てきた。

当時、一條家の娘たちの中でもとりわけ容姿端麗であり、しかも頭脳明晰であったのが寿栄君だという。その噂が京都の公家たちの間だけでなく、宮中にも広まっていた。が、上から順番に、千代君は越前の真宗出雲路派本山・毫摂寺の善慶師のもとに嫁ぎ、多百君は大和郡山十五万一千石の国主・柳沢保申に嫁いだ。十九歳になるまで嫁がなかったのは、寿栄君だけだった。

寿栄君は、皇后になってから撮られた肖像写真を見ると、雛人形のように面長で色白の小顔に眼がぱっちりとして、眉のラインがゆるやかなカーブを描いて左右に流れ、整った高めの小鼻とおちょぼ口の顔立ちに気品が充ちている。また、細身で均整のとれた身を大礼服のマント・ド・クールの洋装に包んだ姿は、フランス人形のようだ。更に、寿栄君が後世に残した「みがかずば玉の光はいでざらむ　人のこころもかくこそあるらし」というお歌を見るまでもなく、お顔には知性と教養の高さが滲み出ている。ずいぶん後のことになるが、明治四十二年（一九〇九）に女官として宮中出仕した山川（旧姓・久世）三千子は、晩年の寿栄君（美子皇后）について、「御身体は小作りで、誠にお華奢でございましたが、これという病気も遊ばさず、面長の白いお顔に、張りのいいお目、きりっと締まったお口元、お鼻はすこし高すぎますが、何と非の打ちどころもないお綺麗な方でございました」と、著書『女官』に記している。晩年の皇后に近侍した女官でさえ、「非の打ちどころもないお綺麗な方」だというのであるから、寿栄君は皇后になってからも紛れもなく美しかったはずだ。

天皇（孝明天皇）と皇后（英照皇太后）は、そんな申し分のない寿栄君を側近から推挙され、やがて時が熟せば寿栄君を睦仁親王の妃として入内するよう宣下されたという次第だ。ところが、その後一つの問題が持ち上がった。寿栄君は、睦仁親王より三歳年上だった。寿栄君が親王妃になれば、年上女房ということになる。宮中の故習に執着する公家や口うるさい女官たちは、そのことにこだわった。一方、天皇の側近は、「霊元、桜町、仁孝三帝の女御の如き、天皇よりいずれも年長なりし近例あり、このこと必ずしも不可ならざる」（『明治天皇紀』）ということでとりわけ問題視しなかった。しかし、三歳年上の女房は、世俗では「四つ目」といって忌み嫌うならわしがあった。従って、美子の生年月日を嘉永三年四月十七日（太陽暦＝一八五〇年五月二十八日）とし、二歳年上ということに改歳することになった。この時、睦仁親王は十六歳、寿栄君は実齢十九歳であった。

一條家では早速、寿栄君のために邸内に別棟が建てられ、入内の準備に取り掛かる。宮廷からは、警護の侍や宮中の仕来りを伝授する女官も派遣された。

明治元年十二月二十八日、寿栄君はご下賜された「美子」と改名し、明治天皇の女御として入内した。その時の様子を、美子の側近中の側近であった女官の典侍・高倉寿子が手記『御二方の御面影を偲び奉りて』の中で次のように記述している。

> 御召し物は目もあやなる御五つ衣、御頭には光沢かな御黒髪を御垂髪に遊ばし、それに燦たる御釵子を差されたお姿は、畏けれど御雛様そのままで、気高いとも美しいとも、何とも申し上げようないほど、神々しく拝せられました。私は小袿を着て御供致しました。
>
> お乗りものは御目見御参内の時と違い（注：慶応三年六月二十八日に、寿栄君は当時の睦仁親王に初めて召し出されたことがある）、葵祭の時に用いますような御車に召されました。やがて、飛香舎に於いて畏くも皇后宣下を受けさせられ、お祝いの御膳におつきに遊ばされましたが、その折りにはお側に長橋様はじめ御所の女官がお見えになっておりました。

それから御居間にお入りになり、御召し換えあって、暫く御寛ぎ、御食事など取らせられました。とかく遊ばす程に、御召しがありまして、再び御五つ衣を召されて、御所へ参られ、そこで千代八千代の御盃事がございました。誠にお目出度いことでございます。しかし何を申すも内外多事、一日も安からぬ御時節柄のこととて、その他の御儀式はすべてご質素で、別段の御祝とてもございませんでした。

常ならば国を挙げての御慶事に、都も鄙も歓呼の声にさんざめく筈でありますのに、こうした御内々のお取りまかない止めさせられたと申すことは、両陛下がいかに国歩艱難の際に処し給うて、並々ならぬ御苦労を遊ばされたかを窺い奉ることができます。誠に恐懼に堪えませぬ。

この記述に関して、若干説明を加えておく。当日、京都は朝から小雪が舞う寒い日だった。未の半刻（午後二時）、もと関白・近衛忠凞が率いる数名の衛士と檳榔毛の牛車が御所から一條家に迎えを差し遣わされた。一條家の邸は、御所の朔平門からわずか二町ほどだった。美子は、その牛車に乗って入内した。ちなみに、牛車には唐車、檳榔毛車、糸毛車、網代車、半蔀車、八葉車、雨眉車などあるが、檳榔毛車は皇族と摂関家や大臣などの上級貴族のみが用いることを許された。美子の入内にお伴して宮中出仕したのは、高倉寿子だけではない。藤波孝子、姉小路良子、堀川駒子たちが、美子の侍女として宮中に上がった。なお、これらの侍女たちは、後の宮中改革の折りに女官に任命されることになった。美子を乗せた牛車は、往路と同じ道順、すなわち御所の北側の今出川通りの築地に沿ってゆっくり西から東へと進み、右手にある朔平門から御所に入った。そして、禁裏の殿舎の一つ、飛香舎の前で止まった。美子は高倉寿子の手を借りて牛車から降り、飛香舎の御簾の中に入った。

挙式は、酉の半刻（午後六時）から公卿や女官たちが見守る中で厳かに行われた。天皇は櫨と蘇芳で染めた茶褐色の「黄櫨染御袍」という束帯、皇后は下に緋袴に長袴を重ね、上に表が白、裏が朱色の五衣に紅梅の着と唐衣を重ねた俗称「十二単」のいでたちだ。

ちなみに、天皇の儀服には、御祭服、帛御袍、黄櫨染御袍、御引直衣、御直衣、御小直衣の六種がある。黄櫨染御袍は、字の通り黄櫨染の袍に桐、竹、鳳凰・麒麟の地紋模様がある。嵯峨天皇以来、天子だけが即位礼、婚礼、立太子礼などをはじめ、宮中の恒例祭儀に召される。御袍に、下襲、衵、単、袴、大口、組帯、石帯、襪（靴下の一種）、挿鞋（靴の一種）、笏のご装束だ。

御冠には、御幘の冠と御立纓の冠があるが、前者は祭礼の時にのみ用いられる。後者は、それ以外の時に用いられる。尚、後者は、直立する纓を巾子の後より前に締め撓め、その端を前方に折り重ねる。四尺九寸の白絹を以って、纓を巾子締めに結ぶが、結び方は高倉流が片花結び、山科流が花結びにする違いがある。

この御立纓について、興味深い話がある。孝明天皇の時代まで、長い冠の纓は、巾子に対して九十度に曲げる慣わしだった。火鉢の火で用心深く焙って曲げたらしい。そして、関白の纓は四十五度に、その他の身分の低い者の纓は垂れ下げる。すなわち、垂纓というものだ。ところが、明治天皇の即位礼の衣紋に奉仕した着付け担当者は、何を間違えたのか文字通り纓を直立させたままにした（京都大学名誉教授・猪熊兼繁著『維新前の公家』）。学校教科書などに掲載されている、内田九一という写真家が撮影した束帯姿の明治天皇の写真をご覧になった読者ならお分かりになるはずだ。それ以来、大正から平成の即位礼に至るまで、天皇は纓を直立させた御冠をお召しになっている。誰も気付かずにいた有職の誤りが定着し、慣例化した奇妙な例だ。

一方、美子の儀服は「女房装束」、いわゆる「十二単」だった。が、必ずしも十二枚の衣を重ねた訳ではない。「御唐衣・御五衣・御裳」が正式名称だ。組み合わせ方は、衵の上から袴を穿き、単の上に袿を何枚か重ね、更に打衣と着を重ねて裳を腰に付ける。その上から唐衣を羽織る。この装束は平安末期に様式化され、着付け方は必ずしも統一されていた訳ではない。普通、袿は五領（枚）重ねることから、「五衣」ともいわれる。五衣には、四季折々の型があり、一年を通して用いられる「松重」という型は、「紅」という赤色の単一枚に「萌葱暈し」という黄緑色の単三枚を重ね、その上に「薄蘇芳」という臙脂色の単一枚を重ねる。また、春先には「山吹」という型が用いられ、袖口が緑色でその他の部分が黄色の単二枚に「朽葉暈し」という淡茶色の単三枚を重ねる。これらの袖口の色の取り合わせを「襲色目」と呼び、この色の配合を未婚や既婚の違い、年齢や季節の別によって室町時代に高倉家と山科家が集大成し、その違いによって高倉流と山科流の流派が生まれて、今日に至っている。

また、女房装束には檜扇が付きもので、片時も手放さない。檜扇は、三十九橋（橋とは、板一枚）の檜の薄板で作ったものだ。扇面は、金銀泥の霞、或いは雲形を背景にして、桐と鳳凰、梅竹と鳳凰、松と尾長鳥、或いは松竹と鶴亀のいずれかの図柄と有識で決められている。檜扇の親骨の上部に付いている長い色糸で編んだ飾り紐は、青、赤、桃、紫、黄、白の六色と、これも有職で決められている。付け根には「飾花」というぼんぼりが付いているが、高倉流は松、梅、橘の三種、山科流は松と梅の二種と決まっている。

なお、宮中の儀礼・儀式で用いられる服装は、一般的に「宮廷衣裳」と呼ばれている。これが制度化されたのは、推古十一年（六〇三）の「冠位十二階」による。更に、大宝元年（七〇一）の「大宝律令」により、「礼服」、「朝服」、「制服」の三種が文官、武官、女官の各別に形、色目、文様など細かく制定された。男性の礼装は「衣冠束帯装束」で、略装は「直衣装束」や「狩衣姿」などがあった。女性の礼装は既述した「女房装束」（十二単）で、略装は「小袿姿」や「重ね袙姿」などがあった。これらの装束も、古くから有職で決まり事があり、公家社会では衣裳に関して殊更やかましかった。

高倉寿子は、美子皇后を「御雛様そのまま」の姿だったと記述しているが、もっとも雛人形は親王夫妻であり、帝と后ではない。蛇足だが、雛祭りの「殿」と「妃」のお内裏様の並べ方は、京都と東京で違いがある。京都では前者が向かって右側、後者が左側に並べられるが、東京では左右反対に並べられる。古から、京都では官位の左大臣と右大臣、或いは京都御所の左近の桜と右近の橘のように、左上位とされてきたからだ。東京では、明治中期以後西欧の風習に習い、夫婦や男女が公式の場で並ぶ場合は、右上位で夫や男が向って左側に並ぶことになっている。

話は戻って、この婚儀の当日、天皇は、お神酒二百三十七石と肴のするめ十一万八千五百枚を京都の民衆にご下賜された。民衆は大層喜んだが、やがて東京に遷都されるとは、誰も知る由もなかった。

明けて明治二年（一八六九）一月元旦、天皇と皇后は京都御所で新年を迎えられた。天皇は「四方拝」の祭儀の後、賢所に拝礼し国の安泰と万民の安寧を祈願された。「四方拝」は、一説によると宇多天皇（八八七～八九七）の時代に始ったとされる。正月元旦の朝に賢所の南庭に幄舎を設け、内側に葉薦を敷いて御座とし、その周りを屏風で囲み、天皇が灯台二基を供えて、伊勢神宮を始め天神地祇、四方の諸神社及び山陵を遥拝される儀式だ。

お二人の新婚生活が始まってから二か月後の三月七日、天皇は再び東幸された。実は、その二日前の三月五日に、天皇付きの女官たちは東京に向けて既に京都を出発していた（『中山績子日記』）。天皇は、旧江戸城が東京城と改称された皇居で公務にご多忙であった。一方、天皇の東幸後の京都は平穏であったが、この年は過去になかった長雨が四月以来断続的に続いた。天皇はそのことを耳にされ、京都に残してこられた皇后や皇太后（英照皇太后）の健康が損なわれないかと気遣われる。そこで、天皇は、皇后と皇太后が東京に行啓されることを望まれ、奉迎使を京都に遣わされた。それにあわせて、東京では皇居内の建物や庭園の整備が急ピッチで進められることになった。皇后は、天皇の思召しをいたく喜ばれた。が、皇太后は東京行啓を頑なに拒まれた。平安京奠都以来一千有余年の間、天皇家がことごとく帝都から出御するという例が過去になかったことから、皇太后は皇祖皇宗に申し訳がたたないと思われたのだ。そこで、ひとまず皇后だけが東京に行啓されることになった。

そこで一つの事件が起こった。世に言う「二卿事件」だ。明治二年（一八六九）九月二日、京都御所の東北にある石薬師門で、皇后の東行に対する反対と天皇の帰京を求めるデモが行われた。当初、そのデモは京都市民一千余人程度の小規模なものだったが、見る見る内に大きくなっていった。鎮圧する側も手荒な事もできず、ひたすら説得を繰り返す。やがて、首謀者であった公家の愛宕通旭（あたごみちてる）と戸山光輔（とやまみつすけ）が捕縛され割腹させられたため、この騒ぎは治まった。

同年十月五日、京の町は澄み渡る青空が広がり、東には東山三十六峰、西には愛宕山、北には北山連山が見渡せる小春日和だ。皇后は東行のため、板輿にお乗りになって京都を発輿された。輿の前衛に熊本の一部の藩兵と姫路の藩兵およそ五百人、後衛に残りの熊本の藩兵と淀の藩兵およそ五百人が警護にあたる。板輿の後ろには、網代輿に乗った三十数人の高等女官と上臈、その他に凡そ百人の下級女官と武官装束の公家数十人が供奉した。高倉寿子の手記には、次のように続く。

> とにかく千年あまりの永い御住居（おすまい）を御換（おか）えになることですから、それは随分と大騒ぎで御座いました。私共に致しましても、新しい都の様子は知らず、愈ゝ（いよいよ）なつかしい京都も今日かぎりかと思いました時には、何かしら、胸一杯になって惜しめどもおしめども京の都（みやこ）に対する名残（なごり）は尽きませんでした。
>
> 皇后様には、黒の天鵞絨（びろうど）に菊の御模様（ごもよう）の御覆（おおい）の御板輿（おんいたごし）に召され、御道中の御服装はいわゆる「御模様（ごもよう）の御（お）振袖（ふりそで）」に「御繻珍（ごしゅちん）」でございました。女官（にょかん）のものは、緋羅紗（ひらしゃ）の覆いがある網代輿（あじろこし）でお供いたしました。沢山の兵隊が御行列をつくって前後を固め、太鼓をたたきながら、御箪笥（おたんす）や御弁当箱（おべんとうばこ）をかつぎ、東海道をだんだんと進んで行く様子は、さながら、昔の大名行列、ただ槍・挟箱（はさみばこ）なぞを持たないだけの違いで御座います。いや、それも皇后様こそお持ち遊ばしませんが、私共はそれぞれ薙刀（なぎなた）を家来に持たせ、万一に備えて参ったもので、今日から考えてみれば面白いことで御座いました。

つまり、御所を出立した一行は、東海道の起点である三条大橋から東山山麓の粟田口に向かった。そこで、皇后は、皇女和宮が徳川将軍に降嫁される折に旅の安全を祈願されたという粟田神社にお参りされた。その後、行列は再び東海道を東へと進んだ。宮中出仕以来、御所から外に出たことのない女官たちにとっては、まるで物見遊山の旅だったはずだ。しかし、民衆が行列に見入っている沿道から無頼漢が飛び出してこないかどうか、警護にあたる藩兵と公家たちは公務の責任を全うすべく緊張する旅であっただろうと思われる。

途中、一行はいたるところで珍しい風物に接しては休息をとり入れた。草津ではそそり立った近江富士（滋賀県野洲市三上山）を仰ぎ、彦根では琵琶湖の湖面に遠く霞んで見える竹生島を眺め、桑名では舟を浮かべて漁夫の打網を観るといった優雅な旅であった。途中の行在所では、旧藩主や土地の有力な庄屋から鮮魚や茶菓子などが献上され、女官たちはそのお下がりを頂いておおいに喜んだ。皇后は、尾張では熱田社にお参りされ、三河では徳川家康の旧城・駿府城を見物されて古に想いをはせられ、遠江では架橋も渡し船もない大井川を輿でお渡りになった。当時、この大井川の渡河を終えると東海道の中間点を通過したものと見做され、旅人は安堵したものである。皇后の一行は、藤枝に投宿し一息入れることになった。一行が京都を発ってから、十一日目のことであった。京都では、皇后の行列が大井川を無事に通過したとの報せが届くや否や、大宮御所の皇太后は京都に居残った女官たちにお祝の料理をふるまわれたという記録が『明治天皇紀』に記されている。

同月十七日、皇后一行は藤枝を発ち、更に東海道を東へと向かった。安倍川を渡り、静岡に差し掛かるところで昼餐になった。そこへ静岡藩知事だった徳川家達（いえさと）がご機嫌伺いに馳せ参じ、駿河湾で獲れたばかりの鯛や鮑を皇后に献上した。皇后はその料理をお召し上がりになり、久々に旅の疲れを癒されたことだろう。一行が静岡を発ち清水に入ると、皇后は三保の松原やそびえ立つ富士山の秀嶺に足を止めて見とれられたという。

同月二十日、一行は寅の半刻（午前四時）に三島を出発し、箱根の険峻を越え、十六時間掛って戌の半刻（午後八時）に小田原到着。翌日は、藤沢に逗留の予定を変更し大磯で一泊。二十二日には、神奈川に入った。この神奈川には外国人の居留地があることから、外務省は各国領事に対して、この日は外国人の市中往来を禁ずる旨の通達をあらかじめ送り付けてあった。それは、外国の居留民が皇后の行列に何らかの危害を加えるという虞からではなく、外務省は日本の無頼漢が行列を見物する居留民に危害を加えることを危惧したのである。

同月二十三日、一行はそんなことを知る由もなく、無事神奈川を発った。その時、横浜港に停泊していたイギリスの軍艦から「ドーン、ドーン」と祝砲が発せられた。驚いたのは、一行の女官たちだった。女官たちの中には、砲声を天変地異の前触れかと勘違いして泣き出し、列を乱して右往左往するものもいた。その日は、そんな騒動があって品川に到着。一行が到着すると、そこには親王や内親王をはじめ政府の高位高官が出迎えた。皇后は、出迎えた人たちから旅の疲れをねぎらわれ、旅の最後の一夜を品川で過ごされた。

同月二十四日辰の半刻（午前八時）、儀装を整えた一行は品川を出発した。すると、「甲鉄」と「富士」という二隻の日本の軍艦から祝砲が発せられた。女官たちは、もう驚かなかった。一行は、巳の半刻（午前十時）に増上寺で小休止して、午の半刻（午後十二時）に皇居に到着した。

当日、宮中には勅任官（天皇の勅命によって叙任された官員）や、先の天皇の東幸に供奉してきた公家たちが皇后の無事着輿の参賀に訪れ、天皇に拝謁した。また、各省では奏任官（政府の奏薦によって任命された官員）や判任官（省庁や部局が任命した官員）が、皇室から祝い酒を賜った。皇后の行啓に供奉してきた藩兵、女官、公家たちは三日間の休暇を賜った。一方、皇后の東京無事着輿の報せが京都に届くと、京都に残っていた皇族をはじめ、公家や奏任官たちが皇太后のお住まいになる大宮御所に参賀に訪れた（拙著『明治の女官長・高倉寿子』）。

爾来、皇后は天皇とご一緒に東京でのご生活が始まった。皇后は、まさに良妻賢母であった。その辺りの様子を、高倉寿子の手記から再び引用してみよう。

その後の皇后様がどんなにご淑徳高く、ご内助の功厚くおわしましたかは、今更私共が申すまでも御座いませぬが、大帝との御仲のお睦まじさはよそながら拝しましても実にご立派で、全く下々のご手本でいらせられました。

　皇后様は本当に聖上のよいお話相手であらせられ、ご食事の折などお親しそうにいろいろと御物語遊ばされました。聖上はお身体のお弱くいらせられた皇后様のお身の上を常にご案じになりまして、沼津・葉山等へご転地になっておりまする折りなどにも、何かとお見舞い品を持たせてお使いをお遣わしになりましたが、これはお見舞い品にことよせて、皇后様のご様子をお知り遊ばしたいとの大御心にほかならぬことと拝察いたします。また、それに対し給うての皇后様の御心の中は、沼津での御作《賜物のその品々に大君の　ふかき御心こもるかしこさ》に窺い奉られて、誠におゆかしい限りに御座います。そのほか、《かり宮の窓の夜嵐寒からむ　したしみたまへ埋火のもと》、《御園生の花は咲けども閑かには　みそなはす日ぞすくなかりける》など拝誦しますると、大帝の御身の上を案じ給うお優しい思し召しのほどが如実に拝察されます。斯様に皇后様には、どこまでもお淑やかにお虔ましく聖上にお仕え遊ばして、日夜政務に御盡瘁の大御心をお慰め遊ばしたので御座います。その御ゆかしさは、日本婦人の鑑として国民の模範として、とこしえに仰慕し奉るところでございます。

美子皇后のご様子について、その他の女官の手記も見ておこう。命婦・樹下定江の手記『長き年月も短く思いて』から引用する。

　昭憲皇太后様がどんなにお淑やかに、おやさしくましましたかは、とても筆紙では盡くされませぬ。全く日本婦人の鑑であらせられました。勿体ない事でありますが、《この天皇様にして、この皇后様―よくお揃い遊ばしたものよ》と、私達お側に奉仕するものは、常々に申し合って感激したことでございます。威く雄々しき聖上と、お淑やかに、お慎(つつ)ましく、そうしてお温(あたた)かいご内助遊ばされた皇后様こそは、全く愛の神様そのままであらせられました。

議会開会中とか、或いは政変の場合など、聖上が表のご用多くして、お昼の入御(にゅうぎょ)遅くなられます時などは、私共(わたくしども)がお昼の御膳(おぜん)を持ちましても、皇后様は《聖上が御国(みくに)のためにお勤め遊ばすのに、どうして私が……》と仰せになって、決してお許しなく、たとえ三時が四時になりましても、聖上の入御になるまでは、きちんとご正座遊ばされ、聖上の御身(おんみ)の上や御国のことを神々にご祈念なされつつお待ち遊ばされます。そうして、聖上入御の後、はじめてご一緒に御膳にお就き遊ばすのが常でございました。

と、いうことだった。なんだか光景が目に浮かぶようだ。そんな人格を備えられた皇后だったが、なぜか皇后はご懐妊のご経験は一度もない。原因は、不明のままだ。後述するが、皇嗣は一男四女が成人されているが、いずれも側室からの庶子だ。が、それにも拘わらず、皇后は我が子同然に扱われた。皇后は、当然ながら天皇を敬い、よく尽くされた。また、臣民に対しても心細やかにお気遣いになった。まさに国母たる所以だ。既述した女官だった山川三千子(みちこ)の著書『女官』に、皇后に関して次のような記述がある。

大勢いる女官たちにも、すこしのわけへだてもなく、いつもほほえんでおいでになって、お言葉はすくなく、こちらから伺わなければ、あれこれとあまりお指図は遊ばしません……ちっとも、無駄口は仰せられません。どちらかといえば冷静で、学者肌のようにお見受け申し上げました。

皇后には、天性の品格と才徳が備わっていたことが窺える。ちなみに、皇后は生前に三万六千首のお歌を残されているが、その中から二、三を紹介する。

みがかずば玉の光はいでざらむ　人のこころもかくこそあるらし
すぎたるは及ばざりけりかりそめの　言葉もあだにちらさざらなむ
とりどりにつくるかざしの花もあれど　にほふこころのうるわしきかな

これらを見る限り、皇后は確かに寡黙、勤勉、謙虚、温和、誠実だったであろうお人柄が窺える。また、明治九年（一八七六）二月、「東京女子師範学校」の開校式に臨御された時に賜ったお歌「みがかずば玉も鏡も何かせむ　まなびの道もかくこそありけれ」から、御自らもご修養の日々であったことが分かる。なお、このお歌は後に小学校唱歌にもなったが、後に改称された「お茶の水大学」の校歌として今も歌い続けられている。

皇后は天皇とご同列で観兵式や内国勧業博覧会などに行幸啓されることもあったが、教育や社会福祉事業への貢献のために天皇とは別に行啓されることが多かった。特に、女子教育の奨励の一環として「東京女子師範学校」をはじめ、「跡見学校（現在の跡見学園）」や「華族女学校（現在の学習院女子部）」に度々臨御された。また、西南の役で負傷した兵士の救護のために「博愛社（現在の日本赤十字社）」の創設に尽力され、毎年五千円を下賜することをお決めになったり、「東京慈恵医院（現在の東京慈恵会医科大学附属病院）」の設立にも協力されたりした。

皇后は、宮中におられる時も決してお暇ではなかった。明治四年（一八七一）より、皇后は宮中に御養蚕所をお作りになり養蚕を始められた。宮中での養蚕は、『日本書紀』によれば、雄略（ゆうりゃく）天皇（四五六～四七九）の時代に宮中で行われたのが始まりらしい。皇后が始められた養蚕は、やがて皇太后（後にいう英照皇太后）も協力され、その事業はやがて次の世代の大正の貞明皇后、昭和の香淳皇后、平成の美智子皇后にも受け継がれていった。実は、明治時代の日本には主な輸出品としては絹糸くらいしかなく、輸出金額の四十パーセント以上を占めていた（大久保利謙編『近代史史料』）。従って、皇后は、殖産興業の一環として養蚕を国民に奨励され、御自らも始められたのだ。また、皇后は、日清・日露戦争の折には、負傷兵の看護ために女官を総動員して包帯造りに勤しまれたこともあった。

斯うして、皇后は陰日なたで天皇の治世を支えられた。が、明治四十五年（一九一二）七月三十日、天皇が崩御されると、皇后は深い悲しみの日々を過ごされることになった。皇太子・嘉仁（よしひと）親王が践祚（せんそ）され第百二十三代天皇に即位されると、皇后は皇太后と称され宮中から大宮御所（青山御所）にお移りになった。そして、日夜黒衣に御身をお包みになり、ひたすら写経と読経三昧だったという。

先帝の一年祭を済まされた大正二年（一九一三）十二月十四日、皇太后は持病である軽度の脚気と狭心症の療養のため、沼津の御用邸に移御された。従って、青山御所の女官は、四人ずつが一週間交代で御用邸に詰めることになった。東京より幾分温かな沼津は、格好の避寒地だった。御用邸は、富士山をはじめ箱根や伊豆の山々を背にして、眼前には駿河湾の海が広がり、風光明媚である。御用邸の建物は、明治二十六年（一八九三）に竣工した凡そ四百七十坪の木造平屋建てであったが、明治三十三年（一九〇〇）に凡そ七十坪のルネッサンス様式の洋館が増設された。この洋館は、一見長崎のグラバー邸に似た建物で、皇太后は殊のほかお気に入りであった。この洋館の周りは広々とした芝生が広がっており、内部には御座所や食堂などがあり、豪華なシャンデリアやマントルピースがしつらえてあった。皇太后は、ご気分の良い時はこの御座所にある安楽椅子にお座りになり、ガラス戸越しに周辺の庭の松林を一日中眺めてお過ごしになった。

やがて、年も明け、春の訪れがやってきた三月二十六日の午後のことだった。皇太后は、ご昼食の直後に急に胸を押さえられて苦しまれた。傍に控えていた女官の久世三千子は、咄嗟に皇太后のお召しになっていた身体にぴったりしたローブの胸元をハサミで引き裂き、コルセットのホックをはずした。食堂の床の上に膝当ての毛布を敷き、その上に皇太后のお身体を食卓ぎわの椅子からそっとお移しした。居合わせた他の女官が、他の部屋で常時待機していた侍医を呼びに行った。すると、間もなく侍医が駆けつけて診察した。皇太后の持病である狭心症の発作だった。が、ほどなく発作はおさまった。

それから十日余りの間、皇太后は床に臥されたままだった。心拍数が少なく、息苦しそうな毎日が続いた。東京から駆けつけた東京帝国大学医科大学教授の青山胤通(たねみち)博士と三浦謹之助(きんのすけ)博士の懸命の治療の甲斐なく、遂に皇后は息を引き取られた。時に、大正三年（一九一四）四月九日午前一時五十分だった。皇后は、御年六十五歳で崩御されたのだ。ご遺体は、京都伏見桃山御陵の明治天皇の御陵の横に並べて奉葬された。そして、「昭憲皇太后」と追号されたのである。

4　天皇の側近

平安時代から、「皇室の藩屏」と呼ばれる人たちがいた。皇室を取り囲み、天皇や皇后を守る人垣だ。明治維新後は、現在よりずっと多くの皇族たちと、平安時代から代々家督を繋いできた公家衆がいた。彼らが皇室の藩屏だった。が、皇室の藩屏とは、「本来は天皇の一族の立場、つまり宮家を指すことに限定されていた」（猪瀬直樹著『ミカドの肖像』）という。

明治二年（一八六九）六月十七日、次の「行政官布告五百四十二号」が発布された。

官武一途上下協同之思食(おぼしめし)ヲ以テ、自今公卿諸侯之称廃サレ、改テ華族ト称スベキ旨仰セ出ラレ候事。但シ、官位ハ是迄之通リ為スベク候事。

つまり、旧公家百四十二家と旧藩諸侯二百八十五家をひっくるめて「華族」とし、天皇の藩屏として一致協力して天皇を補弼する（補佐・助言する）よう定められた。この布告と同時に、旧藩主二百七十四人に「藩知事」に指名する勅書を送った（『明治天皇紀』）。その華族たちが、皇族と共に皇室の回りを固めたのだ。本来、「華族」という名称は、古くから京都の公家社会に於いて家格を示す「清華家」の別名であり、「花族」とも書き「かしょく」と読んでいた。

なお、これらの華族のうち、明治十七年（一八八四）爵位制度が確立されるまでに華族を辞退した家が一家、士族へ落とされた家が一家あった。また、その時までに新たに七十六家が華族に加えられた。すなわち、爵位制度が成立した当初、華族は五百一家あった。更に、伊藤博文や山県有朋など明治維新に功績のあった士族二十九家が華族に加えられることになり、華族の総数は五百三十家となった。但し、この時点で授爵された華族の数は、現存する記録上では五百九家しかない。その辺りの事情は、浅見雅男氏の著書『華族誕生』に詳しく記述されているので参照されたい。

華族は、時には天皇や皇后の相談相手になったり、天皇や皇后が為政者に振り回されぬように立ち回ったり、また時には恣意的に天皇を操った事実もある。明治十七年七月七日、華族の五百九人に対して、その家格と勲功によって公爵（十一人）、侯爵（二十四人）、伯爵（七十六人）、子爵（三百二十四人）、男爵（七十四人）という五段階の爵位が授爵された。すなわち、「五爵を序するは、家系の統流により、或いはその家格及び旧禄高の高下によりて定め、その勲功ある者は特にこれを陞す。即ち旧公家にありては摂家を公（爵）とし、清華（家）を侯（爵）とし、大臣家・雨林家・名家を伯（爵）とし、以上諸家より出づる家を子（爵）とし、更に維新の際復飾せる南都諸寺の僧侶並びに由緒深き神官等を男（爵）とす。武家にありては徳川宗家を公（爵）とし、大藩家老の一万石以上を男（爵）とす。而して勲功により特に陞叙せられし者に、三條実美・島津久光・島津忠義・毛利元徳等あり」（『明治天皇紀』）とされたのだ。その後、国家に勲功があった者に爵位が与え続けられ、この華族制度が廃止される昭和二十二年（一九四七）五月の時点では、八百八十九人に増えている。

なお、華族制度は世襲制で、華族は特別年金制度や税務制度の恩恵を受けていた。また、旧憲法発布後は、華族には貴族院議員になれる資格が与えられていた。が、最も重要な要素は、華族の子女は皇族と縁組みできる特権があった。すなわち、従来皇族は、皇族または公家との姻戚関係以外認められなかった。が、旧武家の華族との姻戚関係も認められることになったのだ。ちなみに、皇族男子が旧武家華族から妃を迎えられた例として、昭和天皇の実弟である秩父宮殿下が旧会津藩松平家の分家から、高松宮殿下が旧将軍徳川慶喜家から、三笠宮殿下が旧河内国丹南藩高木家からそれぞれ娶られた。

皇族は、江戸時代には伏見宮、有栖川宮、桂宮、閑院宮の四宮家しかなかった。が、明治維新後に、門跡寺院（皇族か五摂家出身者が門主）に出家していた皇族が次々に還俗して宮号を取得した。一説によると、これは明治維新の立役者であった岩倉具視が朝廷から仏教を切り離すことをもくろみ、画策した結果だといわれている。明治三年（一八七〇）までには、勧修寺門跡から山階宮晃親王、青蓮院門跡から賀陽宮（中川宮）朝彦親王、仁和寺門跡から東伏見宮彰仁親王、輪王寺門跡から伏見宮能久親王、知恩院門跡から華頂宮博経親王、聖護院門跡から聖護院宮嘉言親王、照高院門跡から北白川宮智成親王、妙法院門跡から伏見宮貞愛親王、梶井門跡（三千院）から梨本宮守脩親王の九人が還俗された。そして、伏見宮から六つの宮家、また、そのうちの一つである久邇宮家から更に四つの宮家がそれぞれ創立された。一方、後嗣がなく廃絶になった宮家に、桂宮、有栖川宮、華頂宮の三つのほかに、臣籍降下した小松宮家もあった。

明治末期には、創立順に伏見宮（貞愛親王）、有栖川宮（威仁親王）、閑院宮（載仁親王）、山階宮（武彦王）、華頂宮（博忠王）、梨本宮（守正王）、北白川宮（成久王）、久邇宮（邦彦王）、賀陽宮（恒憲王）、東伏見宮（依仁親王）、竹田宮（恒久王）、朝香宮（鳩彦王）、東久邇宮（稔彦王）の十三宮家が存立していた。が、明治初期にあった桂宮家と小松宮家は後嗣がなく廃絶になった。また、大正時代には有栖川宮家と華頂宮家に後嗣がなく断絶。東伏見宮家も依仁親王が薨去された後は後嗣がなく、周子妃のみとなっていた。

その後、太平洋戦争勃発時点では天皇直系の秩父宮、高松宮、三笠宮の三宮家と傍系の十一宮家があった。それらを班位順に示せば、(一)秩父宮、(二)高松宮、(三)三笠宮、(四)閑院宮、(五)東伏見宮、(六)伏見宮、(七)山階宮、(八)賀陽宮、(九)久邇宮、(十)梨本宮、(十一)朝香宮、(十二)東久邇宮、(十三)北白川宮、(十四)竹田宮、以上の十四宮家だ。なお、班位とは、格付けを意味し皇位継承の順位を示す。明治天皇の四皇女(いずれも庶子)を妃に迎えられた竹田宮家、北白川宮家、朝香宮家、東久邇宮家など女系皇族の血筋を引く宮家は、男系の宮家と比較して班位が低かったことは歪めない事実である。また、奈良時代の天武天皇の時代頃から、天皇と皇太子を除く皇族には皇親の序列を示す品位が定められていて、皇親の母親の出自、年齢、経歴、社会的評価によって「一品」、「二品」、「三品」という叙品がなされていた。

太平洋戦争で敗戦となった結果、皇族や所轄する宮内省に大変革がもたらされた。昭和二十二年(一九四七)五月三日、宮内省は宮内府と改称され、約六千二百人いた職員は約千五百人に減らされた。次いで、同年十月十四日、官報告示に基づき天皇家直系三宮家(秩父宮、高松宮、三笠宮)以外の十一宮家五十一人の皇籍離脱(新憲法発布以前は「臣籍降下」や「臣籍降嫁」などという言葉が用いられた)が断行された。これは、連合国総司令部(GHQ)の司令によるものだった。更に、昭和二十四年六月一日、宮内府は宮内庁と改称された。現在、宮内庁は内閣府の外局になっている。

次に、公家について見てみよう。公家は、明治維新まで家格が厳重に決められており、近衛家、九條家、一條家、二條家、鷹司家の五家を「摂家」と称して最上位とし、続いて「清華家」九家、「大臣家」三家、「雨林家」六十六家、「名家」二十八家、「半家」二十六家の順に区別されていた。そして、公家の官・位は、古代の朝廷が中国から採り入れた律令制に基づき、上位から順に太政大臣が正一位か従一位、左大臣、右大臣、内大臣までが正二位か従二位、大納言が正三位、中納言が従三位等々に叙位されてきた。これら高位の公家を上達部と称するが、それぞれの官・位に昇進できるかどうかは家格によって決まっていた。

位階は従来、「正一位」、「従一位」、「正二位」……「少初位下」まで三十階級あったが、明治二十年（一八八七）五月に「叙位条例」が制定され、「正一位」から「従八位」まで十六階級までに簡素化された。そして、「従一位」が公爵、「正・従二位」が侯爵、「正・従三位」が伯爵、「正・従四位」が男爵に準ずるものとされた。

既述した通り、皇后になった女性は、平安時代から明治時代までは須く宮家か公家の娘であった。従って、明治天皇の皇后・美子（はるこ）も、当然ながら五摂家の一つである一條家のいわゆる「公達（きんだち）（親王、摂家、清華家以上の息子または娘をいう）」であった。が、過去に一つ例外があった。後水尾天皇（在位一六一一～一六二九）は、当時の幕府の画策で三代将軍・徳川秀忠の娘・和子を中宮に迎えている。

いずれにしても、明治二年に公家や諸侯が華族とされ、明治十七年に発布された「華族令」によって制定された皇族補充家系は、昭和二十二年五月三日に施行された新憲法の第十四条第二項で「華族その他の貴族の制度は、これを認めない」こととなり、およそ八十年間続いた華族制度の歴史は幕切れとなった。

なお、華族制度が廃止される直前の時点で、公爵十七名、侯爵三十八名、伯爵百五名、子爵三百五十一名、男爵三百七十八名、合計八百八十九名の有爵者がおり、その家族全員の数を合わせると約六千人いた。国にとっては、大変な数の扶養家族だったことが分かる。

ここで、天皇家をはじめ宮家や公家が、明治維新前後に一体どんな経済状況に置かれていたのかについて述べておこう。

江戸時代の天皇家、すなわち御所の収入は、信じられないほど少ない。慶長六年（一六〇一）に徳川家康が進献したのは、僅か一万十五石四斗九升五合の領地が本御料（皇室領）となっていた。次いで、二代将軍・秀忠が新たに一万石、第五代将軍・綱吉が更に一万石の御料を増やし献上したので、幕末には合計三万百十三石六斗六升七合九勺が御料所の草高だった（京都大学法制史教授・猪熊兼繁『維新前の公家』）。三万石の大名といえば、明治天皇が誕生された嘉永五年（一八五二）当時、一国一城の城主百七十一人のうち百二十四番目辺りの志摩・鳥羽城主、下野・烏山城主、信濃・高島城主、越後・村松城主、但馬・出石城主、上野・安中城主、美濃・岩村城主などと同じ所領だった。これで平安時代から続いてきた皇室を維持し、宮中の儀礼・儀式を挙行しなければならなかったのだから、御所は火の車どころの騒ぎではなかった。

　維新からさかのぼるざっと百年前（安永三年）に幕府がさだめた禁裏供御の費目が一万両で、御用商人が納入する品物に価格を指定してあった。鮮鯛一寸につき代銀四分余、蛤一個につき代銀一分二厘余、小鳥十羽につき一分七厘という例。幕末には物価が数倍に騰貴していた上に、幕府が派遣している小役人が間に立って袖の下やリベートを役得としていた」（大佛次郎著『天皇の世紀』）から、「日常供御の粗悪薄乏言うに忍びず、御酒には水を混じ、野菜には干からびたる残り物を交えた。雉子の焼肉に燗酒を注ぎ、汁茶碗に盛ったのを御雉子と称し、新年拝賀の臣僚に賜る行事が古くからあったが、幕末の頃にはこの御雉子さえ雉子肉の代わりに焼豆腐を用いられた。（正親町季董『明治維新の先駆者天忠組中山忠光』）

と、いうような惨憺たる宮中の有様だった。そもそも、禁裏が窮乏生活を強いられたのは、室町時代の応仁の乱以後からだ。京都の町中が焼け野原となり、御所の土壁が落ち建物も荒れ放題だったところに、諸国から年貢が入ってこなかった。そこで、天皇は食べることもままならない状況に陥った。それを見かねた「川端道喜」という粽屋が、朝食（当時、「御朝物」とも「お朝」とも言った）を毎朝届け続けたという話は有名だ。その店は、今も京都で十五代目の和菓子屋として宮内庁の御用を勤めている（御用達という言葉は、今は使われていない）。

　やがて、戦国時代を経て、徳川家康が天下を統一すると帝の御料地を定め、「禁中並公家諸法度」を二代将軍・

秀忠及び前関白・二條昭実ら三人の連署で公布した。すると、天皇のみならず公家たちは、益々窮屈な生活を強いられることになった。公家は、関白、議奏、伝奏などの役付になれば官禄がもらえたが、無位無冠では気位だけが高くとも家格に応じた微禄が与えられただけだった。「公卿の上位にある摂家・大臣家といえども、その家禄はわずかに四、五百石乃至二、三千石に過ぎず、下級の公卿に至りては三十石三人扶持等、幕府の御家人輩の小身の禄に当たるものがあった。維新の元勲・岩倉右大臣具視の如きも百五十石の微禄の平公家の一人であった。七卿落ちで有名な東久世、沢、錦小路を始め幕末に活躍した公卿の多くが、此の三十石組と同輩にまでいやしまれた公卿の中から出ているのも興味がある。斯くして、公卿は有職故実、詩歌管弦、陰陽神事等を門外不出の家伝として収入に充て、甚だしきは歌留多、扇子の地紙張りや揮毫の内職に米塩の資を補い、辛うじて生計を営んでいた。朝廷の式日に際しては、当番の公卿は非番の公卿と衣装束帯、太刀等の式服式具を有無相融通して威儀を整え、わずかに式に列する状態であった」（正親町季董『天忠組の主将中山忠光』）という。

これは、決して大袈裟な話ではない。既述した大佛次郎の『天皇の世紀』から、他の裏話も紹介しよう。

> 前に私が祇園の茶屋の女将に聞いた話だが、虱を湧かしている某のお公家さんの住む路地があって、京童の口の悪いのが、そこを白梅小路と呼んでいたと言う。
>
> 内大臣・三条実万は住む場所を俗に梨ノ木町と呼ばれたが、商人が梨ノ木町を通る時は、呼び込まれぬ工夫をして売り声をやめて、そっと通り抜けたと言う。品物を買ってくれても代金を払ってくれないからである。安政四年に林大学頭などが、開国を説くために上京した時の町の落首にこう言うのがあった。《梨木町、一文もなしの木町の内大臣忠義は人が百も承知じゃ》。

話は、まだ続く。

徳川の天下も幕末になると、幕府自体が経済的に行き詰まってきたし、旗本御家人から諸藩の武士たちも手内職に追いやられたり、更に誅求される農民の困苦は厳しいものになっていたことで、公卿の貧乏も必至となっていた。官位だけ貴く、その形式を守るのが生命の在り方で気位ばかり高いのだから出入りの商人たちは手を焼いたらしい。中山忠能の家の場合でも花山院家の一流で大臣家に準じているが家禄二百石だから、実収入は八十石ぐらい、一石一両だったのを、今日の一万円と見て今日の大学出数年目のサラリーマンの年収とあまり相違ない。（注：大佛次郎の『天皇の世紀』が新聞に掲載され始めたのは、昭和四十二年〈一九六七〉から）。

他にも、同じような記述がある。

> 岩倉（具視）氏は百五十石の分配を受くるだけで、貧寒を極めたものであった。公卿の家には、尋常の場合に幕府の捕り手の入ることを得ざる規則があって、今日各国公使館が有する治外法権のような特権を持っておったので、岩倉はこの特権を幸いとして、博徒をしてその邸内に博奕せしめ、その寺銭を貰い受けて生活の一助としたことがあるほどの貧寒であった。（竹越与三郎『陶庵公』）

幕府は最も家格が高い公家の五摂家に対して一万五十六石余り、次の九清華家に対しても五千四百八十二石の所領しか与えていないのだから、トップ・クラスの公家でさえも幕府直属の旗本の下位クラスの収入と同じくらいだった。従って、それ以下の大臣家、羽林家、名家、半家の公家たちの収入と生活振りは推して知るべしの状態だった。ことほど左様に、公家の困窮振りに関するエピソードは枚挙にいとまがない。

話を次に進めよう。皇室の藩屏として皇族や華族のほかに、天皇や皇后の側近として四六時中侍っていた侍従や女官たちがいた。更に、明治四年（一八七一）八月の宮中改革までは、既述した天皇と皇后に近侍する私設侍女の上臈（女房）がいた。皇室は、乏しい財政の中でそれらの人たちをも養っていた。これらの侍従、女官、上臈たちこそ、天皇と皇后の側近中の側近で、皇室の藩屏そのものだった。

彼らの出自はいずれも旧公家出身だった。明治四年八月の宮中改革以後は、旧藩士が侍従に任命され、社家や旧武家の子女が下級女官として採用された。また、この時の女官制度の改革に伴い、上臈制度は廃止された。

従来、宮中の表では公家のなよなよとした男性が、そして宮中大奥では公家の子女ばかりが天皇を取り囲んでいた。明治維新の新政府は、天皇がそんな宮中の軟弱な気風に慣れ親しむことを避けるため、士族出身の猛々しい侍従を起用し、宮中の表向きのご用のために送り込んだ。とはいえ、依然として侍従の多くは旧公家出身が占めていた。ちなみに、明治四年時点で、二十四名いた侍従のうち、侍従長の徳大寺実則と東久世通禧をはじめ十一名が旧公家出身であった（『官員録』）。

一方、大奥では、天皇が祐宮と呼ばれていた幼少の頃より、四辻清子が上臈筆頭として数人の女臈と共に天皇を取り巻いていた。四辻家は雨林家の一つで、先祖には戦国時代の後水尾天皇（一六一一～一六二九）や江戸時代の光格天皇（一七八一～一八〇四）に仕えた女官がいた。

また、美子皇后が入内する時、皇后の上臈筆頭として高倉寿子が宮中に出仕した。高倉家は公家の中では最も家格が低い半家の一つだが、先祖には室町時代の後奈良天皇（一五二六～一五五六）や正親町天皇（一五五七～一五八五）、安土・桃山時代の後陽成天皇（一五八六～一六一〇）、それに光格天皇にそれぞれ仕えた女官がいた。

実は、四辻清子と高倉寿子の二人が、明治の宮中大奥を取り仕切っていたのだ。明治四年（一八七一）七月の女官制度改革の時に、いずれも女官の権典侍に任命されている（宮内庁所蔵『進退録・女官ノ部』）。同六年（一八七三）二月二十日、四辻清子と高倉寿子は同じ三十二歳の時に、共に女官の最高位である典侍に昇格した。が、四辻清子は女官筆頭であったにも拘わらず、長期に亘り宮中のお局の病床に伏し、同三十五年（一九〇二）一月に他界した。

従って、明治時代は、高倉寿子が長期に亘り実質的な女官長の座にあって、閉ざされた宮中お内儀を取り仕切り、天皇と皇后の側近中の側近として両陛下の崩御まで全身全霊を以て皇室を守り支え続けたのである。結局、高倉寿子は美子皇后の上臈として出仕してから、美子皇太后が崩御される大正三年（一九一四）までの四十六年間、宮仕えをしたことになる。高倉寿子こそ、明治天皇と皇后（昭憲皇太后）に近侍し、両陛下を最もよく知る人であったに違いない。

5　西京の「京都御所」

周知の通り、明治天皇がお住まいになった宮殿は京都と東京にあった。すなわち、今でいう「京都御所」と「明治宮殿」だ。それら二つの宮殿には、少なからず平安時代の様式が採り入れられていた。従って、最初に平安時代の宮殿について述べておく。


延暦十三年（七九四）に桓武（かんむ）天皇が平安京に遷都された当時、京都御所は現在の位置より西方にあり、現在の千本丸太町交差点の北東の位置にあった。その後、御所は宮中からの出火や応仁の乱などの戦災で幾度となく焼失し、再建された御所の場所は度々変わり、規模もその都度小さくなった。

当初、平安京の都造りの構成は奈良時代の平城京のそれとほぼ同じであるが、規模はやや大きくなり、南北約五・三キロメートル、東西約四・五キロメートルに及ぶ四角形の区画に帝都の建設が行われた。その周りには約二メートル幅の垣が施され、その外側に約三メートル幅の堀がめぐらしてあった。皇居は、その北部中央に位置し、現在の京都御所より西の方にずれたところにあった。

当時の平安京は、現在の京都市の中心部「洛中（上京区、中京区、下京区）」だけの広さしかなく、非常に狭い都であった。皇居全体の広さは、南北約一千四百メートル、東西約一千二百メートルにわたり、東側に「上東門」、「陽明門」、「待賢門」、「郁芳門」の四つ、西側に「上西門」、「殷富門」、「藻壁門」、「談天門」の四つ、南側に「朱雀門」、「皇嘉門」、「美福門」の三つ、北側に「安嘉門」、「偉鑒門」、「達智門」の三つの合計十四の大門が設けられていた。その敷地内に、宮殿（「大内裏」とも「御所」ともいう）をはじめ天皇の即位など儀礼・儀式などで使用される「大極殿」をはじめ、「太政官」、「大蔵省」、「兵部省」、「式部省」、「宮内省」、「民部省」、「刑部省」などという諸官庁、食料・武器・器物などの倉庫や厩舎などがあった。

宮殿は、南北約三百メートル、東西約二百二十メートルの内裏の敷地内にあり、十八殿と五舎が甍を並べ、回廊で繋がっていた。それらは表と奥向きの二部に分けられており、表向きの建物の代表的なものとして、その敷地内のほぼ中央に「紫宸殿」が建てられていた。大内裏の「大極殿」が度重なる火災で荒廃していたことから、天皇の即位式などの重要な儀式は「紫宸殿」で行われることが慣例となった。この殿舎は高床式の「寝殿造り」で、正面の南側には正方形の回廊で囲まれた前庭があり、白砂が敷き詰められていた。その殿舎正面から前庭に出る十八段の階段の左方と右方に「左近の桜」と「右近の橘」の木が植えられ、清楚で気品に満ちた風情を創出した。その光景は、現在の京都御所に見られる通りだ。御所は江戸時代だけでも六回も火災に遭い、八回も建て替えられている。ちなみに、今の京都御所の「紫宸殿」は安政二年（一八五五）に建て替えられたものだが、古の姿をそのまま伝えている。その西隣に、天皇の日常の執務や生活の場である「清涼殿」があった。

「清涼殿」は、「紫宸殿」の背後西側にあり、東を正面にした檜皮葺きで入母屋構造の屋根の寝殿造り。御殿の周りは、「紫宸殿」と同じく蔀戸で囲まれていた。間取りは、東西が二間、南北が五間に仕切られていた。東面中央の間には天皇の休憩室である畳二枚を敷いた「昼御座」があった。ここが公式の執務室。その右手の北側に四方を壁で囲

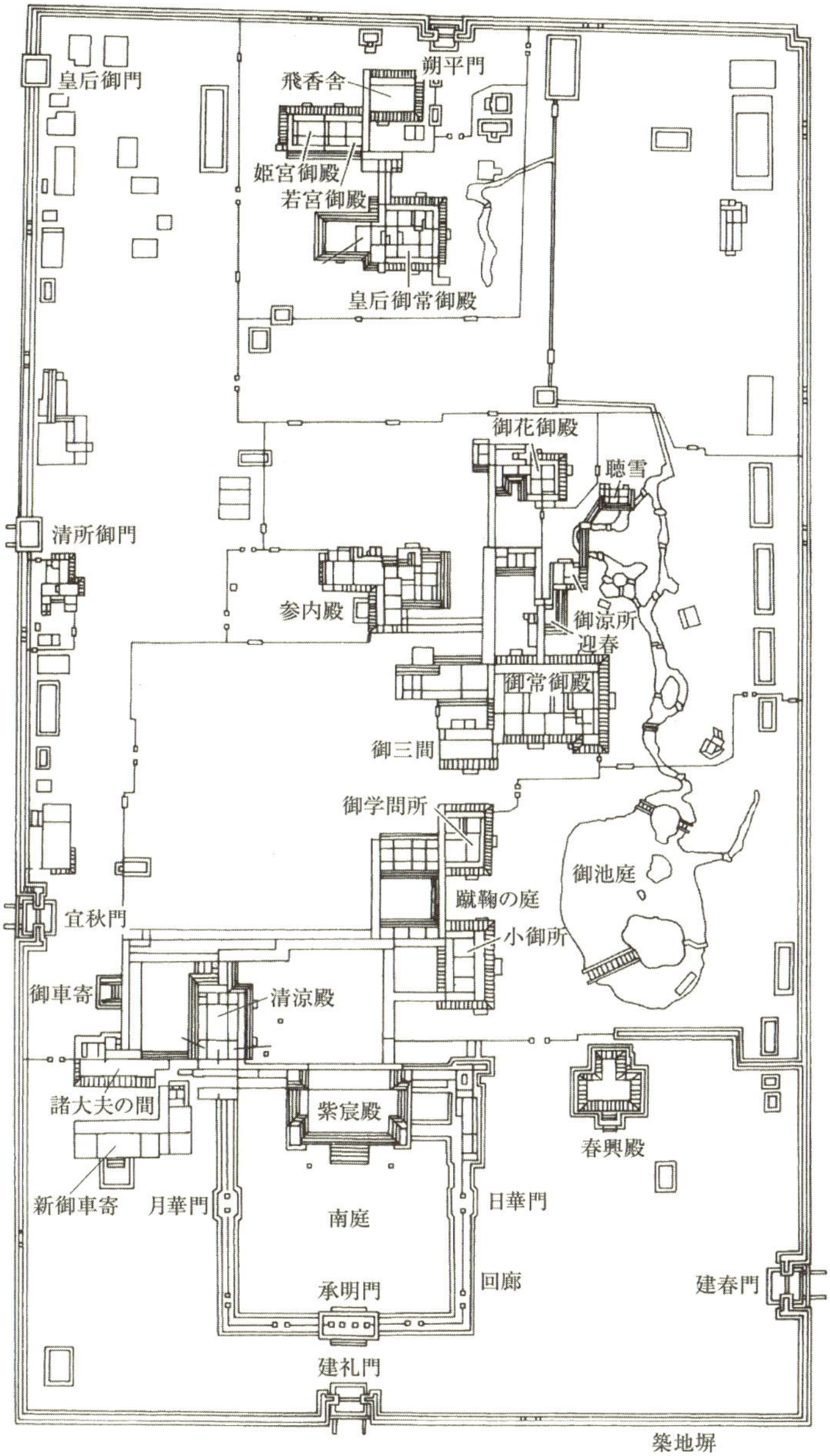
朔平門
皇后御門
飛香舎
姫宮御殿
若宮御殿
皇后御常御殿
御花御殿
聴雪
清所御門
参内殿
御涼所
迎春
御常御殿
御三間
御学問所
御池庭
蹴鞠の庭
宜秋門
小御所
御車寄
清涼殿
諸大夫の間
紫宸殿
春興殿
新御車寄
月華門
日華門
南庭
回廊
建春門
承明門
建礼門
築地塀

京都御所平面図（現在）

京都御所清涼殿

まれた「夜御殿」があった。ここが、天皇の寝室だ。「夜御殿」の中央には縦横九尺、高さ二尺の「御帳台（寝台）」があり、その四隅には柱が立てられていた。その四本柱を覆うようにして四面に几帳が垂らされていた。御帳台の上には二帖の畳と、その上に唐綾の綿入れ布団が敷かれていた。今日、米国家庭の女性の部屋に見られるような四隅に柱があり、ベールで覆われたセミダブルのベッドと同じような形のものだ。詳しくは『群書類従』の中の『類聚雑要抄・巻四』や『宮殿調度図解』に図解入りで説明があるから、興味があれば参照されたい。

天皇から「夜御殿」に召し出された后妃は、付け人の女房を従えて参上し、この御帳台で夜伽をした。付け人たちは、「夜御殿」に隣接した「弘徽殿の上の御局」や「藤壺の上の御局」という狭い部屋で終夜控えていることになっていた。なお、天皇の就寝を「御格子」というが、「清涼殿」の格子がおろされるのは天皇がこの「夜御殿」に入る時と定められていた。女官の手によって格子がおろされると蠟燭が灯されるが、大抵戌の刻（午後八時）だったようだ。

その他、「清涼殿」の西側（裏側）には「鬼の間」、「台盤所」、「朝餉の間」「御手水の間」、「御湯殿」が、南側には

「殿上の間」があった。

「紫宸殿」や「清涼殿」の北側には、后妃や后妃に仕える女房たちの居住の場と女官の仕事場である奥御殿、即ち「後宮」があった。「後宮」という言葉は、殿舎を含めてそこに住む后妃たちのことをいう場合もある。天皇に仕える女官たちは、後宮の外にあった「温明殿」や「後涼殿」に居住し、天皇の御座所の「清涼殿」や后妃の御座所の後宮内の各殿舎に通っていた。

「後宮」とは、「弘徽殿」、「登華殿」、「常寧殿」、「麗景殿」、「宣耀殿」、「貞観殿」、「承香殿」、「昭陽舎（梨壺）」、「淑景舎（桐壺）」、「飛香舎（藤壺）」、「凝華舎（梅壺）」、「襲芳舎（雷鳴の壺）」の七殿五舎をいう。周知の通り、『源氏物語』の「桐壺」の巻には、帝から深い寵愛を受けていた「桐壺の更衣」が、ある時帝から召し出されて、私室から他の女御や更衣の殿舎の前の回廊を通って「清涼殿」に向かおうとしたところ、嫉妬心に燃えていた誰かが足元に糞尿を巻き散らしておいたという有名な話がある。

后妃は、入内に際してそれらの内の一つを休所として天皇から与えられたので、そこに住む后妃を「弘徽殿の女御」とか「桐壺の更衣」と呼ばれた。「常寧殿」は、もともと皇后の居住所であったが、宇多天皇（八八七〜八九七）の女御であった藤原温子が入内して「弘徽殿」を御座所にしていたところ、後に皇后として追号されたので、それ以後「弘徽殿」が皇后、或いは中宮の御座所とされた。ちなみに、一条天皇の時代（九八六〜一〇一一）は、「弘徽殿」を皇太后の詮子（冷泉天皇の皇后）が御座所としていたため、清少納言が仕えていた皇后の定子は「登華殿」を、紫式部が仕えていた中宮の彰子は「飛香舎」を御座所としていた。そして、春宮（皇太子、後の三条天皇）が「凝華舎」を、春宮妃の原子（後に死亡）が「淑景舎」を、もう一人の春宮妃の娍子が「宣耀殿」をそれぞれ御座所としていた。

なお、「貞観殿」は、「御匣殿」とも呼ばれ、天皇の衣服を収蔵したり裁縫したりするところだった。

次に殿舎の造りについてだが、たいてい寝殿造りになっていた。その主殿の北・東・西側に副殿の「対屋（たいのや）」が設けられていた。寝殿と「対屋」を結ぶ廊下は、片側を壁で覆ったものを「渡殿（わたどの）」といい、その片側を区切って女房などの私室（局（つぼね））としてあてがわれていた。また、吹き晒（さら）しの廊下を「透渡殿（すきわたどの）」という。寝殿の間取りは、現在の神社やお寺の祭壇の間（ま）にその面影が見られる。四角形の建物の内側と外側は、一段或いは上下二段の「格子」や「蔀（しとみ）」と呼ばれる木戸で遮蔽（しゃへい）され、その外側には高床式の「簀子（すのこ）」と呼ばれる回廊がある。「簀子」から建物への出入りは、たいていは東西それぞれ二か所にある観音開きの扉から行う。建物の内部はすべて板敷きで、建物の中心部の四角形の間（ま）を「母屋（もや）」と呼び、その「母屋」と格子や「蔀」との空間を「廂（ひさし）」と呼んだ。「母屋」と「廂」の間には、すだれの一種である御簾で仕切りがされている。殿舎の主人である女御や更衣は、それぞれの「母屋」で寝起きするのだが、几帳、屏風、家具などを間仕切りとして使う。女御や更衣に仕える女房たちは、昼間はその周りの「廂」を詰所として控えていたが、そこで寝起きすることもあった。

平安時代は、宮廷に限らず貴族層の住居は前述のような寝殿造りで開放的な生活空間が設けられているだけだった。建物の中は御簾、几帳、屏風、家具で間仕切りをした。従って、同居人たちの立ち振る舞いは見えなくとも、その気配だけは常に感じ取れる有様であった。「夜いたく更けて御前にも大殿籠もり、人々皆寝ぬる後、人の臥したるに、物隔て聞けば、起きたるなんなりと聞こえて、言うことは聞こえず、男も忍びやかにうち笑いたるこそ、何事ならんとおかしけれ」（『枕草子』）という具合で、平安時代中期までは殿上人（てんじょうびと）の後宮への出入りは黙認されていたので、夜になると見染めた女房たちのところへ忍んで行く男も数多くあったようだ。そんな女房たちの居住区で密会をしている当のご本人たちはヒソヒソ話をしているつもりでも、まわりの区画で寝ている他の女房たちにとっては結構な刺激になったことだろうと思われる。

平安遷都以来百六十六年目の天徳四年（九六〇）九月、大内裏の東方の建物から出火し、風にあおられて全ての殿舎が全焼してしまった。これより以前には、放火や雷で応天門や大極殿が火災に遭ったことがあるが、内裏が全焼したのは初めてのことであった。内裏は、その後何度も火災に遭ったが、後小松天皇（一三九二～一四一二）の時代に「東洞院土御門殿」（「土御門高倉第」ともいう）と呼ばれるところに、現在の京都御所の場所が固定された。もとは「里内裏」の一つで、元弘元年（一三三一）から北朝の光厳天皇が使用された内裏だ。更にその後、後土御門天皇の時代の応仁の乱（一四六七～一四七七）では内裏のみならず、京都の町全体が大火災に遭っている。この場所にあった内裏は、江戸時代に六回も火災によって焼失している。六回目の火災は、安政元年（一八五四）四月六日に紫宸殿が炎上し、孝明天皇は祐宮（後の明治天皇）と共に一時避難のために下賀茂社、次いで聖護院に遷御された。同月十五日、桂宮を仮皇居として御遷幸された。皇居が再建されたのはその翌年であり、安政二年八月二十四日に上棟式を終え、同年十一月二十三日に天皇が還幸された。それが現存する京都御所であり、平安朝様式に模して再建されたものだ。孝明天皇は崩御されるまでの十一年間、また、明治天皇は東京遷都で東幸されるまでの十三年間、現在の京都御所にお住まいになった次第である。

平安朝の後、政治の中心は京都を離れて鎌倉、大坂、江戸と移り変わったが、京都は一千年以上の間、「天皇がおわします都」に違いなかった。が、明治維新後、皇居が東京に移される事態になった。その結果、京都は町の灯が消えたように寂れてしまった。京都御所をはじめ、その周辺はとりわけ荒廃の一途を辿った。もと五摂家の一つである一条家の侍で、明治維新後は宮内省に出仕した下橋敬長の証言を見てみよう。

> 何しろ明治六、七年ごろには、あの周辺を残らず桑畑にして、お公家さんのお立ち退きになった家は安い値段で売り払う、ただ（無償）同様でもろうていった者もあるという訳で、一条家の屋敷などは、神宮奉斎会の京都

の本部になっていた。そういう風に、ただ同様で買うたり貰うたりした。御所も今でこそ綺麗でございますが、草原になっておることは申すまでもなく、屋根の瓦も落ちておりますし、壁は落ちております。御所の中の汚いことは見られた体裁ではなく、これを売ってしもうて、桑畑にしようというようなことで、既に二条城などへは桑を植えましたが、値が高いから誰も買わぬ。今日ならば安いのですけれども、その時分としては高い、御所が五千円、二条城が一万円、それでも高いというて買いませぬ。御所は東本願寺で買おうかという話もありました。丁度、その後でございましたが、岩倉具視さんが京都へ来られましたから、「御所が売り物に出ておるそうですな」と申しましたら、「それはいかぬ。そのまま置け」とおっしゃってお止めになった。岩倉さんのお言葉がなかったら、今ごろは、紫宸殿は桑畑になっておったかも知れぬです。（『幕末の宮廷』）

明治十年（一八七七）、明治天皇が京都に行幸された時、東幸後十年も経ずして殿舎とその周辺が荒廃していたため、「京都御所を保存し、旧観を維持すべし」と宮内省にお命じになったそうだ。当時、ほとんどの宮家と公家たちは、東京遷都に伴って東京に移住していたため、京都御所周辺に密集していた二百ほどの宮家と公家の邸は空き家になって荒れ放題だった。それらの邸跡が整備されて、今日の京都御苑ができた訳だ（昭和二十二年に、大整備が行われている）。昭和二十年（一九四五）、戦時中の建物疎開により、京都御所の敷地内にあった半数近くの建築物が解体されてしまった。

現在、凡そ三十一万坪（東西約七百二十メートル、南北約一千四百二十メートル、約百万平方メートル）の京都御苑の中に、京都御所が凡そ三万三千坪（東西約二百四十メートル、南北約四百六十メートル、約十一万平方メートル）の敷地を占め、その中に紫宸殿、清涼殿、小御所、御学問所、お常御殿、迎春、御涼所、皇后宮御常御殿、若宮・姫宮御殿、飛香舎など大小十八棟の木造宮殿が残るのみとなった。その他、外郭には建礼門、宣秋門、朔平門、准后御門、清所門、建春門など六つの門が当時のままの姿で残っている。京都御所は、表と裏の二部構成になっている。表は、儀礼・儀式が行われる殿舎と応接間、それに堂上、即ち公卿（公は太政大臣と左右大臣、卿は大・中納言、参議及びその他の三位以上の公家を指す）と殿上人（清涼殿に昇殿を許された四・五位の公家と六位の蔵人たち）や、地下（六位以下の役人）たちの詰め所からなっている。

奥はいわゆる後宮で、表とは「お錠口」と呼ばれる杉戸で厳重に隔離された「お内儀」と呼ばれたところだ。「お内儀」には、天皇の「お常御殿」（「奥御座所」ともいい、居間や寝室がある）、皇后の御殿（「御息所」という）や女御の御殿、皇子や皇女の御殿、女官や女官に仕える侍女などの住まいからなっている。女官の中でも上級女官の住まいを「お局」といい、天皇や皇后の「御座所」とは「申口」と呼ばれる杉戸で隔離されている。

表の殿舎で最も重要なものは「紫宸殿」だ。御所の外壁南面の中央にある「建礼門」の内側に対峙する「承明門」を入ると広い正方形の庭があり、北側正面に「紫宸殿」がある。この庭の右手（東側）には「日華門」、左手（西側）には「月華門」がある。「紫宸殿」は平安朝の寝殿造りを模して再現されており、その前には「左近の桜」と「右近の橘」が植えられている。平安時代には「大極殿」があり、即位礼などの重要な儀礼・儀式はここで行われていたが、平安中後期に二度も火災に遭い、安元三年（一一七七）以後は再建されなかった。従って、それ以後、宮中の重要行事はこの「紫宸殿」で行われることになった。

「紫宸殿」の西北側に東を正面とする寝殿造りの「清涼殿」があり、回廊で繋がっている。これは、平安時代に存在していたものとは同一ではなく、平安時代末期に描かれた『志貴山縁起』や『伴大納言絵詞』を参考にして造営されたものだ。この殿舎の前庭には呉竹と漢竹の植え込みが、後庭には萩の植え込みがある。正月元日にはこの殿舎の白砂の前庭で、宮中の重要な行事の一つである「四方拝」が行われた。

「清涼殿」の東北側に「小御所」があり、回廊で繋がっている。この殿舎は、寝殿造りと書院造りの折衷様式が採り入れられている。ここでは、小儀が執り行われた。特記すべきは、この御殿の北側の襖に近世大和絵の第一人者である冷泉為恭が心血を注いで描いたといわれる鷹狩りの絵がある。この殿舎前の東方には東山三十六峰を背景にした林泉があり、池泉と石組み、それに築山の周りには四季折々に咲く樹木が植えられている。

「小御所」の北側には、これと並ぶ東向きの書院造りの「御学問所」がある。これは、いわば天皇の公務所だ。更に、「清涼殿」の西側にある回廊を渡ると、表の応接間である「諸大夫の間」があり、「虎の間」、「鶴の間」、「桜の間」の三間からなっている。各間の襖には、墨絵が描かれていて清楚な趣を醸し出している。ここで、江戸幕府の使者や摂家などの諸大夫が控えた。この殿舎の北側に回廊があり、その先に「御車寄」がある。更に、その北側に非蔵人（下級役人）の詰め所と、東側に「麝香間」、「錦鶏間」、「八景間」などという公家衆の詰め所が回廊で繋がっている。そのまた北側に「大台所」がある。以上が、表の殿舎の全てである。

次は大奥について述べるが、「御学問所」の東北側に書院造りの「お常御殿」がある。この御殿は床が上・中・下段の三段形式になっており、十五ある部屋の襖や壁の張り付けには、濃厚な色彩の絵が描かれている。東山連峰を背景とした小さな庭も付いている。季節ごとに石組みのまわりは、紅紫の妍を競う躑躅と翠松蒼苔とのコントラストが鮮やかだ。また、毎年盂蘭盆会には、この庭の樹木の間から大文字の送り火を見上げることができる。この御殿の北側には、天皇が寛がれる「迎春」や「御涼所」という間のほかに、「聴雪」という茶室がある。茶庭には、大小幾つかの石組が散在し、これらを縫って流れる細流と下草が風流極まりない。その他、「お常御殿」の西側には「御三間」や「御献間」などという折々に使われる部屋がある。

「お常御殿」の西北には、「参内殿」、「奏者所」、「長橋局」などの一連の殿舎がある。書院造りの「参内殿」は上皇の参内口であり、その前庭では千秋萬歳や闘鶏などの公事が行われた。「長橋局」は外部と折衝する女官の執務室であり、後述するが禁中にあって相当な権限を有したため、特に立派な部屋だ。「参内殿」の西南側に、塀を隔てて「御差部屋」がある。「御差」とは、「お下さん」ともいい、天皇の便所の用を仰せつかる下級女官だ。「御差部屋」の西側に、やはり下級女官の御末（明治時代のご膳掛り）、女嬬（明治時代のお道具掛り）、御服所（明治時代のご服掛り）の「三仲間部屋」がある。

茶室「聴雪」の北側の一画に、東宮御殿の「花御殿」がある。この御殿は、名称とは違って至って簡素だ。「花御殿」の西北には対屋廊下で連なる東西二つの対屋があったが、今はない。ここが「お局」と呼ばれた後宮女官の居住区だった。が、遷都で宮廷が東京に移ってから後、即刻取り払われた。これらの対屋の北側の一画に「今皇后宮御殿」と呼ばれた皇后の「御息所」がある。古は、「中宮御殿」とも「准后御殿」とも呼ばれた。この一画には他に「飛香舎」、「若宮御殿」、「姫宮御殿」がある。その他に女官の居室もあったが、明治初期に門跡寺院などにご下賜されて今は空き地になっている。皇后の「御息所」は、書院造りで床の張り付けや襖に華麗な極彩色の絵が描かれている。林泉の小さな庭付きだ。「飛香舎」は、『源氏物語』に出てくる舞台そのままの寝殿造りになっていて、東北にある朱色の「玄暉門（後宮の入り口）」と相対し、優美且つ瀟洒な風情がある。以上は、明治天皇がお住まいになった京都の宮殿の概要であり、現存する京都御所の風景だ。

6　東京の「明治宮殿」

次に、明治天皇が東幸されて、最初にお入りになった皇居について述べる。東京遷都が行われた当時、東京はもはや「花のお江戸」ではなかった。最後の将軍・徳川慶喜が江戸城を明け渡した後、およそ八万人の士族のうち、ある者は上野戦争で戦死し、ある者は東北に転戦し、江戸に残留した者は駿河に移封された徳川慶喜を慕って家族と共に移り住んだ。また、全国の大名は、参勤交代で江戸に住まわせていた妻子を伴ってそれぞれの所領に帰り去り、商人たちも有力大名の藩へと流れて行った。従って、旧江戸城をはじめ、東京の町は荒れ放題だった。その様子を見てみよう。

> 朱門粉壁軒を連ねたる大名小路は皆廃屋となり、雨は漏り風に破るるも修むる者なく、昨日まで輪奐たる大建築の邸宅も、今は之を売らんとするに買う者なきのみあらず、無代価にて贈与せんとするも、土地に属する租税を負担せざるにあたわず引き取る者なく、わずかに家屋だけは破壊して、湯屋の薪材となす者あり。（『太陽』四巻九号）

という有様だった。東京の皇居は、最初は旧江戸城西の丸と定められた。明治元年（一八六八）十月十三日、天皇が旧江戸城に初めて入城された時、直ちに「東京城」と名を改められ、その後「皇城」と改称された。が、明治六年（一八七三）五月四日深夜、女官の火の不始末で「お局」から出火し、旧江戸城の西の丸にあった宮殿は全焼してしまった。従って、旧紀州徳川家中屋敷を「赤坂仮皇居」として移御された。そこで、天皇は十五畳敷き一間、皇后は十畳敷き一間に三畳の縁座敷をそれぞれ居室とされ、朝餉から御格子（就寝）までお使いになった。そこは天皇の公務の場としても、私生活の場としても手狭だったが、天皇は国家の経済事情を考慮され、新宮殿の造営を延期するよう沙汰を下された背景があった。しかも、海外情勢に備えるために、天皇はできるだけ宮廷費を節約し、その分を陸海軍の軍用金に充てられた。当時の様子を、もと女官だった平田三枝の手記『御陵近き精舎に籠りて』から拾ってみよう。

　私の初めて御所に上がりましたのは、明治十二年の十二月でございました。その頃の御所と申しますのは、赤坂の仮皇居のことで、紀州家のお屋敷跡。御所とは申すものの誠にお手狭なことで、聖上の御座所が僅か十五畳の御一間と申すような訳で、而もそこでご食事も何もかも遊ばされるのでございました。

　御座所のご装飾なども取り立てて申し上げる程のことなく至ってご質素で、僅かに正面に御床の間、御違い棚があるくらいのもの。従って、皇后様の御座所とてもその通りで、とても只今の人々の思いもよらぬ程のお手狭なご窮屈なものでございました。私も御所に上がりました最初、このご様子を拝見致し、これが一天万乗の大君の御座所かと驚き入ってしまいました。

　その後、余りのお手狭というので、南のほうの空き地にあった樹木を取り除いて、新しく御殿をご新築になりましたが、明治十七年にご落成、そこへお移り遊ばしました。もっともご新築と申しても、ただ名ばかりで、今の成金の人々の住居などとは比較にもならぬ、洵に勿体ない程お粗末なことでございました。それでも元の御殿に比べて、どんなにか清々しう思し召したでございましょう。当時の御製を承っておりますのに、「たかどのの軒にさしいる月見れば　風なき夜はも涼しかりけり」とございます。爾後、前の御座所を旧御殿と申しました。今の赤坂御所は、この日本建ての御殿を取り除いてご建築になったものでございます。


　そんな状況の中で、政府は挙国一致や国威発揚などの政策を掲げ、国内政治面では立憲君主国を確立し、対外面では西欧列強に劣らぬ帝国主義国家の存在を知らしめることを狙って、天皇のご意向とは反対に、君主国にふさわしい立派な宮殿を築くことを決定した。その新宮殿に於いて、華麗で荘厳な儀礼・儀式を挙行することによって皇室の威厳を国内外に示し、王室を有するヨーロッパの君主国家に対等に付き合うべく政府が目論んだのだ。

　新宮殿造営の着工はかなり遅れ、明治十七年（一八八四）になって着工された。四年の歳月を掛けてやっと完成し、そこを「宮城」と称することになった。一万二千七百三坪（約四万一千九百九十四平方メートル）の敷地に新たな宮殿が完成したのは、明治二十一年（一八八八）十月七日のことだ。総工費は四百九十万円だった（中島卯三郎著『皇城』）というから、現在の貨幣価値に換算すれば、数百億円になるだろうか。国民は、率先して献金し労働を提供したことは言うまでもない。既述した平田三枝の手記の続きを見てみよう。

明治六年ご本丸炎上以来、こうしたご不自由なご生活をお続け遊ばされたのでありますが、このご様子を漏れ承った国民は、恐懼措くところを知らず、至誠のほとばしりから、四方の民草、老いも若きもそれぞれに献金をして、今の宮城のご新築申し上げたのでございます。昔、仁徳天皇の時、宮城の頽破を見た国民が材を擔い石を運んで日夜に働き、遂に難波の皇居を造りまいらせたという、その面影をさながらに彷彿せしめるではありませんか。即ち、今の宮城こそは、昔に変わらぬ我が国民忠誠の結晶で出来上がったものと申すことが出来ましょう……

当時、宮城ご造営のために四方から集まった人々、それは労働者は一人もなく、中にはきれいな娘さんがあるかと思えば、五十の坂を越したお婆さんも交じって、唯々天皇陛下の御所を立派に造りまいらせようと云う一心から、土や石を運び、汗水たらして働く様子は何とも申しようもない、美しくもまた尊い至誠の表れでございました。

ある日、聖上、皇后様、特に行幸啓あそばされて、この様子を御覧になり、非常にご満足遊ばされ、「よう働いてくれる。ご苦労なことじゃ。うんと飲ましてやれ」との思し召しから、山のように積み上げた酒樽と、沢山のするめをご下賜になりました。聖上のご仁徳、国民の至誠、全く今思い浮かべても涙が零れます。

翌年一月十一日、天皇・皇后両陛下は「赤坂仮皇居」から、新たに「明治宮殿」と名付けられた新宮殿に還幸啓された。その時の様子については、「明治の紫式部」と呼ばれた女官・税所敦子の名文が残っているので掲載しておきたい。

明治二十二年一月十一日というに、我が大君は大御代の千代田の宮に御渡座せさせ給へり。とし頃赤坂なる仮宮によろづことそぎ（簡略）ておはしましつるを、貴き賤しき、心ある限り、かしこみ奉りて、あるは宝を捧げ、あるは宮木を運びて、疾く宮作り果てんことを願まつりしかど、上にはさしも急がせたまわず。ただ国を富まし民を豊かならしめんことのみ、ひたぶるに思ほし召したるは、難波の宮の昔にも立ちまさりて、いとあり難きわざになむ。

しかはあれど、海の外の国々とまじわりて、御国の光を輝かすべき時にしあれば、百の司人達、心をあわせて規て行い、よろづの匠ども、日に月に怠りなく努め励みしほどに、二十一年十月に至りて内外のかざりまでも悉く整りて、天津日嗣の常宮と定めたまわんに足らはぬことなくなりにしかば、その労苦を空しうなさじとて、すみやかに移ろはせ給わんことを思ほし立たせ給えるなるべし。

二日ばかり先立ちて、まず賢所を渡し奉らせ給う。歳は立ちぬれどまだ冬の末にしあれば、大かた雪霰がちなる頃ながら、此の日は空もうららかに霞みわたれる心地して、神の御心もゆかせ給ふらんといと頼もし。上、后の宮にも大庭におりたたせ給ひて見奉り送らせたまへり。御あと先に騎兵あまた従い、式部職の人々厳かに守り奉りて、御羽車二つ、御唐櫃三つばかり引きつづき渡らせ給う御さま、いと神々しう尊し。

遷幸の日はことさらにのどかにて、空にはちりばかりの雲だに見えず。朝日花やかにさし出でたるに、大御気色ひとしお麗しう、御二所御車に召させ給えば、皇子たち大臣たちをはじめ、宮内の司、数を盡して御供つこうまつれり、楽隊の声いさましう、御門引き出づるより新宮に入らせ給うまで、御道すがら、老いたる、若き、男女、山の如くにかさなりて拝み奉る中にも、学校の生徒らは、ひとしお清らに装いつつ、御車の過ぎさせ給うほど、君が代の唱歌をうたいて祝い奉れるさま、いとめでたし。

十時過ぐる頃おはしまし着きて、やがて供奉奉迎の人々に御対面あり、各々祝の大みき賜り、万歳を呼びかわす声ども、いと賑わし。

かくて少しのどかになりぬる夕つ方、宮とともに此処彼処御覧じわたしつつ、おのが渡廊のほとりについゐたるを、老人は寒からぬ所こそよかめれと宣わせて、飛香舎の御座近う座をたまわり、すびつをさえ許させ給える御めぐみのほど、かしこしなどいうもおろかなり。年月御あたり近う仕うまつりて、御いつくしみを蒙り慣れたる身にも、こたびの仰せごとは、さらにかたじけなさの置き所なき心地するにつけて、この新宮所とこしなへに栄え、此の君が代、天地とともに久しうおはしまして、萬の民を撫でいつくしませたはむこと、此の老人をあわれませたまう如くならんことを、祈りたてまつるになむ。移ります千代田の宮の宮柱ゆるがぬ国のもとゐなるらむ。

「明治宮殿」は、明治、大正、昭和の三代の天皇が通算五十六年間お住まいになっただけで、昭和二十年（一九四五）五月二十五日、第二次世界大戦時の空襲の飛び火を受けて全焼した。それから二十三年後の昭和四十三年（一九六八）十一月十四日、その跡地に現在の「吹上御所」が百三十億円の当初予算で落成したことは周知の通りだ。が、此処は、「明治宮殿」について詳しく述べるのが本筋だ。

「明治宮殿」は、京都御所に似せられて造営されたが、同時に新時代に適する皇居としての様式も整えられた。「明治宮殿」の建物の構成は、京都御所と同じく「表」と「奥」に分けられた。「表」は、儀礼・儀式が行われる宮殿と「表御座所」からなる。奥向きは、一つ目が天皇の「お常御殿」であり、「奥の御座所」や「御寝所」の他に食堂、台所、女官詰め所など、二つ目が皇后宮の「御座所」、三つ目が女官の居住区と、大きくは三つからなっていた。

「表」の宮殿は桃山時代の書院造りを基調として、室内は西洋（ドイツ）の宮殿様式が採り入れられ、壮大且つ絢爛豪華な中にも厳粛な印象を与える宮殿だった。最も重要な間は「正殿」であり、宮殿の正面中央に位置している。ここは国家的儀礼・儀式が行われる広間で、憲法発布式、即位式、軍旗授与式などが行われた。外観は銅瓦葺きの入母屋造りで、木造の和風建築になっている。間口は十二間（約二十一メートル）、奥行きは九間（約十六メートル）、天井

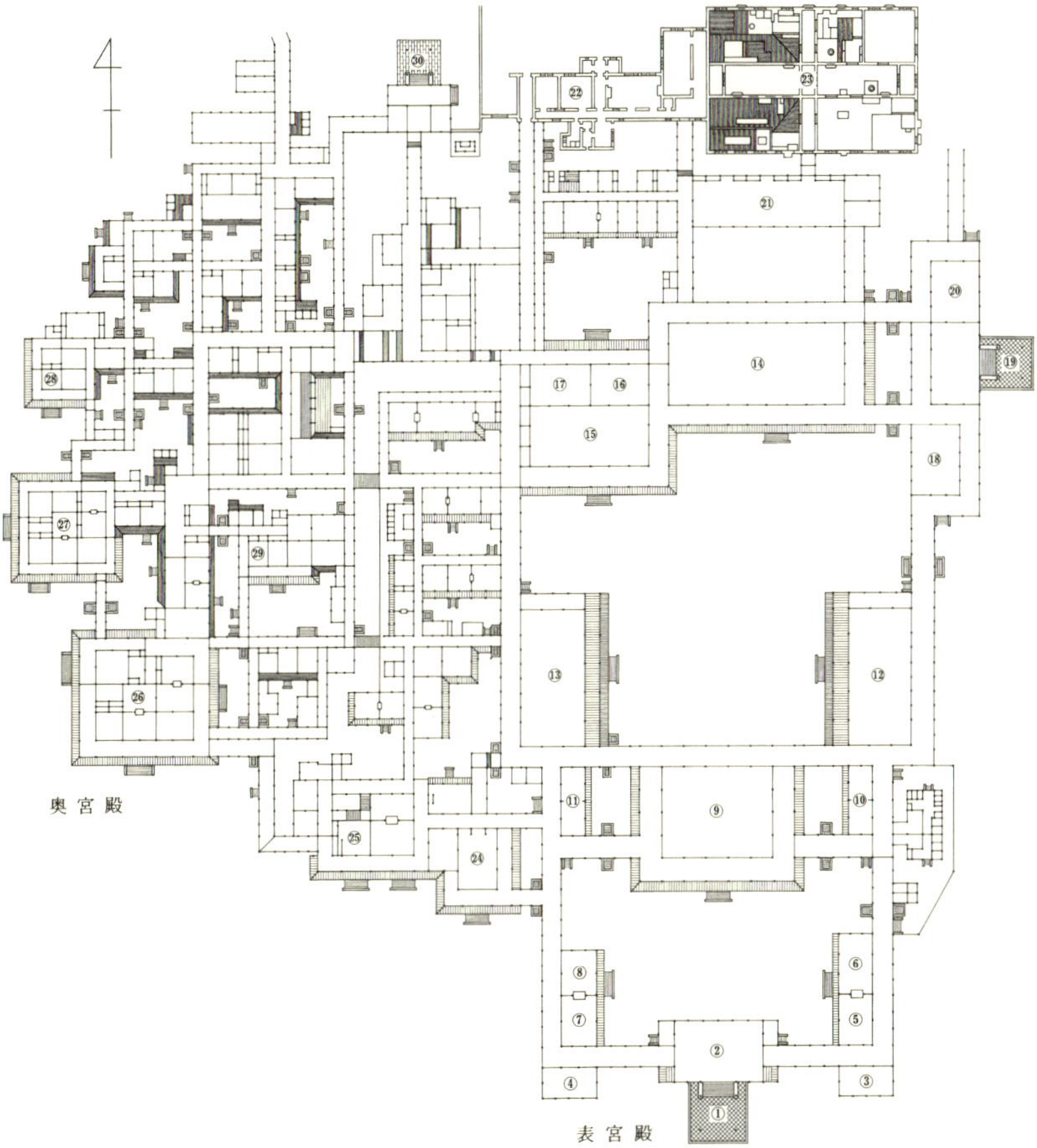

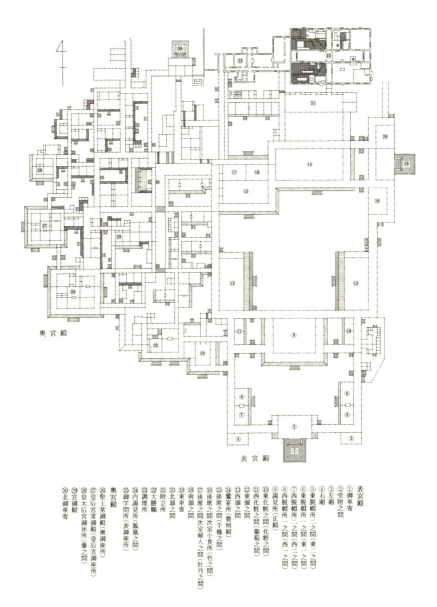

表宮殿
①御車寄
②受附之間
③左廂
④右廂
⑤東脱帽所二之間（東二之間）
⑥東脱帽所一之間（東一之間）
⑦西脱帽所二之間（西二之間）
⑧西脱帽所一之間（西一之間）
⑨謁見所（正殿）
⑩東化粧之間（化粧之間）
⑪西化粧之間（葡萄之間）
⑫東溜之間
⑬西溜之間
⑭饗宴所（豊明殿）
⑮後席之間（千種之間）
⑯後席之間次室小食所（竹之間）
⑰後席之間次室婦人之間（牡丹之間）
⑱南溜之間
⑲東車寄
⑳北溜之間
㉑附立所
㉒大膳職
㉓調理所
㉔内謁見所（鳳凰之間）
㉕御学問所（表御座所）
奥宮殿
㉖聖上常御殿（奥御座所）
㉗皇后宮常御殿（皇后宮御座所）
㉘皇太后宮御休所（藤之間）
㉙宮御殿
㉚北御車寄

明治宮殿平面図

明治宮殿正殿

までの高さは四間（約七メートル）もある広々とした空間だ。東西と南側はガラス障子で仕切られている。室内装飾には、和洋折衷の様式が採り入れられいる。内壁には、唐草に獅子と双鳥の文様が入った深紅の繻子裂が張りめぐらされている。太い丸柱は黒漆で蠟色に塗り込められ、燦然と輝く金具が嵌め込まれていた。格子天井には天平時代の宝相華文（ほうそうげもん）が施され、二か所から二基の大きなシャンデリアが吊り下げられている。床（ゆか）は、寄せ木細工のフローリングだ。その上に臙脂（えんじ）色のカーペットが一面に敷かれている。正面中央には三段になった一間四方の台座があり、その上に天皇の背もたれ付きの玉座とペアーになった皇后の御座が並んでいる。その台座を囲うように、天井から房飾りの付いた緞帳が下がっている。まさに荘厳な雰囲気を醸し出していた。

「正殿」の北側には、噴水池のある広い中庭を隔てて饗宴の間である「豊明殿」（ほうめいでん）がある。「正殿」と「豊明殿」とは中庭を囲むようにして東側と西側に並行して走る回廊で繋がっている。「豊明殿」は、間口は十八間（約三十三メートル）、奥行きは八間（約十五メートル）、天井までの高さは四間（約七メートル）あり、「正殿」よりやや広い空間だ。この部屋は三百人余りの宴席が設けられる大宴会場で、大婚五十年記念式、紀元節、天長節の晩餐会などで使われた。北側の壁際には、ドイツから輸入された重厚なサイドボードが置かれている。その左右には横長の鏡が設えてあり、数多くの燭台の灯火をより明るくする工夫が凝らされている。南と東西側は大きなガラス戸になっており、昼間は広間全体が明るい。五彩で彩られた格天井から、大きなシャンデリアが四基吊り下がっている。壁の色彩は、茶系の色彩で落ち着いた雰囲気を醸し出している。柱や扉にはウルミ漆で天平文様が施されている。床は、寄せ木細工になっていた。ガラス戸を通してみる芝庭は広々としており、所々に松が点在している。庭の中央に噴水があり、水を高く吹き上げる光景は圧巻だった。

「豊明殿」の西側には、「千種の間」、「竹の間」、「牡丹の間」がある。これらの間は、饗宴時の控えの間として、また百人余りの小宴会の間としても利用できる。それぞれに、千種、若竹、牡丹に囲まれた雰囲気がする落ち着いた間だ。「千種の間」の天井には、千紫万紅の千種の花が咲き乱れる様が描かれている。欄間や柱には、淡緑色の芭蕉の葉の彫刻が施されている。障子などにはウルミ漆で彩色浮き彫りされ、明治工芸美の粋を凝らした趣がある。「竹の間」も、天井と壁には竹づくしが描かれていた。「牡丹の間」も同様だ。これらの間の床もすべて寄木細工だ。

その他、十幾つかの小さな小部屋があったが、特記すべきは「正殿」の西側に回廊で繋がった「鳳凰の間」と、その斜め前北側の「桐の間」だ。前者は壁一面に高貴な鳳凰が描かれており、一層気高く荘厳な印象を受ける。ここは、正月の晴御膳、御歌会始、御講書始などのほか、外国使臣の拝謁のために使われる間だ。後者は、天平風の文様が金色と群青色で描かれており、落ち着いた雰囲気の間だ。西洋の飾り棚や大理石のマントルピースが設えられている。ここは、主に皇后が接見など公式行事の間として利用された。

いずれの部屋も、床は寄せ木細工のフローリングになっていて、分厚い臙脂色カーペットが敷かれている。天井からはクリスタル・ガラスのシャンデリアが吊されている。その他、各部屋の調度品は西洋諸国から輸入されたものばかりだ。

これら三部屋の西方向に、天皇の表御座所である「御学問所(おがくもんじょ)」がある。これは、書院造りの二階建ての建物だ。一階には、絨毯を敷き詰めた簡素な四つの間がある。その内の南向きになった一室が天皇の執務される「表御座所(おもてござしょ)」だ。襖を隔てた東側には「二の間」があり、そこに左右にそれぞれ八人は十分に座れる椅子と長テーブルが置かれている。その他に「三の間」や物置部屋、侍従の詰所などがある。侍従は、四六時中この詰所に数人ずつが交代で控えていた。

次は、大奥について述べる。「表」と「奥」との間には回廊で繋がれ、大奥の入り口には京都御所と同じく「お錠口」があり、「鶏お杉戸」と呼ばれていた。天皇の「お常御殿」は、「常の御座所（居間）」、「御格子(みこうし)の間（寝室）」、「衣替の間」、「お食堂」など九部屋からなる。書院造りの「常の御座所」の前の南側には緑の園生が広がっており、林泉が見渡せる。北側には高等女官の詰所や食堂、それにお納戸などがあり、それらの間には「申口(もうしのくち)」という厳重な杉戸があった。ここから「奥の御座所」へは、高等女官以外は立ち入ることができなかった。

皇后の「お常御殿」は、女官の食堂の西側にあり、天皇の「お常御殿」とは中庭を挟んで別の廊下で繋がっている。皇后の「お常御殿」には「御座所」、「御格子の間」、「お化粧の間」、「お召替の間」など九部屋からなる。これらの区画の四方に廊下が走っており、南・北・西の廊下の外側に濡れ縁がある。これらの三方向は、広々とした一つの庭園で繋がっている。換言すれば、広い庭園の中に書院造りの殿舎がせり出して建てられているといった風景だ。

高等女官の食堂の前を北に進むと杉戸があり、その外側に「百間廊下(ひゃくけんろうか)」と呼ばれるリノリュームが敷かれた長い傾斜のある廊下が延びている。即ち、小高い丘から廊下に沿って下っていく形になるが、所々に数段の階段もある。この様式は、旧江戸城大奥の廊下を模したとも、京都御所の「お局」の廊下を模したとも言われる。この廊下の先は、

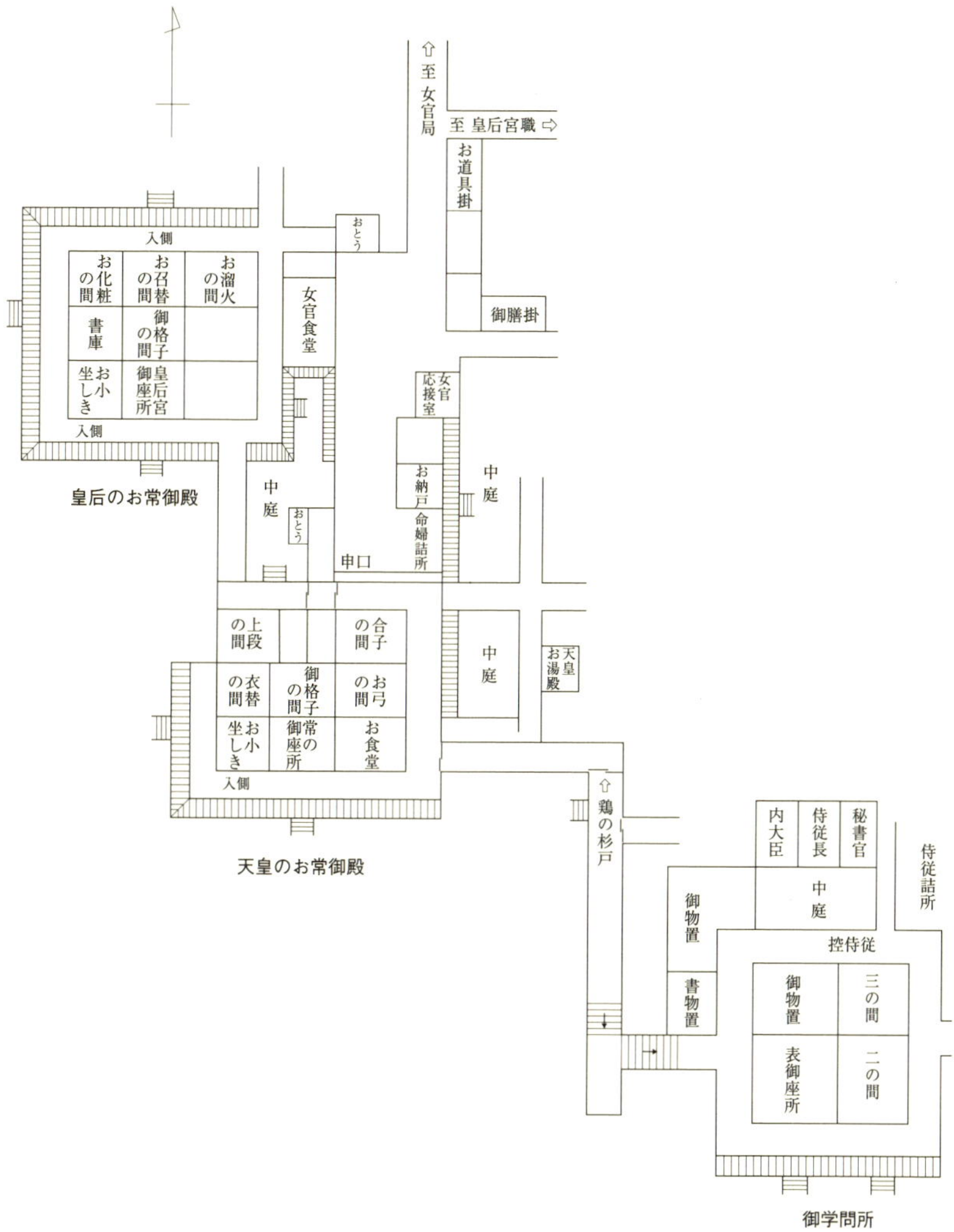
至女官局
至皇后宮職
お道具掛
御膳掛
おとう
入側
お化粧の間
お召替の間
お溜火の間
書庫
御格子の間
お小坐しき
皇后宮御座所
入側
皇后のお常御殿
女官食堂
中庭
おとう
申口
女官応接室
お納戸
命婦詰所
中庭
上段の間
合子の間
衣替の間
御格子の間
お弓の間
お小坐しき
常の御座所
お食堂
入側
中庭
天皇お湯殿
天皇のお常御殿
至鶏の杉戸
内大臣
侍従長
秘書官
侍従詰所
御物置
中庭
控侍従
書物置
御物置
三の間
表御座所
二の間
御学問所

御内儀・御学問所平面図

一棟の縦長の建物の表廊下に繋がっている。その建物の右手に、平行して二つの同形の木造建物が並んでいる。これら三列の建物の中央部を横断する幅一間の渡り廊下があり、三棟が廊下で繋がった形になっている。これら三棟が、女官たちの住居だ。

なお、後宮には「典侍（てんじ）」、「権典侍（ごんてんじ）」、「掌侍（しょうじ）」、「権掌侍（ごんしょうじ）」、「命婦（みょうぶ）」、「権命婦（ごんみょうぶ）」などという肩書きの高等女官と、「女孺（にょじゅ）」、「権女孺（ごんにょじゅ）」、「雑仕（ぞうし）」などという下級女官のほかに、「老女（ろうじょ）」、「針女（しんみょう）」、「仲居（なかい）」などという女官の私設侍女たちが居住していた。それらの職掌については、第二章で詳しく述べる。

以上が、華麗な「明治宮殿」の概要だ。天皇・皇后両陛下がこの宮殿に移御される前の様子を、もと女官・平田三枝（みつえ）の手記『御陵近き精舎に籠もりて』から拾ってみよう。

初めご移転の前に、聖上（おかみ）は特にご見分のため行幸あらせられました。そうして奥向き一切をご見分の上、お手許（てもと）のお荷物の置き場所をいちいち張り札するようにお命じになりましたが、その翌日から吉田様（もと女官・吉田鈺子（かたこ））と私及び内侍方（ないしかた）お一人が、前晩に赤坂から出されるお荷物を伺っておいては、翌日お弁当持参で宮城に参り、お荷物を受け取ってはご指定の張り札の場所へ置き据え、夕刻赤坂へ戻って復命するというような、それはそれは大騒ぎで、お荷物の運搬だけにも約一か月を要した程でございました。

というくらいだから、女官たちは慣れぬ力仕事で大変な思いをしたことだろう。

この荘厳極まる新宮殿で初めて式典が催されたのは、天皇・皇后両陛下が赤坂仮皇居からこの新宮殿に還幸啓されたひと月後のことだった。明治二十二年（一八八九）二月十一日、「大日本帝国憲法」が発布された日のことだ。

当日午前十時、宮城内「正殿」に皇族をはじめ、政府高官、華族代表、在日外国使節たちが見守る中で式典が行われた。参列者が「君が代」を斉唱する中、天皇・皇后両陛下が「正殿」に厳かに入室された。天皇は漆黒の大元帥服の正装で、首からは大勲位菊花章頸飾が吊り下がり、左胸には大勲位菊花大綬章副章が輝いていた。一方、皇后は総刺繍が施された淡いピンク色の裾の長いトレーンという裳を引きずるマント・ド・クールという洋装の大礼服をお召しになり、左肩から右腰に掛けられた大綬に宝冠大綬章副章をご佩用（はいよう）になり、頭には数十個のダイヤモンドが散りばめられたティアラが燦然と輝いていた。皇后に就き従った数人の高等女官たちも、控え目の色調で白や淡青色の皇后と同じような洋装の大礼服だった。天皇は床から二寸（約八センチ）ほど高くなったひな壇に設置された玉座に一旦着席された。ひな壇の左手に皇后と女官たち、右手に内閣総理大臣の黒田清隆とその閣僚たちが立ち並んで控えた。そして、今まさに明治維新以来の一大盛典が繰り広げられようとしていた。これは、女官たちにとって晴れがましい表舞台に立つ初めての経験であり、一世一代の誇らしい瞬間でもあった。

従来、日本ではこうした公式の国家行事に女性が参画した例はない。が、「そのような国家の盛典には、私たちも見せて戴きたい」と、皇后が申し出られたのだという（木村毅著『明治天皇』）。このような場合、西洋では国家元首は妻と同伴で式典に出席するのが当然だ。が、この時、皇后は数名の高等女官を伴って、式場正面玉座の下段左側の溜まり場に侍立されていた。それを目にした外国使臣は奇異に思い、その後世間に出回った式典風景の写真や錦絵を見て笑ったともいう。

間もなく、天皇がおもむろに立ち上がり勅語を読み上げられた。その後、枢密院議長の伊藤博文が捧げた憲法が黒田清隆に手渡され、一連の式典が終わった。その直後、宮城の周辺から一斉に祝砲が鳴り響いた。

当日午後、天皇・皇后は一台の馬車に同乗で青山練兵場に臨御され、凡そ三万人の陸・海軍兵の観兵式が行われた。当夜、宮城内「豊明殿」に皇族、政府高官、華族代表、在日外国使節たち三百五十余人が招かれ盛大な晩餐会が催された（拙著『皇室の饗宴とボンボニエール』）。これだけの規模の饗宴が宮中で催されたのは、初めてのことであった。この式典は、「立憲君主制の成立という国家の政治的成果を記念する祝典であったと同時に、新しく造り出された一連の皇室のページェント（公式儀礼）のさきがけとなった」（T・フジタニ博士著『天皇のページェント』）という。

次に新宮殿で盛大な祝典が催されたのは、五年後の明治二十七年（一八九四）三月九日のことであった。天皇・皇后両陛下の結婚二十五年の祝典、即ち今でいう銀婚式だった。これは、西洋の風習が採り入れられた最初の儀礼・儀式だ。この時の招待客は五百三十余人で、以前にもまして大規模な饗宴が催された。当時は、挙国一致、国威発揚、富国強兵、殖産興業などと叫ばれていた時代であり、政府や軍部はそういった状況の中で天皇陛下の大婚記念式典を大々的に挙行することによって、国内政治面では、天皇陛下を中心とする立憲君主国を不動のものとしようとする試みがあり、対外面では西欧列強に劣らぬ帝国主義国家の存在を知らしめる狙いがあった。

ここで、女官の税所敦子が書いた名文『大婚二十五年盛典記』が残っているので紹介しよう。

> 久方の天の御柱めぐりましけん神代は知らず。来しかた行く末にも、ためしあらじと覚ゆるは、こたびの御祝になんありける。
>
> いにしえ聖の御世と聞こえし時にも、内々はいかにぞや思ゆることも打ちまじりためるを、上の御心いとただしくおはしまして、宮のうち露ばかりみだれたることなく、后の宮の参らせ給いしより、二十五年一日のごとく、御仲らいあらまほしうて過ごさせ給いしを、ことし三月九日というに、その盛典をあげさせ給えるなりけり。
>
> こは銀婚式とかいいて、外国の帝にも殊更に祝い給えることぞ聞こえし。もとより、うわべの飾りを好ませ給わぬ御本上におわしませば、斯うことごとしき様には思ほしおきてざりつらめど、大御国内の人々早くもうかが

い知りて、この年月こうぶりたる御いつくしみの千々の一つをも、報い奉らんと思えるにやあらむ。心の限りをつくして、さまざまなる物ども捧げ、あるは社々の祭りをなし、または貧しき者に物施しなどして、こたびの盛典を賀ぎ奉り、なお行く末のいや栄えさせ給わんことを祈り奉れるときしも、美濃の国より白き雉をささげ来るに、いと奇しゅう珍らかなるや。

昔、この雉のあらわれしときには、太平のしるしとて、年号をさえ改められし例もあれば、いともいともめでたき祥にこそと、人々こぞりて賀ぎ奉れり。

さては非常の大赦なども行なわるべく聞こえしかど、故ありて思ほし止まらせ給い、ただ年老いたる者どもに黄金を賜い、または御国のため勲功ある人々の後をめぐませ給いなどようのことをぞ、県々に仰せて、残るくまなくせさせ給いけりとぞ。

その日は巳の刻より拝賀を受けさせ給うとて、大礼服を召し、勲章を奉りて、常より殊に気高こうも尊くも見えさせ給えり。宮は白き御服の御裾長きに、白銀もて花鳥を摺らせたるを召し、玉の冠をいただかせ給える、かようの式など行わせ給うべき御齢とも見えさせ給わず、いといと若う匂いやかにおわします。拝賀の人々いと多くて、未の時近うなりぬれば、御祝いの御物も奉りあえず。ひとつ御車に召させ給いて、青山なる観兵式に臨ませ給えり。御道のほどもとりどりに心を尽くして、松の上に朝日を出し、または巌に亀のいる型、色々の花を積みたる車など、めづらかなる物ども作り出し、祝い奉れる心をあらわし聞こゆ。

暮過ぐるころより、御裳奉りかえて、豊明殿に出でさせ給えり。かぎりなき燈火の光に映えて、いとまばゆく見えさせ給う。

親王たち大臣たちをはじめ、司人残りなく召し出でたるはやや千人に近しと聞ゆ。舞楽は萬歳楽、延喜楽など、めでたきかぎりを奏したり。宮垣の外にても、かずかずの花火をあげて祝い奉るに人々の万歳を唱うる声いと賑わし。誠や、御歌所よりは「鶯花契万春」といえる題にて、人々に歌を奉らしめたるは、何よりも大御心にかなわせ給うらんと思ゆ。そが中にも、「色も香もかわらぬ花に万代の　やどり定めて鴬のなく」、「限りなき春を契りて鴬は　御園のはなのかげに鳴くなり」など、ことにめでとう覚ゆ。この御祝につきて、人々の捧げたる物ども、うるわしき御調度は更なり、巧みにおかしゅう作りなしたるも多かる中に、舞鶴の型を縫いたる御衝立に、「久方の雲井の鶴も声高く　千代をことほぐ今日ぞ楽しき」。また、住吉の浜を繪がきたる御几帳のひもに、「すみの江に生いそう松の枝ごとに　君が千歳のかずぞこもれる」と、白銀の糸もて縫わせたる、なづかしゅう雅びたり。御祝日過ぎにし後も、なおここかしこより奉れるものの限りなきにつけても、大御代の栄えたまえる、民草のなびきまつれるほどはかり知られて、いともいともめでとうなん。

第四章で詳述するが、税所敦子は明治八年（一八七五）三月に五十一歳で「宮内省お雇い」として出仕し、明治三十三年（一九〇〇）二月に他界するまで二十五年間宮仕えした。

更に、「明治宮殿」で大々的な祝典が行われたのは皇太子・嘉仁親王のご成婚式だ。これについても筆者が説明するまでもなく、掌侍・小池道子が『千代の基』という手記を残しているので紹介しておこう。

天地と共にきわまりなき帝の御栄え、万の国にたぐいなきことは、たれも知る事ながら、この大御代こそ外国人も仰ぎ知りぬべし。

ここに五月の十日を生日の足日と定めさせ給い、東宮（皇太子）の御息所（皇太子妃）まいらせ給いぬ。御告文奏せさせ給い、御拝の御式ありて御大礼上げさせ給う。つぎて、皇霊殿・神殿に参り給えり。東宮は御束帯、御息所は五衣にて神々しき御有様なり。久方の天の御柱めぐり合い給いし神代の昔も、かかる日にやありけんと、空打ちあふがる。広庭には各宮・各御息所・親任官をはじめ、おごそかにさぶらい給えり。それより内

（宮城）にまいらせ給う。

上（聖上）には御正装、宮（皇后宮）には中礼服を奉る。東宮（皇太子）は御正装、御息所（皇太子妃）は大礼服、白地に白銀もて小葵・菊など、よしある模様うるわしゅう織り出でたるを奉り、御裳の裾長おう、広き御殿も所狭きまで見えさせ給う。ご対面の式終わりて、御曲彔（法会の際などに禅僧が座る椅子）に凭らせ給いぬ。台盤に供えたる白銀の御さかなども、今の世に見習わず尊し。

上・宮より御二所に御かわらけ参らせ給う。世に有り難き御式にさぶらい、仕えまつる身の宿世さえ思われて、いとかたじけなし。それより一位（皇太子の実母である権典侍・柳原愛子）の君にご対面ありて、女官の拝賀を受けさせ給う。

東宮の御挙動、今日はた更におよすげ（成長）させ給えり。御息所御目色のにおいうるわしゅう、気高こう見奉らるるに、みな万代をとなえ奉るのほかなし。それより御二所一つ御車にて、東宮の御所へ渡らせ給えり。供膳・御盃ども古きためしを引かせ給いて、いと神々しう見奉れりとぞ。四時過ぐる頃より、再び御二所、内（宮城）に参らせ給い、鳳凰の間にて各宮・各御息所・大臣をはじめ、各国公使など、さるべきかぎり拝賀あり。その余は正殿にて受けさせ給う。つぎて、千種の間に出御ましまして、宴を賜りたる人、二千人余りに及びしとぞ。

上・東宮は御正装、宮はうすみどりに白き糸もて花かずらうるわしう織り出したるに、目もあやなる御かざり添いたる御衣奉り、御髪には金剛石の光まばゆきを奉れり。御息所は白地に白銀もて千歳の秋の菊をはなやかに織り出したる御衣奉り、御挿花の玉の光輝かしゅう見奉らる。この日、空にはちりばかりの雲だにたたず、風は静かにて枝を鳴らさず、この年頃に珍しきばかりなりしは、神の御心にかなわせ給いしなるべし。御車の過ぎさせ給う道々、つらなれる人の万歳をたたえ奉れる声、天地に響き渡れり。

上・宮の大御心は言うも更なり、御父公爵（九條道孝）の御宿世のめでたさを誰も言いあえり。今宵、三日夜の餅の御祝などおわしますらん。

内（宮城）には人々を召し集えて御酒賜わり、大御気色うるわしゅう見えさせ給えり。上の御為政正しゅうましまして、たまだれのうち乱るる事なきに、皇室婚嫁令を世に示させ給い、万世一系の御すゑ、大空の月日と共にいよいよあきらけく栄えさせ給わらん事を規て給えるこそ、尊く畏き限りなりけれ。

実際、明治三十三年（一九〇〇）五月十日に催された皇太子・嘉仁親王と九條節子（貞明皇后）とのご成婚式の夜宴には二千人余りの人たちが招かれ、明治維新以来宮中で最も盛大な皇室の儀礼・儀式となった。

実は、そんな大々的な皇室の儀礼・儀式を行うために、政府が皇室の近代化を図り、天皇をヨーロッパの王室に引けを取らない国家元首に仕立て上げるための一環として、新宮殿が建設されたのだ。しかし、日本の近代建築技術と美術工芸美の粋を集めて建てられた「明治宮殿」は、第二次世界大戦の空襲で惜しくも灰燼と化してしまった。

7　宮廷の様相

「明治宮殿」に於いては、ことさら防火には注意が払われた。その辺りから、宮廷の中の様子を垣間見ていこう。最初に、もと命婦・樹下定江が書いた手記『長き年月も短く思いて』の中から「電気の世に大奥のお蠟燭」についての一文を掲載する。

宮城は表の方こそ外国との交際上、やむを得ず電灯をお許し遊ばされましたが、お内儀は（天皇）崩御まで決して電灯を用いることを許されませんでした。御座所もお局も西洋蠟燭にホヤをした御灯りで、聖上が御所見を遊ばすお傍にも、やはりお蠟燭立てがございました。長いながいお廊下は、種油に灯芯を入れた網行灯が十間置きくらいに立っていて、ぼんやりと照らしておりました。

御座所の障子などは、諸事ご倹約の御心から、夏一回冬一回張り替えするだけでしたから、蠟燭の油煙で紙が薄黒くなっていたほどでございます。明るい電灯を用いさせられず、ご不自由を忍ばせられながら、お蠟燭をお用いになったことは、誠に申すもかしこいほどの大御心(おおみこころ)によることでございます。

聖上は、常にこう仰せられました。「この宮城は、国民の真心から出来たものじゃ。万一電気を引いて、衆議院のように漏電の結果、また火事でも起こしては、それこそ国民に対して相済まない。日本の電気の研究はまだまだ幼稚なものじゃ。電気をつけたために、わしの代に二度まで火事を出したとあっては、国民に対して済まぬ。表の方はいろいろの関係でやむを得ぬが、内儀(おく)だけは不自由でも忍んでゆくことにしよう」

この有り難いお言葉を拝し奉っては、誰か感泣せぬものがございましょう。皇后様からもこの大御心について度々ご沙汰を伺いましたので、末の者に至るまで火の元には随分注意いたしました。女孺(にょじゅ)・雑仕(ぞうし)の人たちは、寒さをも厭わず宵明けをいたし、十二時と二時との二回、各お局、各部屋を夜回りして、火鉢の火までも十分に気をつけたものでございます。

といったような、宮中大奥の女官とその侍女たちの日常生活振りだった。宮中大奥で電気の使用を見合わされた経緯については、別の話がある。歌御会所に出仕していた千葉胤明(たねあき)は、自著『明治天皇御製謹話』で以下のエピソードを披露している。

大奥では、その頃電灯をご使用あそばされませんでした。これは、漏電をお気遣いあそばしたためと、もっぱら申し伝えられていますが、一概にそうばかりでもあらせられなかったことを伺っております。それは、陛下も「電灯が明るくて便利なことはよく判っておるが、今急に蠟燭を廃して電灯に代えると、それがために困るものが出てくる。まあ、このままでよろしい」と仰せられ、特別の思し召しがあらせられたためというように承っております。

これはどういう次第かと申しますと、お蠟燭のことは、いずれ家計の豊かでない身分の低い者が奉仕しておるので、お蠟燭の燃え残りは彼らの余得になるのであったそうです。陛下は、それをご承知あそばしていらせらるるので、この少数の者のことにまで有り難い思し召しがあらせられ、今更ながら恐れ入ったことであります。それがため、お常御殿のお障子はお蠟燭の油煙のために黒ずんで、お間内は昼でも薄暗いほどでありますが、そんなになっても容易にお張り替えのお許しがなかったそうで、私はご障子を直接拝見致したことはありませんが、崩御のご当時、お障子紙の一片をある人から割愛してもらっていますが、これを拝見致しますと、農家の厨（くりや）の障子でも、こんなに黒くなったのはなかろうと思うくらいであります。私は、これを家宝として只今大切に保存しております。

天皇の人に対する思いやりについて、千葉胤明は続けて同著に記述している。

また、こういうことがありました。御料（ごりょう）の御夜具（おんやぐ）の中に、どういう間違いであったか、握鋏（にぎりばさみ）が縫い込まれてありました。陛下は、それに御心付き（おこころづき）あそばして、密かに女官をお召しになり、「これを取り出して、元のように縫うておけ。これを表向きにすると、怪我人ができるから」と仰せられたことを、後になって、御服係（ごふくかかり）の者がうけたまわり、非常に恐懼（きょうく）したということであります。

こういう天皇であったからこそ、女官たち側近の者は心底から天皇を敬ったのだろうと思われる。もっとも、宮中大奥に御奉公するものは、「如何なる場合も身命を賭して両陛下にお仕えすべし」という掟があり、どの女官も一心不乱でお勤めした。こんな逸話がある。

明治天皇陛下が嘗て不意に宮女の懐剣をお取り寄せあって、いちいち鞘を払って中身の利鈍を御聖鑑あらせられた……この時あらゆる宮女の懐剣は、一として一点の曇りをとどめたものもなく、いずれ劣らぬ名作ばかりで、常平生の心掛けもさこそと偲ばれたので、斜めならずお悦びあり、女性なれども持つならば斯くこそありたし、と仰せられた。（斉藤徳太郎『女官物語』）。

ややもすれば、宮中大奥に御奉仕する女官の姿は雅やかで奥ゆかしいものと想像してしまうが、一方では確たる覚悟で凛とした精神を兼ね備えていたものと察しがつく。実は、「身命を賭して」という精神は、なにも高等女官に限ったことではなかった。下級女官の女嬬や女官のもとで下働きをする宮内省お雇いの雑仕たちもそうであった。それ故に、女嬬や雑仕たちも士族出身の娘に限られていたのだ。

それでは、いよいよ宮中でのいろいろなエピソードを女官たちの手記から拾って紹介しよう。最初に、命婦・平田三枝の手記『御陵近き精舎に籠もりて』から引用する。

雪の降る日などは（天皇陛下の）お慰めにと、吉田様（掌侍・吉田鉦子）、生源寺様（命婦・生源寺伊佐雄）等と共にお庭でよく雪打ちを御覧に入れたことが記憶に残っております。私たちが勇ましく戦う様子を、皇后様とご一緒に御覧遊ばされては大層ご満足に思し召され、「寒い所で働いたのじゃから、温かいものを馳走してやれ」と仰せられては、お吸い物や鯛麺などを沢山に頂戴致しました。それがまた私共にとって、どんなにか楽しみでございましたでしょう。

御所を下がりましてから十何年、雪の日が来る毎に、ありし昔を偲んでは、畏れながらお懐かしく存じ上げております。

食べ物の話のついでに、宮中の食生活について触れておこう。東京遷都後、天皇・皇后両陛下をはじめ、女官や女官の侍女たち全てが京都生まれの京都育ちであったから、食事は食材も味付けも京風を好まれた。が、時代と共に洋食も採り入れられるようになった。

木村毅（き）の著書『明治天皇』に、次のようなおもしろいエピソードが記載されている。ある時、大久保利通が医者の長与専斎（ながよせんさい）（後の東京医学校の校長）から牛肉の効能について話を聞き、天皇に召し上がるようにお勧めした。「これまでの日本食のように淡泊なもののみでは、精力不足いたし、とうてい天下の大事は成就できませぬ。西洋先進諸国では牛肉を常食とし、今日の進んだ文明をきずきました」と、大久保が申し上げた。すると、さかさず天皇は首を横にお振りになって、「しかし、弘法大師を見てみい。ただに仏法の上のみでなく、政治にも、農業にも数々の偉大な功績を、しかも日本全国に残しておらるるぞ。精力絶倫の人でなくてはかなわぬことだが、しかしあの御坊が牛肉を食べられたはずはないぞ」と仰ったという。また、天皇は臣下の言上をむげには退けられず、「薬でも草根本皮を煎じる漢方ではなく、西洋流の水薬が広く用いられるようになった当今だから、卿の申し条にも十分な理由があることと思う。大膳職に命じて、調べさせてみよう」とも仰ったという。

ちなみに、天皇が初めて牛乳を口にされたのは、明治四年（一八七一）十一月頃の十九歳の時だ。皇后は、一月ほど後の十二月四日だったと『明治天皇紀』に記されている。それによると、当日、宮内卿・徳大寺実則（さねつね）と典侍・広橋静子（さだこ）は、虚弱体質の皇后が「牛乳を滋養として、お採りになるよう」にと侍医に命じて用意させたようだ。後年、天皇は牛乳をそのままお飲みにはならず、コーヒーに入れて召し上がった。今で言うカフェオーレだ。

また、古来、宮中では獣肉を食する事は一切禁じられていたが、その因習が解かれて、同じ明治四年十二月十七日に牛肉と羊肉の料理が御膳に上がった記録が『明治天皇紀』に残されている。その後、「豚、鹿、猪、兎の肉は時々少量を御膳に上げせしむ」とある。が、天皇や皇后が、これらの肉料理を本当に召し上がったかどうかは定かではない。

更に、西洋料理を天皇や皇后の御膳に初めて上げたのは、明治六年（一八七三）七月二日だった。「（天皇は）御学問所に於いて御昼饌を取らせられ、西洋料理を供進せしめらる。また、本日より皇后の午餐に西洋料理二品を供進す」と、『明治天皇紀』に記されている。更に、同『紀』の同年十月十二日の項に「（天皇は）内廷に於いて西洋料理の御昼饌を取り給う。また、午後五時四十分、（天皇は）皇太后・皇后と内廷三層楼上に出御、西洋料理を供進せしめ、女官三人に御陪食仰せ付けらる」とある。

天皇は率先して西洋料理を採り入れようとされたようだが、おそらく皇后や皇太后ばかりでなく、ただでさえ保守的な女官たちは食べ慣れない西洋料理を敬遠したのではないかと推察する。

なお、両陛下とも京都生まれの京都育ちであったので、薄口の京料理がお好きではなかったかと思われるが、山川三千子の『女官』には、「お上はどちらかといえば、濃厚な方をお好みになりましたので、同じお魚を差し上げるにしても、つけ焼きとか、煮付けで、皇后宮様は塩焼きや、お刺身、またはからすみなどといった物がお好きでございました」とある。両陛下のお食事は、午前八時過ぎからの朝食を別々に、午後十二時半からの昼食と午後七時からの夕食をご一緒にされるのが慣例になっていた。朝と昼は一の膳と二の膳が出て、品数もそれほど多くないが、夕食はたいてい二十種類くらいの品が大皿に盛られて出された。そして、天皇には権典侍が、皇后には掌侍が、それぞれ両陛下のお好みの物を小皿に取ってお出しした。この宮中の仕来りは、厳格に守られていた。

ところで、宮中の饗宴で初めて西洋料理が出されたのもこの頃からだ。『明治天皇紀』の同年十一月三日の天長節（天皇誕生日）の項に「七時、延遼館（浜離宮内の迎賓館）に於いて各国公使等に酒饌を賜い、参議伊藤博文及び宮内省官吏等をして接伴せしめたまう。その酒饌は、勅任官と同一の日本料理なりしを、この年より西洋料理に改む」とある。

また、天皇ご自身が、各国の例にならって宮中に外国使節を招いて御陪食を仰せつけられたのは、明治七年（一八七四）

九月二十二日の午餐会の時だ。当日、日本に駐在していたイギリス、アメリカ、フランス、ドイツ、ベルギー、スペイン、オランダ、イタリア等の公使が招かれ、宮中で初めてフランス料理が出された。その時のメニューは、もと宮中のシェフ・秋山四郎が編纂した『明治・大正・昭和　天皇家午晩餐会の御献立』や秋偲会が編集した『天皇家の饗宴』に見られる。

宮中の風習の変革について、もと掌侍・藪嘉根子の手記『お腕白盛りから』の一節を引用しておこう。

我が国の美風はどこまでもご保存遊ばすようにご努力なされた聖上は、しかしながら又一面、世界の大勢に順応なさることをも決してお忘れ遊ばしませんでした。

女官の服装のごときも、国交上必要とお認めの上は断然洋装にお改めになり、またご沙汰によって、束髪の結い方、洋食の食べ方、諸礼式等も宮内省お雇いのモール夫妻（ドイツ人、宮内省役人）に、伊藤公爵夫人・梅子様の通訳で、皆の者が教えて戴きました。そうして、いつもご内儀の食堂で、聖上がテーブルの席までもご指定になって、洋食の食べ方の練習がございました。接伴役には洋食の嫌いな方がありましたが、その代わりその方たちは、お後で果物を頂戴致しました。初めのうちはいろいろの失敗もございましたが、お陰様でだんだんと諸礼式にも慣れ、外人と会食もできるまでになりました。

また、既述した命婦・平田三枝は、次のように回想している。

日曜日には御内儀に於いて、大弓・楊弓・空気銃などのお慰みがございました。粗忽者の私などは、的から一間も遠いところへ射っては「えらい弓勢だのお」などと、（天皇の）お笑いの種となったことが珍しくありません。

馬術のことは、明治十九年、女官の服装が洋服に変わりました時分から、親しく御教えを賜りました。今考えてみても、私たちは木馬の上に、聖上は下に控しまして、「足先をこう踏むのじゃ」、「そんな事じゃ落っこちるぞ」などと、いろいろ御教導下さったのは、何とも畏れ多い次第でございます。

そういう際には、万乗の尊きにおわしましながら、それをも打ち忘れ給うかの如く、全くお無邪気に御天真のままを発露あそばされます。古人の謂わゆる磊々落々といったようなご様子が窺われまして、そこにまた言いしれぬ尊さ、ご偉大さを拝して、いつまでもいつまでもお懐かしい、お床しい感激に打たれるので御座います。

更に、平田三枝の回想は続く。

（天皇は）国交上についても絶えずご軫念遊ばされました。私たちが一週に一度、有栖川宮様（威仁親王）、北白川宮様（能久親王）のお邸へ舞踏のお稽古に参りました如きも、外人との交際上の準備に資せしめられる叡慮にほかならぬことと拝察致します。

また、毎週木曜日には、宮城内に茶話会がございまして、各国公使、同夫人をはじめ、大臣、外交官、同夫人方をお召しになり、高倉様（典侍・高倉寿子）や室町様（典侍・四辻を改称し室町清子）などがご名代として参列せられ、私たちまでも席末に列することを許されました。また、こちらから公使館の招きに応じて参ったことも度々あります。これと申すも、左様な機会に於いて何かと外人との融和を計り、親密の度を加えるようにとの深き大御心によることと存じます。何から何までのお心づかい、本当に畏い極みでございます。

この話は、欧化主義真っ盛りで、上流階級の人たちが在日外国使節を交えて盛んに舞踏会を催した鹿鳴館時代の明治十六年（一八八三）から二十三年（一八九〇）頃の回想ではないかと思われる。

なお、次の「宮廷の年中行事」の項で触れるが、当時は在日外国使節の長は大使ではなく、全て公使だった。明治三十八年（一九〇五）に日英同盟が締結された後、クロード・マクドナルドが初めて在日英国公使から大使に昇格したのが在日外国大使の最初だ。

平田三枝の手記から、更にもう一つエピソードを拾ってみよう。

> 平生お好みで召し上がられる鮎なども、京の桂川のと、こちらの多摩川のとはしっかりと味分けられました。ご給仕の私（わたくし）たちに、時折、鮎のお料理を下され、「その場で食べて、どちらが桂川か多摩川か言い当ててみよ」などと仰せになったことさえありました。
>
> 余談に入（い）りますが、聖上（おかみ）は鮎をはじめ川魚を大層お好みで、琵琶の《ひがい》の如きは聖上のお好みというので、《鰉（ひがい）》という字ができたのでございます。
>
> また、ある時など、陸軍大学校の卒業式へ行幸の際、学生の御前講演をお聴き遊ばされた由（よし）で、還幸になりますと女官の方々を集められて、その講演を初めから終わりまですっかりお話し下さいましたのには全く驚嘆いたしました。

とある。宮中は仕来りが厳しいとはいうものの、お内儀では天皇と女官との間の交流はかなり気さくだったように見受けられる。

次は、明治五年（一八七二）から同十二年（一八七九）までの僅か七年間だけ出仕した権命婦・平尾鉐（せき）（後の下田歌子）の手記『廣野の花を小籠に摘みて』から抜粋しよう。

ある時、われわれが余りの暑さにあちこちとせわしく働きつつ「ああ暑い、こう暑くては堪らぬ」などとこぼしましたが、そのうちにある人が「今日は、どうも非常に暑いことでござります」と申し上げますと、陛下は「夏、寒かったらどうする」と仰せられました。なるほど、暑かるべき時に寒い、寒かるべき時に暑かったら、それこそ大変、大飢饉・大凶年などに遭遇することでありましょう。そのご忍耐のお強くあらせられたことは、僅かにこの御一事でも恐察し奉ることができると存じます。

これには、少し補足する必要がある。実は、天皇は、夏でさえ通常午前十時から十二時まで、午後二時から七時頃まで表御座所での公務中、羅紗生地の襟まで詰まったいわゆる肋骨服をきちんとお召しになっていた。扇風機や団扇も当然お使いにならなかった。そのため、いつも服の胸や背中の部分に汗が滲み出ていたという。また冬でさえ同じ服装で、だだっ広い御座所に暖炉やストーブなどはお置きにならず、小さな手焙り以外に暖を取るものは一切なかった。それでも「暑い」とか、「寒い」とか決して仰らなかったそうだ。また、天皇の「おひる（お目覚め）」はいつも午前六時で、「御格子（ご就寝）」は大抵午後十二時過ぎだった。特に、日清・日露戦争の時などの有事の際は、「決して遠慮には及ばぬ。いつでも起こすがよい」と仰って、真夜中に使臣が緊急に奏上することも度々あったそうだ。従って、なかなか我慢強かったお人柄が窺われる。

また、天皇崩御後の大正二年（一九一三）に権典侍から典侍に昇格した小倉文子の手記『雪の日、雲の空』から抜粋する。

丁度吹上御苑やお内儀庭などの梅の実が熟す頃になりますと、大膳寮から梅の実を採って聖上に差し上げます。聖上はそれを女官たちにお分け下さるばかりか、下の女嬬たちにもお下げになるのですが、女嬬の人々は直接頂戴が出来ませんから、高倉さん（典侍・高倉寿子）や私たちが縁側から梅の実をお庭へと投げます。すると、あちらの木陰、こちらの築山に隠れている女嬬たちが、思いおもいの装いでお庭へ現れ出て、それを拾うのでございます。その仮装が面白いとて、聖上にも皇后様にもお笑い遊ばされましたが、その闊達なご気象は、いわゆる天空海濶、秋の空の晴れ渡ったように拝せられました。

更に、同記中に「歌御会始」や「御講書始」の様子が記されているが、後者の部分を引用する。

　大抵六日の午前十時頃、両陛下お揃いで出御になり、侍従・女官のものも陪聴の光栄に浴しました。おテーブルから二間くらい隔てて、当日の講師のお席がありました。ご講義は約三、四十分くらいで、みな椅子に腰掛けたまま同じご本を見ながらお伺い致しましたが、随分とむづかしいことばかりで、私共には一向に分かりかねますが、しかし、聖上は実にご熱心にご聴取になり、御式が済みますと、お内儀に於いて私共にいろいろとご示教を賜ります。それでやっと合点が参るような次第でございました。

当時の女官たちは、若くして宮中に出仕したので、今の中学校程度の教育もろくに受けなかった。高等女官といえども、当世の進んだ学問内容を理解するには少々手こずったに違いない。

次は、明治十二年（一八七九）に十六歳で権命婦として出仕した生源寺伊佐雄の手記『御教え賜りし数々』から引用する。なお、生源寺伊佐雄とは男のような名前だが、その名の通り運動神経はかなり発達していたようで、天皇から乗馬を教わり、女官第一の馬乗りだったといわれている。

　ある時のこと、私たち七、八名のものが浜御殿に土筆を摘みに参りました。これも、やはり御諚があったからなのでございます。その折り、「今日は競争じゃ。一番多く摘って来たものには、褒美を取らせる」聖上のこの忝い仰せに、私たちは勇み立って、終日春光を浴びながら楽しく摘りつくしたことがございました。

さて、「競争じゃ」との仰せがあると、摘ること摘ること、中には命がけでまるで根付きの泥のままのものをも構わずに摘りつくして、竹長持ちを一杯にして持ち戻ったものもございました。あの時、その泥付きの土筆をご高覧遊ばされて、聖上には一入の御輿があらせられましたことも、私今も目に見えるようで、まことに有り難い、楽しい思い出の一つでございます。

私たちは、こうした忝い仰せを蒙っては時折、浜離宮や新宿御苑へと参りました。その当時は、何も弁えずにおりましたが、後になりまして、これこそ聖上が私たちの健康なり、身の上なりを大御心にかけさせられての、深い厚い御情と分かりまして、どこまでお優しい大御心かなと、ご叡慮の程を恐察し奉っては唯々有りがた涙に掻きくれたのでございました。

ご承知の通り、私たち、御所のうちに朝夕を生活いたすものは、勢い外の空気や日光に浴する機会が思うようにはございませぬ。それをお気遣いになり、「今日は競争じゃ」、「沢山摘ったものには、褒美をとらせる」このご奨励の大御言葉がかかるのでございまして、これによって私たち女官どもにも戸外の運動に努めさせ給うたのでございます。

ついでに、この生源寺伊佐雄にまつわる話について述べよう。第二章で詳しく述べるが、女官の序列は厳しく、下位の女官は上位の女官に対して絶対服従の掟がある。女官の侍女たちの間も言うに及ばない。が、各女官のお局には二十年、三十年とご奉仕する侍女の頭目ともいえる老女が必ずいて、生源寺伊佐雄のように地位が低い女官に対して「ふん、たかが権命婦さんやないか」と、馬鹿にして挨拶もろくにしなかったという。ところが、この生源寺伊佐雄は、いつも天皇や皇后の乗馬での散策にお供をしているというので、老女たちは徐々に尊敬し始めた。それ以来、古参の侍女たちは、地位の低い女官たちに対する態度を悔い改めたという。

話は戻って、更に先に進めよう。明治二十年（一八八七）から、昭憲皇太后が崩御された大正三年（一九一四）まで、二十八年間仕えた掌侍・吉田鉦子（かたこ）の手記『手作りの琵琶を捧げて』から引用する。なお、吉田鉦子は、明治宮廷で最も美人であったといわれている。

お慰みに「琵琶を作ってみよ」と（天皇が）仰せられましたので、樹下定江（じゅげさだえ）様（命婦）と二人して不器用な手つきで、一生懸命作り上げまして差し上げましたところ、幸いにお褒めの御言葉（みことば）を頂戴致したことを覚えております。その琵琶にいろいろとお自らご加工遊ばされ、時折には弾奏遊ばすこともございました。その折りには、よく皇后様御作（おんさく）の『金剛石』を御歌（おんうた）いになりました。

琵琶を差し上げたことで思い出しました。私（わたくし）は、よくご沙汰を蒙りましては大工のするようなお仕事を致しました。博覧会などでお買い上げの材木を賜りまして、「これで何々を作れ」と申されます。一番沢山作って差し上げたのが、お手拭い掛けでございました。聖上（おかみ）は、ご承知の通り、ご肥満にいらせられたためよく汗をおかき遊ばし、常にお手拭いでお拭いになりましたが、自然沢山のお手拭いがご入用であったのでございます。

それとても、初めのうちは慣れぬこととて釘付けに致しますと、直にグラグラになって役立たなくなります。「また、手拭い掛けが毀（こわ）れたぞ」と仰せになっては、お笑い遊ばす。どうかして丈夫なものと随分苦心を致しまして、遂には差し込みの細工も出来るようになりました。

これらは勿論、大工に仰せられてもよろしいお品でございます。然るに、万事ご質素の御心（みこころ）からでもありましたでしょうが、素人の不器用な手細工を却ってご賞美下さるという、洵（まこと）に有り難い御思し召しでございます。

既述した命婦・樹下定江は、掌侍・吉田鉦子と一緒に明治二十年（一八八七）から大正三年（一九一四）まで宮中に仕えた。再度、命婦・樹下定江の手記『長き年月も短く思いて』から引用する。

春の日うららとしてお庭の蓬（よもぎ）が、かすかな香を放って青々と萌え出ずる頃になりますと、聖上（おかみ）は若い人たちに「餅草を摘んで団子を作ってはどうか」と仰せられます。すると、皆が嬉々として摘み草を致します。また、桜の葉を取らせて桜餅を作らせます。そのお団子や桜餅を福羽美静（ふくばびせい）様（侍講、元老院議官）・元田永孚（もとだながさね）様（侍講、侍補、宮中顧問官）などへ賜りましたが、それと申すも、畢竟（ひっきょう）老臣を労（いたわ）らせ賜うお優しい大御心（おおみごころ）からと拝察せられ、その度毎にしみじみと感じ入ったことでございます。

天皇には、特に年老いた者たちへの思いやりが細やかであったというエピソードが多い。夫唱婦随と言うが、心のやさしさは天皇ばかりでなく、皇后も例外ではなかった。ちなみに、樹下定江のもう一つの回想を紹介しよう。

日清・日露の両役には、私（わたくし）も（皇后様の）お側に奉仕致しましたから、親しくお手伝い申し上げるの光栄を得ました。お内儀の一室を消毒の上、皇后様はじめ女嬬（にょじゅ）の人まで同じ手術衣のような上衣を着し、昇汞水（しょうこうすい）で手を清めつつ包帯巻きを致しました。

朝の間は神仏のご祈念や、外人とのご交際で、なかなかお忙しゅういらせられます。然るに、そのお疲れの御（おん）身（み）を以て、殊にあのお弱いお身体にもかかわらせられず、毎日午後一時頃から夜分ご格子（こうし）（就寝）前まで、おテーブルの傍らに包帯巻きの機械をお置きになり、ご一心に御国（みくに）のために傷ついた人を憐れみて、孜々（しし）としておつとめ遊ばされました。

今、静かに目を閉じて当時を回想致しますと、皇后様の包帯巻きを遊ばされる気高いお姿が目の前に浮かんで参ります。されば、私たちも一心不乱、布を裂く人、巻く人、包む人、ペーパーを張る人と各々分業にして、お部屋の中は一時はまるで工場のような騒ぎでございました。

お内儀の女官たちは、日清・日露の戦時中はかくも多忙だった様子がよく分かる。戦時中以外でも、皇后は養蚕を国民に奨励される一方、宮中でも率先して養蚕に取り組まれ、女官はその手伝いのため日常業務以外でも結構多忙であったようだ。

お内儀の女官は、盆暮れの休みはもとより、週末の休みもなく一年中働きづめだった。それ故に、今見てきた女官の手記にあるように、ちょっとした息抜き程度の事にも無邪気に喜び楽しんだのだろうと思われる。

8　宮廷の年中行事

宮廷の年中行事は、平安時代に唐から影響を受けた形跡が見られる。また、日本古来の民衆の風習が採り入れられたものもある。「年中行事」という言葉が文献に見られるのは、光孝天皇（八八四～八八七）の時代に、摂政であり最初の関白だといわれている藤原基経が献上した『年中行事御障子文』だ。これは一種の衝立障子で、清涼殿に立てられた。それは、年中行事を怠りなく行おうという天皇の意思表示でもあった。これによると、元日だけで十四カ条、正月全体では四十八カ条も掲げられている。宮中で行われる行事はそれほど多かった。事実、現在でも一年三百六十五日毎朝、宮中三殿に女官や侍従が代拝を行っている。

新年の行事は、元日の「四方拝」に始まる。天皇は、寅の刻（午前四時）に清涼殿の東庭に出御し、属星（北斗七星の中の生年に当たる星）、天地四方、山陵を拝し、その年の厄災を祓い、無事を祈願される。その後、宮中三殿、つまり賢所、皇霊殿、神殿に於いて年始の祭儀が行われる。ちなみに、賢所は皇祖神「天照大神」を祀り、その御霊代である神鏡（八咫鏡の複製。伝来とされる鏡は伊勢神宮の中の皇大神宮に安置されている）が奉斎されている。皇霊殿は、歴代天皇及び皇族の霊を祀る。平安時代から宮中にあった歴代天皇を仏式で祀る「黒戸」は、明治維新で廃止された。神殿は、天神地祇つまり八百万の神々を祀る。明治に再興された神祇官（後の神祇省）は付属の神殿を創建し、天神地祇及び古代の律令制に於ける神祇官の八神殿で祀られていた八神を祀った。が、明治五年（一八七二）、神祇省の祭祀は宮中に移され、八神殿は宮中に遷座し、天神地祇に合祀して神殿と改称した。

話はそれるが、三種の神器の御鏡は、既述の通り賢所に奉ってあるが、御剣と御璽は御座所の次の間にある「剣璽の間」に奉安されていて、常に天皇の傍に置かれた。すなわち、天皇は皇祖の神勅を奉じ、「我、神と共に在り」という姿を体現されたものであろう。従って、天皇が各地に行幸されるときは、必ず侍従がこれらの神器を奉持した。馬車などに乗御されるときは、まず御剣、ついで天皇、その次が御璽という順序が決められていた。そして、天皇の御座、すなわち天皇の右手に御剣、左手に御璽が奉安される。また、天皇が歩行されるときは、御剣を捧げた侍従が天皇の先を進み、後に御璽を捧げた侍従が従うことになっている。

更に話は飛ぶが、当時はこの「四方拝」に加えて、『日本書紀』によって神武天皇の即位日とされている二月十一日を「紀元節」（現在の「建国記念の日」）、天皇の誕生日である十一月三日を「天長節」（現在の「文化の日」）とし、これらを「三大節」と称して国民の祝日とした。なお、皇后の誕生日である五月二十八日を「地久節」と称したが、この日はお内儀で地味に祝っただけだった。ちなみに、「天長節」の日の様子を、もと女官の山川三千子の著書『女官』から引用する。

御朝食をすませられたお上は、大元帥の大礼服にお召し替えになって、青山練兵場（今の明治神宮外苑）で行われる観兵式謁覧のための行幸があります。今日は、第一公式の六頭立お馬車での御出門でございます。出御道まで御見送りの皇后宮様も、豪華な御礼装を遊ばしております。昔から天長節は必ずといっていいくらい、雨の降ったことがないとかで、皆が天皇日和と言い伝えておりました。……この観兵式もお若かった時分は、いつも御乗馬で謁兵遊ばしたのだそうでございますが、お年を召した明治の晩年は、お馬車に召されていたのだそうでございます……

還幸後は、皇族方はじめ内外使臣をお招きになって、大宴会が催されます。お内儀でもまた一同が、御祝のお料理を戴きました。

話を新年正月行事に戻そう。「四方拝」の次に、「朝賀」が始まる。女官や群臣たちが天皇と皇后に拝礼する。これらは、形式こそ違うが今も行われている。幕末までは、昼に「元日節会」、つまり宴会が紫宸殿で始まった。宴会では、必ず雉酒（酒に焼いた雉肉を入れたもの）が出された。現在、宮中で行われているかどうか分からないが、幕末期には朝廷が経済的に疲弊していたため、焼き豆腐で代用していたと文献に散見できる。

一月三日には「元始祭」が行われる。年始にあたって、皇位の元始と由来とを祝し、国家・国民の繁栄を三殿で祈る。最初に行われたのは、明治五年だ。

このほか、正月行事でよく知られているものに「歌会始」がある。毎年一月十八日に催された。古くは「歌会」といって、奈良時代から行われていたことが『万葉集』で分かる。和歌は、平安時代から「敷島の道」とも「御国振」とも称され、国風宣揚の道として奨励されてきた。天皇が主催される「歌会」は「歌御会」といい、最初の記録は鎌倉時代の亀山天皇の文永四年（一二六七）一月十五日に宮中で行われたと『外記日記』に残っている。「歌御会始」と称されるようになったのは明治二年（一八六九）一月二十四日で、京都御所で催されたのが第一回目だ。明治七年（一八七四）から、歌題が一般市民にも発表され詠進が認められた。明治十二年（一八七九）、一般市民が詠進したもののうち、優れたものの七首を選歌として「歌会始」で披講されることになり、今日に及んでいる。明治時代に一般市民から詠進された歌数は毎年二千首くらいだったが、現代ではその十倍にも増えている。歌道は、上下身分の尊卑・差別とは一切関係ない所以かと思われる。そこが、日本人同士が互いに情を交わし合える和歌の尊いところでもあろう。ちなみに、平成二十六年に一般市民から詠進された歌数は二万一千六百八十首だった。そのうちから十首が選歌、十六首が佳作として披講された。

「歌会始の儀」では、天皇・皇后両陛下の御前で、一般市民の選歌、続いて選者の歌、召人の歌、皇族のお歌、皇后の「御歌」、最後に天皇の「御製」が披講される。当儀式は、読師（司会役）、講師（全句を節を付けずに読む役）、発声（第一句から節を付けて歌う役）、講頌（第二句以下を発声に合わせて歌う役）の諸役によって進められる。「御歌」（皇后の作）は赤色の懐紙、「御製」（天皇の作）は白色の懐紙にそれぞれしたためられ、前者は三回、後者は五回読み上げられる。参席者は、全員起立して拝聴することになっている。

周知の通り、明治天皇は在世中におよそ十万首の「御製」（公表された御製は、一千六百八十七首）を残されている。この数は、古来の勅撰歌集である二十一代集のほかに、『万葉集』から『新葉和歌集』までを合わせた四万首の倍以上に及ぶ。明治期の長い間、「御歌所長」を勤めた高崎正風は「古今に和歌の名人は沢山あるけれども、聖上の右に出るものはない。聖上は実に御歌聖にわたらせられた」と、驚嘆している。確かに、「天地もうごかすばかり言の葉のまことの道をきはめてしがな」とか、「ことのはの道のおくまでふみわけむ　政きくいとまに」と御製にあるが、明治天皇は親裁の合間あいまに、歌道にはただならぬ精進をされたようだ。「御歌所」誕生の経緯、高崎正風の来歴、御製のエピソードなどについては、明治・大正・昭和三朝の「御歌所」に職を奉じ、御製編纂に貢献した千葉胤明の著書『明治天皇御製謹話』に詳しく書かれているので、興味ある読者は参照されたい。

次に、よく知られているものに「講書始」がある。これも明治二年、当初は「御講釈始め」と呼ばれて始まった。この時、大学頭・東坊条任長（ひがしぼうじょうとうなが）が『日本書紀』と『論語』の一節を講義した。明治五年に「講書始」に名称が変わり、翌年から皇后や高等女官、それに侍従たちも受講した。明治宮殿が完成してからは、毎年一月六日に「竹の間」で催された。時間は、僅か三、四十分だ。

正式に制度化されたのは、大正十五年（一九二六）の「皇室儀制令」の第五条に基づく。太平洋戦争後は、和漢洋の講書を止め、自然科学、人文科学、社会科学の三分野から権威を招き進講することになった。ちなみに、平成二十六年の「講書始の儀」のご進講内容は、印刷博物館館長・樺山紘一による「歴史としての印刷文化」、東京大学名誉教授・菅野和夫による「日本的雇用システムと労働法制」、高エネルギー加速器研究機構特別栄誉教授・小林誠による「粒子と反粒子──対称性の破れをめぐって」であった。

春には、皇后が入内の際に嫁入り道具として持参された雛人形を出して「雛祭り」も行われた。また、「端午節（たんごせつ）」も行う。端五とも書き、端は初の義で、重五（ちょうご）ともいう。五が重なるからだ。月の初めの午の日をいい、中国では五月五日を漢代から端午とよんでいた。昔は、当日に天皇は菖蒲縵（あやめかづら）を掛けて武徳殿に行幸し、早瓜（はつうり）を食されたという。その後、流鏑馬（やぶさめ）や競馬を見物されたらしい。

夏には、万葉の時代から七夕があった。天平時代から、この日には何故か相撲が行われて来た。また、夏には「盂蘭盆会（うらぼんえ）」があった。平安時代から宮中は神仏混淆だったので、恒例の行事になっていた。

秋には、観月の宴が持たれた。また、毎年九月九日の「重陽宴（ちょうようえん）」や「菊花宴（きくかえん）」というのもあった。秋には、皇室で最も重要な行事がある。それは「神嘗祭（かんなめさい）」と「新嘗祭（にいなめさい）」だ。前者は十一月十七日に行われる。その年の新穀を天照大神に献じて、神恩を感謝する『大宝律令』で定められた大祭だ。後者は、十一月二十三及び二十四日、その年の新穀を皇祖はじめ諸神に供え、神恩を感謝するとともに、天皇自らも食される。親供（天皇自ら供えること）される新米と新粟は、明治二十五年（一八九二）以来各都道府篤農家から一粒選りの精米一升と精粟五合が献穀され、斎火（清めた火）でご飯や粥を焚き、一部は白酒、黒酒にも造られる。後者は、清寧天皇（四八〇～四八四）の時代に始められた儀礼・儀式だ。

また、「大嘗祭」は天皇が即位された後、最初に行う「新嘗祭」だが、天武天皇（六七三～六八六）の時代から、毎年の「新嘗祭」から切り離して行われるようになった。序に言えば、「神嘗祭」や「新嘗祭」の時は、女官は絶対に「お清」でなければならず、生理中の女官は「お局」近くに設けられた「お下り所」に籠もっているか、実家に戻っていなければならなかった。詳しくは、第三章で触れる。とにかく、これらの祭礼の前日午後から、天皇・皇后両陛下のみならず、女官一同下々までが斎戒（飲食や行動を慎んで心身を清める）する。また、十一月二十二日午後四時からお内儀すべて「お局」に至るまで、新たに清められた火を用い、火鉢の灰さえも新しく清らかなものに取り替える。

このような大袈裟なお清めは、一月三十日の「孝明天皇例祭」、二月十一日の「紀元節」、二月十七日の「祈年祭」、二月二十一日の「仁孝天皇例祭」、四月三日の「神武天皇祭」、十二月十五日の「賢所御神楽」の時にも行われた。

更に、皇室の大切な春秋の行事として「皇霊祭」と「神殿祭」がある。

「春季皇霊祭」と「春季神殿祭」は天武天皇（六七三～六八六）時代から始まった三月春分の大祭で、民間の彼岸の中日に行われる先祖の祭りと同じだ。天皇による親祭は、明治十一年（一八七八）から始まった。皇霊殿及び神殿に天皇、皇后、皇太子、皇太子妃が順次拝礼されるが、この日は賢所には拝礼されないことになっている。なお、拝礼後に、舞楽が奉納される。これに対して、「秋季皇霊祭」と「秋季神殿祭」も秋分の日に同様に行われる。

以上のほかに、皇室外交の一環とした外向きの行事があった。明治十一年（一八七八）、赤坂の仮皇居で初めての「菊花拝観」が開催された。が、明治十三年（一八八〇）十一月十八日に開催された時には、「観菊会」と名称が変更になった。当日、天皇は軍服に菊花章などを佩服（はいふく）し、皇后と共に大広間に出御され、皇族、政府高官、各国公使夫妻、来日中のアメリカ軍艦の艦長などを謁見後、菊花を拝観された。午後三時、場内三か所に食卓が設置され、天皇・皇后ご同席のもとに酒饌を賜った。その間、絶えず陸海軍楽隊の演奏が続いたという。

この催しのそもそものきっかけは、当時の外務卿・井上馨（かおる）が「欧州各国の帝室が常に社交界の中心たるが如く、我が皇室に於ける外交の盛大ならんことを希う。すなわち、春秋二季御苑に於いて観桜・観菊の両園遊会を行い、以て各国外交官を招請し、また三大節日に各国公使等を参列せしめられんことを建言す」（『明治天皇紀』）とのことが閣議で採択され、勅許を得たのだ。ここで、御製を見てみよう。「みせつべき人をかぞへて青山の　そのふの菊のさかりをぞまつ」とある。お召しになる方々を数えて、菊の咲くのを待ちわびておられたのだろうと察する。また、「ふたゝびの宴をやせむ菊の花　ひかずふれどもなほさかりなり」とある。まだ花が咲き誇っているので、もう一度宴を催して人を招きたいというご心情を詠まれたものだと思われる。更に、「九重の庭の白菊たをらせて　宴（うたげ）にもれし人におくらむ」とある。病気か何かの事情で宴に来ることができなかった人のために、御苑の菊を届けよとの天皇のやさしいお気遣いが窺われる。

その後、昭和十一年（一九三六）年まで、戦争、震災、大喪、御大典などの年を除き毎年開催された。「観菊会」は、明治二十二年（一八八九）まで赤坂仮皇居、以後昭和三年（一九二八）までは赤坂離宮で開催された。が、間もなく赤坂離宮の展示場所が大宮御所の造営敷地となったため、その翌年からは新宿御苑で開催されることになった。

しかし、昭和十二年（一九三七）、日中戦争の影響で「観菊会」は廃止となった。なお、新宿御苑は、昭和二十四年（一九四九）五月二十一日、「国民公園新宿御苑」として一般に公開されたことは周知の通りだ。昭和二十六年（一九五一）から、一般公開中に特別招待日を設け、内閣総理大臣主催の「観菊会」が開催された。が、昭和二十八年（一九五三）から、総理大臣主催の「観菊会」は取り止め、所管の厚生大臣主催の「菊を観る会」へと変更となった。昭和四十六年（一九七一）に環境庁が発足すると、厚生省から環境庁へと所管が変わり、環境庁長官主催の「菊を観る会」へと変わった。また、昭和四十七年から、特別招待日を設けての「菊を観る会」は催さず、期間中は環境庁長官招待による任意の「菊を観る会」となり、更に平成十三年からは環境大臣招待よる任意の「菊を観る会」として目まぐるしく変わり現在に至っている。

また、「観菊会」と趣向は同じだが、「観桜会」も明治十四年（一八八一）四月二十六日に吹上御苑で開催された。が、同十六年（一八八三）からは浜離宮に移され、大正五年（一九一六）まで続けられた。恒例の行事とはいえ、別に儀式だったものではなく、また、日取りについても定められていた訳でもない。天皇が陽春の観桜を群臣と共に分かち合われるのが目的だった。それは、次の御製にある通りだ。「あがたよりいでこむ人をまちてのち　花の宴（うたげ）の日をばさだめむ」地方から出てくる人たちの都合を考慮して、開催の日程をお定めになったようだ。また、「ありとある人をつどへて春ごとに　花のうたげをひらきてしがな」とある。臣下のみならず、在日使節の人たちも招いて観桜の宴を楽しもうと思われた心情が伝わってくる。更に、「浜殿（はまどの）の宴のまうけはやくせよ　あしたゆふべに花のさきそふ」とある。一日も早く宴の支度をしろと諭されている様子が分かる。

この「観桜会」に在日外国使節が招待され、ことのほか喜んだようだ。ここで、以前に引用した命婦・平田三枝の手記から、再び一文を掲載する。

浜御殿の汐見のお茶屋や、赤坂離宮の萩のお茶屋の御休息所まで御躬（おんみずから）らご案内遊ばされ、そこで暫くの間各国使臣と共に咲き誇る花を賞し、錦と映ゆる紅葉を愛で給い、やがて立食所へお成りになります。そして、未だ御席に着かせられぬうち、立御（りつぎょ）のままで使臣に握手を賜り、いろいろとご会話を遊ばされるのでした。

その中でも、英国のマグドナルド大使だけは、非常に日本語が巧みであったため、直接日本語でお話しになりました。「大使、日光へ行ったそうだが、どうじゃ、面白かったか。日光は涼しいだろうな」、「はい、東京の気候とは非常の相違で全く夏知らずでございます。陛下も一度、行幸遊ばしては如何でございます」、「いや、ありがとう。行きたいには行きたいが、どうも忙しいからな」などと、いつもお親しげにお物語りでございました。

その他の大公使と聖上との間には、仏語に堪能な山内勝明様（式部官、後の宮中顧問官）が大抵ご通訳申し上げられました。山内様が外国使臣に向かって御言葉をお伝えする時、聖上のご態度は実にご立派なもので、通訳とご一緒に、或いは頷かれ、或いはご微笑を含ませられ、少しのわだかまりもなく、さながらご自身直接にお物語り遊ばすかのように拝せられました。一つひとつのご会話にも、相手に好感を抱かしめようと遊ばされるお心遣いは、実に恐れ入ったものでございます。

皇后様のご通訳は英語の巧みな北島糸子（以登子の間違い）様が務められました。皇后様はいつか英語をお聞き慣れ遊ばされ、暑さ寒さのご挨拶など、よく英語で仰せられるのを承りました。

その際、少しでも外国の使臣に不快な感を持たせまいとの御心遣いでございましょう、聖上のご態度は一人に偏し給うようなことは露ほどもなく、ご公平に誰にでも同じようにお物語りになり、常にご愉快そうにご高笑遊ばされるのでした。女官の中の交際官、高倉様（典侍・高倉寿子）・姉小路様（権典侍・姉小路良子）はじめ私までも、またこの深い大御心に副い奉るよう一生懸命おもてなしに努めたことでございます。

さて、各国使臣に残りなくご会談の後、国務大臣に拝謁仰せ付けられ、それが終わるとご立食の御席におつき遊ばしました。聖上の御卓には皇后様・妃殿下方がご着席になり、その他は外国使臣・国務大臣・式部官など入り交じって歓談に時を移され、心ゆくばかり一日の興をつくされます。御会には、たいてい午後二時頃に宮城ご出門、還幸啓は五時頃になられます。還御になられますと、まずひと安心というご模様が拝されました。お花見とは申せ、国交上の一大行事でございますから、聖上にあらせられては御心遣いも一通りでおわさぬことが窺われ、私共はいつも恐懼に存じておりました。万一、途中で雨でも催して参りますと、非常なご心配で外国使臣のためにかれこれと勿体ない程のご注意を遊ばされました。「はまどの、花のうたげを年毎に　外国人も待つといふなり」と御製に仰せられたように、外国の使臣たちもこの御宴をどんなにか待ちわびられたことでありましょう。これと申すも、聖上の御心遣いが外国人を感孚し給うからにほかならぬと存じます。

この記述は事実に違いないが、へりくだり過ぎた文章だ。が、女官だった平田三枝のみならず、明治時代の人たちはことごとく、天皇陛下に対してとりわけ畏敬の念が深かった事実を忘れてはならない。なお、文中に「英国大使マグドナルド」の名前が挙がっているところから、この回想は明治三十八年（一九〇五）から明治四十五年（一九一二）までの間の話に違いない。というのは、クロード・マグドナルドは、明治三十四年（一九〇一）一月二十一日に前英国公使アーネスト・サトウと交代で在日公使として就任し、日英同盟締結に貢献して明治三十八年に大使に昇格し、その後明治四十五年に帰国しているからだ。

大正六年（一九一七）、「観桜会」は「観菊会」と同様に新宿御苑に移された。が、昭和十三年（一九三八）に、これまた日中戦争で中止された。その後間を置いて、太平洋戦争後の昭和二十八年（一九五三）から「園遊会」と名を改めて秋にのみ再開されることになった。また、昭和四十年（一九六五）からは、春にも催されることになった。従って、往事の「観桜会」と「観菊会」は、それぞれ「春の園遊会」と「秋の園遊会」と名が改められた形で現在に至っている。しかし、平成七年（一九九五）一月の阪神・淡路大震災で「春の園遊会」が、平成十二年（二〇〇〇）六月の香淳皇后の崩御で「秋の園遊会」が、平成二十三年（二〇一一）三月の東日本大震災で「春の園遊会」が、それぞれ中止されたことは記憶に新しい。現在、天皇主催の「園遊会」には、凡そ二千人が招待されている。

以上が明治時代の主な皇室行事であるが、実は他にも幾つかある。それらは、平安時代から引き継がれているものもあれば、明治時代になってから行われたものもある。なお、平安時代の行事については、文学博士・山中裕（ゆたか）の著書『平安朝の年中行事』（塙書房）を、現代の皇室行事については扶桑社発行の季刊誌『皇室』をそれぞれ参照されたい。

第二章　明治の後宮

1　后妃と女官

言うまでもなく、后妃とは天皇の妻妾であり、「后」は正室、「妃」は側室だ。一方、女官とは、天皇や后妃に仕える召使たちだ。平安時代（七九四～一一九二）の后妃と女官の制度は、平城京遷都に前後して大宝元年（七〇一）に制定された『大宝律令』や、養老元年（七一七）に制定された『養老律令』によって明文化された律令国家体制の枠組みの中で定着していった。中国の唐の制度を真似たそれらの律令制は、天皇を中心とする支配体制を強化することが目的であった。が、その後、日本の国情に合わなかったという事情や、天皇制にあやかって権勢を誇示しようという個人的な野心から、藤原不比等らによって何度も修正が加えられた。それらの内容については、天長十年（八三三）に清原夏野などによって撰集された全十巻三十編からなる『令義解』や、延長五年（九二七）に藤原忠平が撰録した全五十巻約三千三百条からなる『延喜式』に詳しく記述されている。従って、それらを参照し、后妃と女官の制度について述べる。

日本の律令制度は、天皇をはじめとする皇族を最上位に置き（天皇は別格で、皇族の一人ではないとされる）、その下に豪族を従え、彼等に官位を与えて身分制度を確立することが目的だった。この律令制度では、皇族は皇族同士で婚姻関係を結ぶことと定められており、皇族の女性でなければ皇后になれないという規定があった。ところが、大宝律令が制定された頃には、豪族の覇者となった藤原不比等が、娘の宮子を文武天皇（六九七～七〇七）の夫人として入内させ、聖武天皇（七二四〜七四八）を産ませて天皇の外祖父となった。次に、不比等は次女の光明子を聖武天皇の皇后として入内させて、称徳天皇（七六四〜七七〇：女帝）を産ませた。即ち、聖武天皇は、叔母との間に称徳天皇をもうけたのだ。この例から分かる通り、豪族上がりの藤原不比等が自分の娘を後宮に入れ、その娘が皇胤をもうけたことから政治体制の覇権を握り、律令制度自体を有名無実化させたのだ。

このような工作は、藤原不比等だけに限ったことではない。覇権争いから同じような試みを図って失敗した右大臣・菅原道真の左遷や、左大臣・源高明の流謫を見れば分かる。また、平清盛が四女の徳子に安徳天皇を産ませたが入水に追い込まれたことや、源頼朝が二人の娘を後鳥羽天皇や土御門天皇の後宮に送り込もうとして失敗した例など枚挙にいとまがない。一方、それらとは逆に天皇が後宮の女官に手を付け、子供を生ませて皇子女とした場合もある。

既述した通り、女官制度の起源も『大宝律令』に由来する。日本の女官制度は、唐の宦官制度を摸したという学説もあるが、日本では男子を去勢して後宮で召し抱えた事実はない。が、天皇や皇后に仕える召使いに、男性を一切排除したという点では共通する。日本には古くから、後宮に「采女」と呼ばれる女召使が召し抱えられてきた経緯があり、男性では務まらない女性の能力を尊ぶ伝統があったといわれている。ちなみに、飛鳥時代に施行された班田制に於いて、性別によって与えられた土地の面積に違いがあったものの、男性より女性の仕事の成果の方が質量的に優れていたと、日本古代史研究家の虎尾俊哉博士が指摘している。女性の有能性は、早くから認められていたようだ。現に、『大宝律令』で定められた女官制度によると、女官の位階は男性の高位高官のそれに比肩している。そして、女官の位階の高さは、明治時代まで維持されてきた事実がある。言うまでもなく、従来、宮中の規模は中央政庁の高位高官や地方豪族の家の規模とは違って大規模であり、宮中では男性には務まらない仕事が多く、それらを担ってきたのが女官たちだった。

宮中に女官制度が導入された理由は、他にも考えられる。当然のことながら、宮中では常時天皇の生命が安全に守られていなければならない。宮中を外敵から守らなければならないことはいうまでもないが、宮中内部の者からの謀反にも配慮しておくことが重要である。とりわけ、武力による脅威だけは排除しなければならないことから、腕力のある男性を宮中に入れないことになったと思われる。また、男性を宮中に入れると、平安時代のように皇后や側室、或いは女官たちとの間で風紀が乱れないとも限らない。更に、女性に比較して、男性は政治的野心を持ち易く、謀略にたけた男性を宮中に入れることは好ましくないと判断されたのだ。

そこで、律令体制の中で、天皇に仕える后妃や女官の制度はどのような変遷を辿ったのか、また実態はどうだったのかなどの点について詳しく述べる。

2　正室と側室

平安時代の後宮は中国の制度を模倣し、天皇の妻妾である后妃には「皇后」、「妃」、「夫人」、「嬪（ひん）」という名称と格付けが設けられていた。前述の令制では、「皇后」は一人、「妃」は二人、「夫人」は三人、「嬪」は四人の合計十人が定員と定められていた。ところが、桓武天皇は実母が朝鮮半島の百済王一族の帰化氏族であったため、その一族の女性を多く寵愛し、令制に定められた后妃の定員や后妃になるための規定の家格から逸脱することになり、新たに「女御（にょうご）」という名称と格付けが追加された。その後、時代の変遷と共にいつの間にか「妃」、「夫人」、「嬪」という名称がなくなり、清少納言や紫式部が宮仕えをする凡そ百年前の醍醐天皇の時代（八九七～九二九）から、后妃の名称は「皇后」、「女御」、「更衣」と変わった。しかし、『枕草子』や『源氏物語』に出てくるそれらの名称は実際に使われていたものの、天皇の宣旨によって正式にそれらの呼称を授けられた后妃が存在したという例は一つもない。

　また、「中宮」という呼称もあり、ややもすれば嫡妻の皇后に対する側室と思われがちであるが、もともとの語源は中国からで后妃の住む後宮を指し、また后妃の総称でもあった。日本では、聖武天皇の時代（七二四～七四八）に生母の皇太夫人（称号。後に、太皇太后と諡号）・藤原宮子のもとに中宮職という役所を設け、その事務を司らせた役所名に起源を発している。この時、皇后のもとには皇后宮職を、皇太后のもとには皇太后宮職を置いたのだが、藤原宮子は「皇后」ではなく「夫人」であったから、新たに中宮職を創設したのだ。それ以後、皇太夫人を「中宮」と称するようになったが、前述の醍醐天皇の頃に「皇后」のもとに中宮職を付属させたので、「皇后」をも「中宮」と呼ぶようになった。更に、紛らわしいことに、清少納言や紫式部が宮仕えをした一条天皇の時代（九八六～一〇一〇）に、藤原道隆の娘・定子が「皇后」として冊立された後、道隆の弟である藤原道長の娘・彰子も入内し立后されたので、定子のもとに皇后宮職を、彰子のもとに中宮職をそれぞれ付属させ、「皇后」と「中宮」と呼ばれる嫡妻が並立する形になった。

　「女御」も中国から伝わった名称で、当初は「妃」、「夫人」、「嬪」に準ずる側室とされてきた。が、それら三つの名称や実体が自然消滅すると、「皇后」や「中宮」という嫡妻に次ぐ側室として位置付けされた。前述の藤原彰子は、入内した時は「女御」であったが、後に「中宮」として立后された。また、三条天皇の時代（一〇一一～一〇一五）には、藤原済時の娘・娍子が「女御」として入内した後「中宮」になったが、間もなく藤原道長の娘・妍子が「中宮」として入内したため、「皇后」まで二段跳びで格上げになった例もある。

　もとより、「女御」には定員が設けられていなかったので、同時に複数の「女御」が存在することもあった。「女御」の宣旨を初めて受けたのは、桓武天皇の時代（七八一～八〇五）の紀乙魚と百済教法で、この二人が史上第一号の「女御」ということになる。続いて、橘御井子と藤原仲子もその名の宣旨を受けて入内した。ちなみに、百済教法は、その名の通り百済からの渡来人の娘だが、美人であったため桓武天皇から深い寵愛を受けたそうで、天皇との間に子供もできている。桓武天皇は、先帝たちの庶子による皇統問題で紛糾することを避けるために苦慮したという。が、桓武天皇は、判明しているだけでも十人以上の后妃を持ち、三十六人以上の子女を儲けている。実際には、四十人以上の側室を持ち、五十人以上の子女を儲けたと推測する学者もある。当時、天皇が女官に手出しされることも日常茶飯事だったことから、お手付きになった女性の名を克明に記録したり、生まれた子の半分は夭折したので、それらの夭折した子供の名前までいちいち記録したりはしなかった。ここではっきりしておかなければならないことは、天皇が女官に手出しして、子供が生まれたからと言って、その女官が側室になると云う事は決してない。女官は、あくまでも女官だった。

「更衣」は、「女御」に準ずる側室であった。しかし、「女御」の産んだ子供には親王・内親王の宣下（せんげ）があったが、「更衣」の産んだ子供にはその宣下がなかった。「更衣」は、もともと天皇が衣服を着替える更衣所に仕える女官の名称だった。「女御」を出す家柄より少し下位の大納言や中納言の娘であることが多く、定員は十二人と決められていた。嵯峨天皇の時代（八〇九～八二三）に、秋篠高子（あきしののたかこ）が初めてその名称のもとに側室となり、史上第一号の更衣ということになる。醍醐天皇の時代（八九七～九二九）には十九人も「更衣」という立場の側室がいたと『河海抄』という古典に記述されている。『源氏物語』に出てくる「桐壺の更衣」もそうだが、「更衣」もまた宮中で寝起きする殿舎の名称で呼ばれた。

しかし、この「更衣」という名称は、村上天皇の時代（九四六～九六六）以後になぜか消滅し、その後、天皇の后妃は「皇后」、「中宮」、「女御」の三つの名称が残るのみとなった。言うまでもなく、紫式部の『源氏物語』はフィクションとはいえ、凡そ五十年遡った時代背景をモデルとして描いているので、この物語が書かれた時には既に「更衣」という名称はなくなっていた。更に、その後、「中宮」という名称はいつの間に消えてなくなり、「皇后」と「女御」の二つの名称だけが明治維新まで残った。第一章で述べた通り、明治天皇の正室になった一條美子（はるこ）は「女御」として入内し、入内当日に「皇后」に冊立された。その二段ステップを踏んだ儀礼・儀式は、平安時代の慣行の名残りだったといえる。

いづれにしても、「皇后」、「妃」、「夫人」、「嬪」、「女御」、「更衣」などという名のもとに多くの后妃が生ずると、当然ながら多くの子女が生まれる。皇子女が多いと、天皇家の財政が逼迫する。とりわけ多くの侍妾を持った嵯峨天皇（八〇九～八二三）には五十人以上の皇子女があったため、親王・内親王の宣下が下されなかった。そこで、弘仁五年（八一四）五月、「更衣」以下の卑姓の母から生まれた三十九人の子供に「源朝臣」と賜姓し臣籍とした。これが、「源氏姓」の始まりだ。

これらのほかに、后妃の一つとして「御息所（みやすんどころ）」という名称が『源氏物語』やそのほかの古典に出てくる。「御息所とは天皇の御寝に侍する者なり。その名、もとは天皇の休憩し給う便殿（びんでん）より起これるをもって、更衣を指して言えり、しかれどもまた女御をも言い、あるいは御寝に侍すれどもその職名なき者も言えり」と『古事類苑』にある。「御息所」は天皇の側室、あるいはその総称とも解釈できる。しかし、平安朝末期になると、「御息所」はなぜか皇太子妃を指すようになった。そして、その慣例は明治時代まで続いた。現に、嘉仁（よしひと）親王（後の大正天皇）の妻となった九條節子（さだこ）（後の貞明皇后）は、入内した後から皇后になるまでの間、「御息所（みやすどころ）」と呼ばれていた。

3　女官と上臈（女房）

女官は、現代語読みでは「じょかん」だが、明治時代（一八六七～一九一二）の頃まで、宮中では上級の女官を「にょかん」と呼び、下級の女官を「にょうかん」と呼んで区別されていたと、いくつかの文献に散見できる。それはさておき、律令制では女官の職掌を二つに大別した。

一つは、神事を司る神官ともいえる女官で、他の一つは宮中の職員ともいえる女官だ。前者の官職には、「斎王（さいおう）」、「賀茂斎王（かもさいおう）」、「斎女（さいじょ）」、「女禰宜（おんなねぎ）」、「女祝（おんなはふり）」、「御巫（みかんなぎ）」、「猿女（さるめ）」、「物忌（ものいみ）」があった。後者の官職には、「内侍司（ないしのつかさ）」、「蔵司（くらのつかさ）」、

「書司」、「薬司」、「兵司」、「闈司」、「殿司」、「掃司」、「水司」、「膳司」、「酒司」、「縫司」があり、これらを総称して「十二司」という。これらのことは、『大宝律令』や『養老律令』の中の『職員令』という法令集に記述されている。この他に、「得選」、「采女」、「刀自」、「女蔵人」、「女官」という官職名の「雑女官」もあるが、平安時代に入ってから生まれた官職だ。

神官の「斎王」は必ず皇女、すなわち内親王から選ばれることになっており、「斎女」は門閥家、すなわち上級貴族から選ばれることが決められていた。「斎王」は、平安時代には伊勢神宮と加茂社に奉仕することになっていて、前者の「斎王」を「斎宮」、後者の「斎王」を「斎院」と呼んで区別していた。

「十二司」は、字の通り次の十二の職種に分けられ、それぞれに職位と職掌、それに定員が定められていた。そして、それぞれの職位に就くためには、それなりの家格（位階）の子女でなければならなかった。ちなみに、「十二司」の内訳は次の通りだ。

1　**内侍司**（尚侍二人、典侍四人、掌侍四人、女孺百人）計百十人

「尚侍」は、天皇や皇后に直接仕え、奏請役（天皇と宮廷内外との取り次ぎ）のほか、宮中の重要な儀礼・儀式に供奉する務めや宮中女官の監督役を行う。「典侍」は、「尚侍」が不在の時に限り、奏請役を代行するが、その他の任務は「尚侍」に同じ。「掌侍」は、奏請役の代行が出来ない以外は「典侍」に同じ。「女孺」は、前述の上位女官を補佐し、宮廷の下働きを行う。

2　**蔵司**（尚蔵一人、典蔵二人、掌蔵四人、女孺十人）計十七人

「尚蔵」は、神璽（三種の神器の一つである八坂瓊曲玉）の管理、軍隊の三関（伊勢の鈴鹿、美濃の不破、近江の逢坂）通過許可証の発行、礼服や装束の管理、賞賜の取扱を司る。以下の女官の任務は、前記内侍司と同じく代行・補佐業務を司る。

3　**書司**（尚書一人、典書二人、女孺六人）計九人

「尚書」は、仏書や経典の管理、国史やその他の図書の管理、文房四宝（墨、硯、筆、紙）の管理などを司る。以下の女官の任務は、前記内侍司と同じく代行・補佐業務を司る。

4　**兵司**（尚兵一人、典兵二人、女孺六人）計九人

「尚兵」は、兵器の管理を司る。以下の女官の任務は、前記内侍司と同じく代行・補佐業務を司る。

5　**闈司**（尚闈一人、典闈四人、女孺十人）計十五人

「尚闈」は、宮中殿舎の鍵類の管理を司る。以下の女官の任務は、前記内侍司と同じく代行・補佐業務を司る。

6　**薬司**（尚薬一人、典薬二人、女孺二人）計五人

「尚薬」は、医薬を奉ずることを司る。以下の女官の任務は、前記内侍司と同じく代行・補佐業務を司る。

7　**殿司**（尚殿一人、典殿二人、女孺六人）計九人

「尚殿」は、輿（乗り物）の管理のほか、灯油、薪、炭、ロウソク類の管理を司る。以下の女官の任務は、前記内侍司と同じく代行・補佐業務を司る。

8　**掃司**（尚掃一人、典掃二人、女孺十人）計十三人

「尚掃」は、儀礼・儀式などで使う椅子の管理のほか、式場造りや清掃を司る。以下の女官の任務は、前記内侍司と同じく代行・補佐業務を司る。

9　**水司**（尚水一人、典水二人、采女六人）計九人

「尚水」は、飲料その他の水の管理業務を司る。以下の女官の任務は、前記内侍司と同じく代行・補佐業務を司る。

10　**膳司**（尚膳一人、典膳二人、掌膳四人、采女六十人）計六十七人

「尚膳」は、御膳を司る。以下の女官の任務は、前記内侍司と同じく代行・補佐業務を司る。

11　**酒司**（尚酒一人、典酒二人）計三人

「尚酒」は、酒の供奉を司る。以下の女官の任務は、前記内侍司と同じく代行・補佐業務を司る。

12　**縫司**（尚縫一人、典縫二人、掌縫四人）計七人

「尚縫」は、縫った被服の供奉を司る。以下の女官の任務は、前記内侍司と同じく代行・補佐業務を司る。

合計二百七十三人

（参考：浅井虎夫著『女官通解』）

以上の「十二司」は、皇室のお内儀の仕事に従事するために置かれた女官の制度だが、それらの官署があったわけではなく、女官たちは職掌別に宮中の殿舎の一か所に集まり、それぞれに与えられた職務を司っていた。それに対して、それらの職務に対応する表向きの仕事を司る男性職員による官署の制度が定められており、表裏一体で機能していた。その官署には、「中務省」と「宮内省」との二つの部署があり、前者には「内蔵寮（蔵司）」、「図書寮（書司）」、「縫殿寮（縫司）」、後者には「内膳司（膳司）」、「主殿寮（殿司）」、「造酒司（酒司）」、「典薬寮（薬司）」、「主水司（水司）」、「掃部寮（掃司）」、「兵庫寮（兵司）」等の下部機構があった。

「十二司」の女官制度は、平安時代以後いつの間にか消滅してしまい、それら全ての役割は「内侍司」に包括された形で継承され、「尚侍」を除く「典侍」、「掌侍」、「女嬬」という名称とその名のもとの女官たちが明治時代まで存在していた。

「尚侍」は、都を平城京から長岡京へ、更に平安京に移された桓武天皇に次いで即位した平城天皇の時代（八〇六～八〇八）に、無位無官の愛妾の藤原薬子が「尚侍」に任じられ、側室と同じ扱いをされたことから、天皇の侍妾と見

做されることになった。その結果、それまでは、「尚侍」の位階は従五位相当であったが、従三位相当として取り扱われたので、その職位は四階級特進という格上げになった。それ以後、「尚侍」は、后妃ではなく公然と侍妾として認められた。また、それに伴い、「典侍」職と「掌侍」職もそれぞれ四階級上がって従四位と従五位に任ぜられることになったと『日本逸史』に記述されている。

その他の古典から分ることは、平城天皇に次いで即位した嵯峨天皇（八〇九～八二三）は「尚侍」であった百済王慶命（くだらのこにきしけいみょう）との間に二人の子供を儲けており、また、その六代後の宇多天皇（八八七～八九六）も「尚侍」であった左大臣・藤原時平の娘・褒子（よしこ）との間に二人の子供を儲けており、それらの子供たちは親王の宣旨を受けたという例がある。その後、藤原道長の娘の妍子（けんし）、威子（たけこ）、嬉子（きし）などが「尚侍」から三条天皇（一〇一一～一〇一五）の中宮、後一条天皇（一〇一六～一〇三五）の中宮、後朱雀天皇（一〇三六～一〇四四）の皇后に夫々なった例もある。即ち、藤原一門が栄えるようになってからは、「尚侍」は位の高い摂関家の娘から選ばれることが慣習化したということだ。なお、「尚侍」は、鳥羽天皇の時代（一一〇七～一一二三）になぜか有名無実となり、名称だけは明治維新直後まで後宮の制度として残っていたが、任官女性は見当たらない。

「典侍」は、天皇の食事、着替え、床延べなどの身の回りのお世話をする女官だったが、天皇の傍に仕えていた故に天皇のお手付きとなり、天皇の侍妾となることも往々にしてあった。そのためかどうか分らないが、「典侍」の下位に「権典侍（ごんのないしのすけ）」という職位・職掌が追加され、この「権典侍」が天皇の侍妾として、本来の典侍の立場とは分けられるようになった。また、乳母（めのと）が育てた親王が天皇として即位した場合は、天皇の幼少の頃から傍で世話してきたその乳母が「典侍」として宮仕えするケースもあった。本来、「典侍」の位階は従四位相当だったが、天皇の乳母が「典侍」になった場合は従二位まで昇格した人もあった。白河天皇（一〇七二～一〇八五）の乳母・藤原親子（ふじわらのしんし）、鳥羽天皇（一一〇七～一一二三）の乳母・藤原光子（ふじわらのみつこ）、近衛天皇（一一四二～一一五四）の乳母・藤原家子（ふじわらのかし）、御白河天皇（一一五五～一一五七）の乳母・

藤原朝子、御鳥羽天皇（一一八三〜一一九七）の乳母・藤原兼子などがその例で、この頃はそうなることが慣例化していたように見受けられる。余談になるが、天皇に即位する若き親王の乳母は、その親王が元服した夜に性生活の手ほどきをすることが通例であったと記述した文献がある。実は、そういったことは、親王に限らず平安時代の貴族社会の慣習であったようだ。ともかく、天皇の乳母が「典侍」になると、宮中内外の人たちの扱いが格別となって付け届けも多くなり、権勢をほしいままに華美な生活を送ったようだ。

「掌侍」は、「典侍」の手助けをして天皇の身の回りの世話をする女官である。既述した通り、「尚侍」や「典侍」が天皇の侍妾とされるようになってからは、この「掌侍」に仕事の負荷が掛かってきたためか、陽成天皇の時代（八七六〜八八三）に「権掌侍」という職位・職掌が掌侍の下位に設けられ増員されることとなった。「掌侍」の長は「勾当」と呼ばれ、天皇の身の回りの世話を行う実質的な女官長でもあったが、やはり天皇のお手付きになる例も少なくなかったようだ。後三条天皇（一〇六九〜一〇七二）は、掌侍・平親子との間に皇子を儲けたが、この母の身分が低かったために藤原有佐と名付け、藤原家一門の臣下として養育された。また、高倉天皇（一一六八〜一一七九）の皇子・惟明親王や土御門天皇（一一九八〜一二〇九）の皇子・道仁法親王も、それぞれの時代の「掌侍」との間に子供を儲けた例がある。これらの親王は、その当時は天皇ではなかったので、密通で子供ができたのだろうと思われる。

「女孺」は、十三歳以上三十歳未満と定められた下級女官で、文物の整理整頓、殿舎内の掃除、物資の管理、燈明や手あぶりの火入れや火消しなどの雑務を司る人たちだ。「女孺」は、上級女官のような姿で宮中でおしとやかに過ごしてはいられず、十二単の一番下に着る小袖（現在の女性の着物の形とほぼ同じ）姿で四六時中忙しく立ち働きをしていた。そして、かしこまった時にだけ、その上から唐衣（十二単の一番外に着る現在の羽織のようなもの）を羽織ったようだ。そんな「女孺」に対しても、天皇のお手付きがあった。桓武天皇は、「女孺」であった百済永慶に良峰安世を、多治比豊継に長岡岡成を夫々生ませているが、いずれも母親の身分が低かったために皇子とは認められず、臣籍の子供として育てられたという例がある。

以上の女官のほかに、時代によって数は違うが、更に下位の女官が数十人から数百人いた。例えば、「采女」だ。「采女」は、十三歳以上四十歳未満と定められた下級女官で、水汲みや水の管理、炊飯や配膳、宮中行事である節会の接待役などを司る人たちだ。「采女」は、奈良時代以前から、地方の豪族が美人を天皇に献上してきた慣習から、「それ采女を貢する者は、郡の少領以上の姉妹及び女の形容端正なるをみな中務省に申して奏聞せよ」と律令で発令され制度化された。

『日本逸史』には、平城天皇が即位した大同元年（八〇六）の十月十三日付の勅語として、「およそ采女を貢すること令条に明らかなり。みな四十以下十三以上に限る。その十三以上の徒は心神移りやすく、進退いまだ定まらず。よろしく、采女は年三十以上四十以下で配偶者なき者たるべし」とあるから、若い女性は落ち着きがないので勤まらないと思われていたようだ。「采女」が下級女官とはいえ、やはり天皇のお手付きがあった。古くは、天智天皇（六六二〜六七二）が伊賀の采女・宅子に大友皇子を生ませたことは公然の事実だが、桓武天皇が采女を寵愛したという記録が『続日本紀』にある。

また、『源氏物語』の「紅葉賀」の章に、「帝の御年ねびさせ給ひぬれど、かうようの方は、え過ぐさせ給はず、采女・女蔵人などをも、かたち・心あるをば、殊にもてはやし、思し召したれば……」とある。すなわち、「帝はお年をおとりになったけれども、好色な方面では、女を見ればそのまま見過ごすことがおできにならないで、下衆な采女や女蔵人たちといえども顔かたちがよく風情のある女性を格別に賞美され、お取り立てになったので……」という意味であるから、「采女」は天皇の傍で配膳掛りを務めたので、往々にして天皇に見染められることがあったのだろう。それにしても、古の天皇のお手付きは、宮中余すところなく隅々にまで及んでいたようだ。

「采女」以外の下級女官には「刀自（台所下働き）」、「得選（散髪など）」、「女史（筆記係）」、「歌女（雅楽唱歌）」、「楽女（雅楽楽器演奏）」、「舞妓（雅楽舞踊）」という名称の下級女官もいた。なお、女官の中でも下級の女官を「にょかん」ではなく「にょうかん」と呼んだと冒頭に述べたが、その「にょうかん」と呼ばれていたのは、これらの「刀自」や「得選」のもとで雑役をしていたものたちのことをいう。彼女たちは、功労があれば「刀自」や「采女」にも昇格することができたようだ。

古典には、宮中の女性の呼称として「命婦」や「女房」という言葉がよく出てくるが、次にそれらについて触れる。「命婦」は、平安時代は上級女官と「女孺」などの下級女官との間に位置付けられ、双方の連絡や中継の役目を務めた。時には、天皇や后妃の私的なお使いで宮廷の外に出向くこともあったようだ。「命婦に二類あり。一を内命婦といい、一を外命婦という。内命婦とは、自ら四位、五位の位階を有せる女子にして、四位の内命婦を四位命婦といい、五位の内命婦を五位命婦といえり。外命婦とは、四位、五位の人の妻たる女なり」（浅井虎雄著『女官通解』）とある。五位以上の公卿の妻や娘は、比較的自由に宮中に出入りすることができたので何かと重宝がられ、特に学芸に秀でた女性は中務省の方から声が掛かり、出仕するように求められたようだ。また、「命婦」から「内侍」になった例として、冷泉天皇時代（九六七〜九六八）の命婦・橘良芸子や一条天皇時代（九八六〜一〇一〇）の命婦・藤原祐子がいる。「命婦」の呼称は、夫や父親の官名や職種を付けて呼ばれていたようで、『枕草子』に「馬の命婦」、『紫式部日記』に「内蔵命婦」の存在が記述されており、また『源氏物語』には「大輔の命婦」、「弁の命婦」、「中将の命婦」、「左近の命婦」、「兵衛の命婦」などが読み取れる。

なお、この「命婦」という名称は、江戸時代に入ると、「典侍」や「掌侍」に次ぐれっきとした高等女官の名称に代わった。

次に「女房」についてだが、「女房」とは后妃に仕えて身の回りの世話をする私設侍女のことだ。「ここに女房といえるは、今の世人の妻をさして女房というとは異なり、品位よき女のことなり。さるべきところに奉公し、局を給える女なり」（『女官通解』）とある。后妃が入内するときには、后妃たち自身か、后妃たちの実家が選んだ教養豊かで学芸に秀でた数人から数十人の「女房」を引き連れ、一緒に宮殿入りをした。ちなみに、『栄華物語』によると、長保元年（九九九）に彰子が十二歳で一条天皇のもとに入内したときは、「女房」四十人、「女童」六人、「下女」六人、合計五十二人が付き添ったとある。また、明治時代に一條美子が入内したときは、「上臈」、「老女」、「小姓」、「表使い」、「御物仕（裁縫掛かり）」、「御膳衆」、「御三の間（清掃掛かり）」など総勢十四人が供奉したという（上田景二『昭憲皇太后史』）。

「女房」には、その位階によって「上臈」、「中臈」、「下臈」と分けて呼ばれ、そのほかにも「大上臈」、「小上臈」というのもあった。明治時代の一條美子が入内したときの記録には、「一の上臈」、「二の上臈」、「三の上臈」という名称が残っているので、そういう呼び方をしていたようでもある。これらの呼称は、後の時代には女性のみならず、男性にも当てはめて呼ばれたようだ。映画やテレビの時代劇で「下臈どもは下がっておれ」という台詞が出てくるので、お馴染みの通り、後世では身分の低い者の総称となった。しかし、平安時代の女性で言えば、「上臈」は三位以上で大臣や大・中納言の娘と孫娘、官職で言えば「典侍」クラスを指す。「大上臈」は、摂家の娘と孫娘、官職で言えば「尚侍」や「尚蔵」クラスを指す。「小上臈」は、公卿及び位階を与えられている四位以下の侍臣の娘と孫娘、官職で言えば「掌侍」クラスを指す。

「上臈」や「典侍」が天皇の傍で身の回りの世話をしたことは既述した通りだが、当時の女性の憧れであった赤や青色の着物を着ることが許されていた。ちなみに、位階制度には禁色というのがあって、身に付けてよい着物の色と質が定められていた。『紫式部日記』に、「御簾の内を見渡せば、色許されたる人々は、例の青色赤色の唐衣に、地摺りの裳うつきをしわたして、蘇芳の織物なり」とあるように、天皇から勅許がない限り、定められた禁色を犯すことは許されず、「弾正台」や「検非違使」という警察の役目を果たす職員が厳しく取り締まった。

「中臈」は侍臣（四位、または五位の殿上人）、大夫（職位名の一つ）、医術や陰陽道（占いや呪い）の官職の娘などで、官職で言えば後述の「外命婦」を指す。

「下臈」は、六位の諸侍、賀茂神社、日吉神社の社司（神主）などの娘を指す。

以上の通り、「上臈」、「中臈」、「下臈」を総称して「女房」と言うが、「女房」の多くは宮中で奉仕し「局（部屋のことで、本来女房の《房》はこの《局》を指す）」が与えられていた。従って、「女房」は国名、地名、官職名を付けて、「丹波の局」、「春日の局」、「小将の局」というように呼ばれた。なお、「局」が与えられていたといっても、宮中で独立した個室が与えられていた訳ではない。平安時代の宮中や公卿の邸宅は寝殿造りで、現在の住宅のように各室は壁で区切られておらず、棟の中は広い空間になっていたので、あちらこちらに柱がある程度で、各人の個室は几帳や屏風で区切って使用していた。果たして、これでプライバシーが守られていたのかどうかについては後述する。

また、「女房」は宮廷だけに限らず、上皇、皇太后、内親王などの御所に奉仕し、同様の勤めをなす女性も同じ名称で呼ばれた。中宮や女御の入内の際には、多い時で四十人くらいの侍女、即ち「女房」を選んで従えたようだ。これらの「女房」たちは、芸能や学問に秀でた女性が多く、中宮や女御のお相手や家庭教師の役目を務めた。冷泉天皇（九六七～九六八）の皇后・昌子が立后される前の内親王の頃に仕えた和泉式部、一条天皇の中宮・定子に仕えた清少納言、やはり同じ天皇の中宮・彰子に仕えた紫式部も「女房」であった。この中宮・彰子は、長保元年（九九九）十一月に十二歳で入内し、既述した通り「女房」四十人のほか「女童」六人と「下仕」六人をあてがわれたという記録が残っている。

以上のように、平安時代の宮中には天皇に仕える后妃のほかに、夫々の后妃に仕える数十人の侍女（上臈など）、定員二百七十五人の十二司の女官、その他下級女官の数を加えると、一千人近くの女性がいたようだ。当然のことながら、その一人ひとりが容姿端麗をもって推挙され宮仕えをしていたのだから、さながら百花繚乱のさまを呈していたことが想像される。

また、「宮仕えの所は、内裏（うち）、后（きさき）の宮、その御腹の姫宮、一品の宮、斎院、春宮（とうぐう）の御母女御」と『枕草子』にあるように、内裏に留まらず后宮や后から生まれた姫宮、一品の皇女、賀茂神社の斎院、皇太子を産んだ女御のほか、上皇や皇太后の傍でも多くの女性たちがいた。内裏以外では既述の「女房」たちが仕えることになっていたが、この「女房」たちにも「下仕」、「雑仕（ぞうし）」、「童女」、「長女（おさめ）」などという女中奉公をする女性が就き従っていた。

江戸時代に入ると、朝廷の財政窮乏の問題もあり「十二司」の体制は既に崩れていたが「内侍司」だけが残り、その他の下級女官はこれに併合される形になった。そして、「内侍司」は天皇や皇后に近侍し、奥向きの仕事一切を担った。その「内侍司」の長官が「尚侍」、即ち「督（かみ）」であり「かんのきみ」とも「こうのとの」とも呼ばれた。『源氏物語』に出てくる「かんのきみ」や「ないしのこうのとの」がこれだ。この「尚侍」のみが天皇に直接伝奏することが許された。幕末頃までは、殿上人といえども、天皇にお目通りして直接言葉を交わすことが許されていなかったので、この「尚侍」がその役目を果たしていた。が、後世「尚侍」は置かれなかった。その役目を担ったのが「典侍」だった。江戸時代になって、その役目も「典侍」から「掌侍」に移管された。以後、宮中の最高位の女官は「典侍」の長となり、「大典侍」と呼ばれた。この「大典侍」が、宮中の総取締役で表向きには宮中大奥の最高位の人ということになった。

しかし、「掌侍」の長が「勾当内侍（こうとうのないし）」とも「長橋（ながはし）の局（つぼね）」とも呼ばれ、実際には宮中全般の事務を取り仕切って権勢を振るった。ちなみに、天皇に対して公式に奏上したことが否認されても、「長橋の局」に口添えをしてもらえば、たちまちの内に認可が得られたという。従って、「長橋の局」に対して、外部の各方面からの贈り物が絶え間なくあり、一年務めると一千両以上の金子（きんす）が貯まったという江戸時代の話がある。明治維新の新政府は、そういった宮中の陋習を十分承知しており、それを払拭するためにも宮廷を京都から東京に移したともいわれている。

従来、宮中で働く高等女官は、全て公家出身の子女であった。それは、藤原時代から摂関政治を行ってきた藤原一門の門閥を貴ぶ風習が定着し、貴賎の差別が厳しく行われたことに起因する。とりわけ、藤原一門は天皇家との姻戚関係を結びその地歩をゆるぎないものにするため、一門の子女を女官に仕立てて宮中に送り込み、天皇の側室とすることに奔走した。その結果、側室から生まれた天皇の長子が皇位を継ぎ、藤原家は天皇の外戚ということになった。皇位を継ぐことができない第二子や第三子は、天皇家の傍系として宮家を創立することになった。

以上述べた通り、后妃や女官に関する律令制度の規定は、時代と共に有名無実化されていった。そして、後宮は平安中期の宇多天皇（八八七〜八九七）から醍醐天皇（八九七〜九三〇）の時代の間に一度解体され再編成された。やがて、室町時代に入って応仁の乱（一四六七）が勃発すると、世の中は著しく乱れ、京の都は荒廃の一途を遂げた。宮中では、後小松上皇が後宮の女房たちと乱脈情事に耽るという事態にもなった。当時は後宮への殿上人の出入りは比較的自由であったので、公卿と女房との情事も珍しいことではなかった。後宮ではそんな状態が続いたこともあって、後世の正親町（おおぎまち）天皇（一五五七〜一五八六）が、内裏を男子禁制の場と決めた。こうして、後宮は形態や規模を変えながら明治時代まで存続したのである。

第三章　明治の女官

1　女官制度の改革

明治元年（一八六八）六月二十六日、皇政復古の大号令が布告された。その際、次のような宮廷女官たちに対する戒告が発せられた。

徳川内府二百六十年委ね置かれし大権返し奉れるのまゝ聞こしめされぬ。今より朝廷にて天下の政をとり行はせらるゝに就いては、内女房より三仲間の者に至るまで、内行を正ふし、嫉妬をつゝしみ、女の分に応じ忠信を尽くし、仕へまつるべし。殊に年頃の有様、驕り高ぶること常となりて、中には得もいはれざる振舞も聞ゆ。あはれ古を考へ、今を顧りみ、人々かたみにたすけ正して、婦道の鑑とならんことを思ふべし。若しかりにも御政の上を誹り奉り、或いは佞人の頼みを入れ、故なきことをも、曲げて窃かに奏しまつることの如き業あらんには、おごそかに罪なはるべきなり。

ことほど左様に真に厳しい申し渡しだが、幕府大奥の老女たちに対して大老たちが手を焼いた如く、宮中の老女官たちも新政府にとって頭痛の種だった。従って、睦仁親王が即位されると、先帝・孝明天皇時代の老女官たちは悉く罷免され、老女官たちは現役を引退し「隠居」として宮中の「お局」に引きこもることになった。ちなみに、孝明天皇が崩御される前の高等女官の構成は、次の通りだ。

「大典侍」・中山績子（七十二歳、中山愛親の娘）
「帥典侍」・広橋静子（四十六歳、広橋胤定の娘）
「宰相典侍」・庭田嗣子（四十六歳、庭田重能の娘）
「按察使典侍」・甘露寺尚子（二十八歳、甘露寺愛長の娘）
「督典侍」・中御門良子（二十五歳、中御門経之の娘）
「新宰相」・中山慶子（三十二歳、中山忠能の娘、明治天皇の実母）
「中将典侍」・滋野井在子（二十歳、滋野井実在の娘）
「新典侍」・綾小路長子（十九歳、綾小路有良の娘）
「勾當掌侍」・花園総子（二十歳、花園公総の娘）
「大輔掌侍」・豊岡穆子（二十四歳、豊岡随資の娘）
「小式部掌侍」・山本うず子（十六歳、山本政実の娘）
「源掌侍」・千種芳子（二十歳、千種有顕の娘）
「命婦」・押小路甫子（五十九歳、押小路師武の娘）
「命婦」・壬生廣子（十九歳、壬生輔生の娘）
「命婦」・鴨脚昭子（六十七歳、鴨脚秀豊の娘）
「命婦」・鴨脚克子（五十一歳、鴨脚光陳の娘）
「命婦」・東村子（五十七歳、東相村の娘）
（『女房次第・慶応二年正月』、下橋敬長著『幕末の宮廷』）

明治天皇が即位された当時は、以上の女官たちがいたのだが、その他に、先帝の孝明天皇のみならず二代前の仁孝天皇の時代の数人の老女官が、「隠居」という身分で宮中の「お局」に残っていた。例えば、勧修寺徳子（かじゅうじなりこ）（七十九歳、もと典侍）や高野房子（たかのふさこ）（四十四歳、もと掌侍）などだ。明治初期の平均寿命は五十歳未満といわれているから、それと比べるとこれらの女官たちはかなりの長命だったことが分かる。なお、二十歳代の女官はみな、孝明天皇の事実上の側室候補だった。

従来、側室は皇統を絶やさないために、正室の皇后以外からも皇子を儲けることを暗黙の了解ごととして置かれてきた。が、いつの時代からか定かではないが、律令制の崩壊と共に側室制度が曖昧になり、天皇が女官に生ませた男子をも儲君（ちょくん）（皇太子）として、次代を継がせるようになった。とはいえ、皇嗣を生んだ女官といえども側室とされたのではなく、あくまで女官として処遇されてきた。換言すれば、天皇のもとに数多くの側室は置かれず、女官が天皇の夜伽役を勤め、側室の役目を担うようになったという訳だ。おそらく、皇室財政の窮乏という事情があり、側室を数多く置けなくなったという事情があったのではないかと筆者は推察している。ちなみに、明治天皇は孝明天皇時代の女官・中山慶子、孝明天皇は仁孝天皇時代の女官・正親町雅子（おおぎまちなおこ）、仁孝天皇は光格天皇時代の女官・勧修寺婧子（かじゅうじただこ）、光格天皇は閑院宮典仁親王の女房・大江磐代（おおえいわしろ）をそれぞれ実母に持ち、庶子として生まれている。実は、明治時代まで百二十二代にわたって皇統が受け継がれてきたが、天皇の正室を実母として次代を継いだ天皇は半数にも満たない。

明治二年（一八六九）十月十二日、新政府は従来の女官制度の改定を行った。その背景には、女官たちが宮中の故習に基づいて天皇を囲い込み、天皇を人前に晒（さら）すことをかたくなに拒んできたからだ。女官たちは、政府の高位高官といえども拝謁や上奏を天皇に直接行うことを度々阻んできた。ましてや、在日外国使節たちの引見には強い抵抗を示した。そうなると、天皇親政に支障をきたす。新政府首脳は、女官たちにほとほと手を焼いていた。

他方、先帝や先々帝時代の古い老女官と、明治維新になってから出仕した若い女官や上臈たちとの間で陰湿な確執が生じていた。とはいえ、古株の女官たちが新参の女官にいじめや嫌がらせをするのは、なにも明治時代になってから始まった訳ではない。平安時代から、宮中では側室や女官たちが天皇の寵愛を受け後胤を宿すために奔走し、互いにいがみ合った例は枚挙にいとまがない。そんな光景が、フィクションではあるが『源氏物語』にも描かれている。

もっと大きな問題は、女官たちが臣下の上奏を故意に歪曲して天皇に伝奏したり、或いは全く伝奏しなかったり、またある時は天皇の詔勅を歪めて臣下に告げたり、何も告げなかったりということが日常茶飯事に行われていたのだ。

前置きが長くなったが、当日、新政府は先帝及び先々帝以来の女官全員を一旦罷免した。そして、従来の女官の名称を改め、新たに官名や定員を定めた。高等女官の名称は、「尚侍（正・従三位）」、「典侍（正・従四位）」、「掌侍（正・従五位）」、「命婦（正・従六位）」として、「尚侍」以外はそれぞれ四人ずつ任命するというものであった。そして、「尚侍は定員なく、その人あらば是に任ず」（『明治天皇紀』）となった。「典侍」は、階級順に「大典侍」、「二典侍」、「三典侍」、「新典侍」とする。「掌侍」は、「勾當掌侍」、「二掌侍」、「三掌侍」、「新掌侍」とする。「命婦」は、「一命婦」、「二命婦」、「三命婦」、「新命婦」とすることに決まった。この「命婦」には、皇嗣が生まれた時の「大御乳人」に指名されたものが含まれるものとした。また、「命婦」の下に下級女官として、「権命婦」と「新権命婦」を置いた。

その他、下級女官として「女嬬」と「雑仕」が置かれることになった。「女嬬」の役目は、従来「御道具掛」、「御膳掛」、「御服掛」の三つに分けられ「御末」、「女嬬」、「御服所」と名称も異なっていたが、それらが一本化された形になった。「雑仕」は、字の通り雑用係で「女嬬」を補佐する役目だ。更に、その下に「御差」を置いた。この「御差」は、便所の掛かりだった。

任命された高等女官は、次の通りだ。

「大典侍」・広橋静子（四十九歳。孝明天皇時代に「典侍」）

「二典侍」・四辻清子（三十歳。万延元年七月十日、祐宮の上臈）

「三典侍」・葉室光子（十八歳。慶応三年十月二十一日、「典侍今参」）
「新典侍」・橋本夏子（十四歳。明治元年九月十四日、「典侍御雇」）
「勾當掌侍」・花園総子（二十三歳。慶応元年一月十六日、「勾當掌侍」）
「二掌侍」・植松務子（二十八歳）
「新掌侍」・唐橋貞子（十七歳）
（『明治天皇紀』　注：年齢は数え年。）

その他、明治天皇の乳人である梨木持子（五十一歳）や、祐宮付の「女蔵人」だった樹下範子（二十七歳）などが「命婦」に任命された。

皇后と京都の大宮御所の皇太后に奉仕する侍女については、従来通り「上臈」、「小上臈」、「中臈」、「下臈」、「御乳人」、「御年寄」という階級制度が残された。そして、これらの侍女の呼称（名前）は地名によるものとした。美子皇后の「上臈」には、美子皇后の入内前から一条家に出仕していた高倉寿子（三十歳）がいた。

古い女官たちは、罷免されたとはいえ、その後も「隠居」としてお局に残った。また、下級女官である女嬬や雑仕たちはおよそ五十人いたが、従来通りの職務に従事することになった。更に、女官以外にも、京都の大宮御所で皇太后の世話をしてきた上臈の高松公子（四十七歳）、山井長子（四十三歳）、萬里小路幸子（五十五歳）、西定子（五十六歳）、岡本藤坂（五十六歳）たち数人もそのまま現役として残ることになった。従って、実際には高等女官の一部のメンバーが入れ替わっただけの形になった。その結果、宮中の様子はそれほど変わることもなく、旧弊は決して払拭されなかった。

現役を引退した隠居たちは後宮のお局に引き下がることになった。が、今度は彼女たちがお局から若い女官にあれこれと指図を続けた。

「今年はお天道さんのお加減でどこもかしこも、うちまき（米）もようでけんかったようで、皇祖皇宗さんのお祭りごと通り、お上におかれまいては賑給（しんきゅう）（米を窮民に支給すること）の思召しをおあそばされますように」とか、「今日は後桜町天皇さんの百回忌にあたりますよって、皇后さんにおかれまいては御拝ならっしゃいますように」と、女官を通して天皇や皇后に間接的に指示することは日常茶飯事だった。それによって、天皇の公務にも差し障りが生じていた。また、隠居たちは、お局で若い女官たちに対する陰湿ないやがらせをすることも多くなった。隠居たちの中には、お局の廊下ですれ違う高等女官たちから「ごきげんよう」と朝夕の挨拶をされても、それを無視して無言で通り過ぎることが常だった。また、下級女官の女嬬や雑仕に対しては、「言葉づかいが悪い」とか、「立ち振る舞いが粗雑だ」とか、何かにつけて口やかましく咎めた。

当時、宮中では「御所言葉（ごしょことば）」が使われていた。別名「女房詞（にょうぼうことば）」ともいう。宮中に出仕したばかりの女官が最も苦労したのが、この日常語の理解だった。ちなみに、「御所言葉」の起源は定かではないが、応永二十七年（一四二〇）に著された有職故実の書籍である恵命院宣守（えみょういんせんしゅ）著『海人藻芥（あまのもくず）』には「内裏仙洞ニハ、一切ノ食物ニ異名ヲ付テ召サルル事也。当座ニ迷惑スベキモノ哉（かな）。飯ヲバ供御（くご）、酒ハ九献（くこん）、餅ハカチン、味噌ヲバムシ、塩ハシロモノ、豆腐ハカベ、素麺ハホソモノ、松茸ハマツ、鯉ハコモジ、鮒ハフモジ……此ノ如キ異名ヲ付ケラル」とあるから、少なくとも室町中期以前から京都の公家言葉とはまた違った宮中独特の言葉が使われていたようだ。なお、「御所言葉」に関しては、井之口有一・堀井令以知共著『御所ことば』に詳しく述べられているので参照されたい。

なお、隠居たちのいやがらせの中には悪質なものがあり、ある高等女官の名前を墨で書いた藁人形を、お局の廊下の柱に釘付けにしておくということもあったようだ。また、隠居たちのいやがらせは、高等女官の私設侍女である「針女（しんみょう）」や「仲居」たちにも矛先が向けられたようだ。宮中に出仕したものは、宮中での出来事を親兄弟といえども一切漏らしてはならないという厳しい掟があったにもかかわらず、隠居たちは女官や上臈の根も葉もない噂をあれこれと外部に漏らしていたという。

従来、政府や宮内省は女官の行状について薄々察知していた。が、政府の中枢にあった三条実美や岩倉具視は、自分たち自身が宮中の陋習を熟知している公家出身であったので、宮中改革の必要性を痛感していたものの、それにメスを入れることのむずかしさを憂慮していた。後に内閣総理大臣になった大隈重信の後日譚によると、次のように語っている。

昔より、宮中で最も恐ろしい勢力を振るっていた者は、お局というものであった。宮中の女官お局という者は、とても他の想像も及ばぬほど権力のある者であった。将軍家の時でも、大奥と唱えて老女とか中老とかいう者の権力には、時の閣老も大いに苦しんだものであったが、やはり京都も小なりといえども宮中に於けるお局なる者の権力は実に盛んなものであった。関白ですら、これには大いに苦しんだものである。御一新になって後も、やはりこの一種の保守的思想を有するお局の権力は頗る強大なものであった。ことに、陛下はご幼沖のこととて、これを改革することは容易ではない。

王政維新の大精神の一つは、「旧来の陋習を破る」ということであった。この言葉は口癖のように唱えられ、外に於いては盛んにこれが行われて、その勢い破竹の如く頗る目覚ましかったが、大奥に向かってはやはり一指をだに染めることが出来ぬ。外では維新の空気が充ち充ちていたが、内では古い保守的の陋習が少しも抜けない。三条、岩倉の諸公は宮中に信用勢力を有し、且つ革新の鋭気に充ちて、外に向かっては盛んに改革を断行し、その前路に横たわる障害は如何なる困難なものでも、非常なる勇気を現わしてこれを打ち砕かれたが、その三条、岩倉公の才略も勇気も、大奥に向かっては手も足も出ぬ。ただ閉口し切っておるという次第であった。（平井叡編集『明治天皇興国史』）

ことほど左様に、外部のものが宮中のことに口出ししたり、手出ししたりすることはタブーであったことが窺われる。従って、女官制度を改革することは、政府といえども容易なことではなかったのだ。

もとより、宮中で働く高等女官は、全て公家出身の子女であった。それは、藤原時代から摂関政治を行ってきた藤原一門の門閥を貴ぶ風習が定着し、貴賤の差別が厳しく行なわれたことに起因する。とりわけ、藤原一門は天皇家との姻戚関係を結びその地歩をゆるぎないものにするため、一門の子女を側室や女官に仕立てて宮中に送り込み、天皇のお胤を宿すことに奔走した。その結果、側室や女官から生まれた天皇の長子が皇位を継ぎ、藤原家は天皇の外戚ということになった。皇位を継ぐことができない第二子や第三子は、天皇家の傍系として宮家を創立することになった。一方、藤原一門同士の婚姻関係が結ばれる度に、藤原家の傍系として新たな公家を興すことになったのだ。更に、宮家と公家との血族関係も生じ、公家の数は益々増えていった。公家の家格が定められたのは鎌倉時代に入ってからで、摂家のほか、清華家、大臣家、羽林家、名家、半家、新家と厳格に区別された。

話は戻るが、明治二年十月十二日の女官制度の改革で、手付かずのままだった宮中の旧弊にメスが入れられ、女官の名称や人数が改定された。従来、女官のことを一般的に「女房」と呼ぶ古い呼称や、宮中の権力が集中する「勾當掌侍（長橋の局）」の職掌などは廃止となった。とはいえ、天皇を取り巻く公家や女官たちは、天皇の傍からやすやすとは離れなかった。保守的な彼等は、未だ尊王攘夷に固執しており、天皇を人目に晒すことを殊のほか嫌った。彼等は、外部の人たちが天皇に御簾を挟んで謁見することさえ頑なに拒み続けた。それは、「帝は神聖にして侵すべからず」ということを、ごく当たり前としてきた公家や女官たちならでは理解できなかったであろう。そういった意識や風習が、平安時代から一千年余りもの間、連綿と受け継がれてきたのだ。従って、宮中の様相は、皇居が東京に移り、女官制度が改革されても従来とあまり変わらなかった。『明治天皇紀』には、次の一節が記されている。

> 当時、宮禁の制度、先例・故格を墨守するもの多くして、君側の臣は堂上華族に限られ、先朝以来の女官権勢を張り、動もすれば聖明を覆ひてたてまつる等の事無きにあらず、是より先、右大臣三条実美・大納言岩倉具視等大いにこれを憂え、改善せんと欲すといえども、数百年来の慣習を一朝にして改革せんこと実に至難なり、参議西郷隆盛おもえらく、国威を発揚せんとせば、宜しく根源に遡りて宮禁の宿弊を改めざるべからず、即ち華奢・柔弱の風ある旧公卿を宮中より排斥し、これに代わるに剛健・清廉の士を以てして聖徳を輔導せしむるを肝要とす。

明治四年（一八七一）七月、新政府の参議であった西郷隆盛、大久保利通、木戸孝允たちは鳩首会談を行い、旧態依然とした宮廷に入り浸る公家や女官たちから若い天皇を引き離し、新国家の元首にふさわしい威厳に満ちた天皇像を築き上げるために、ある妙策を採ることにした。それは、若い無遠慮な田舎武士を宮中に送り込み、傍若無人に宮中改革の先鋒を勤めさせることだった。その役目を担ったのが、吉井友実（ともざね）と村田経満（つねみつ）（通称新八）だった。吉井は宮内少輔（くないしょうふ）（次官補クラス）、村田は宮内大丞（くないだいじょう）（局長クラス）にそれぞれ任命され、大胆な宮中改革を行った。その様子は、吉井が同年八月一日に書いた日記に記されている。それは、古語体で書かれているので、平易に書き直せば次の通りだ。

> 今朝、女官を総免職する旨を申し渡した。昼過ぎ、皇后が御座所にご出御され、宮内大輔（くないたいふ）（次官）萬里小路（までのこうじ）の取り次ぎで、あらためて典侍以下を任命した。その後、それに続く下位の女官たちを集め、私が書面を渡した。これは、諸大名宛に対する勅旨の清書や宣布する場合の従来からの特権を女官から奪い去ったことを意味する。これでいよいよ皇運興隆の好機が到来したので、実に喜ばしいことだ。

この文章から、吉井は大変な喜びようであることが分かる。それまで、宮中には余程たちの悪い女狐や女狸がいたものと察せられる。現に、罷免された女官の中には、日頃天皇のお胤にあずかろうと皇后に対してまで何かと牽制する女官がいたという。この通達によって、従来の女官の職位・名称が統廃合され、新たに勅任官、或いは奏任官として「典侍」、「権典侍」、「掌侍」、「権掌侍」、「命婦」、「権命婦」のほか、判任官として「女嬬」、「権女嬬」、更にその下に宮内省お雇いの「雑仕」という名称と職掌が申し渡された。が、宮中での通称は、従来と変わらず「典侍」が「すけ」、「権典侍」が「ごんすけ」、「掌侍」が「ないし」、「権掌侍」が「ごんないし」と呼ばれた。なお、「典侍」から「権掌侍」までは華族の娘、「命婦」以下は士族の娘であることが定められた。

従来の「上臈制度」は廃止され、今まで皇后や皇太后の身の回りの世話をしてきた「上臈」はみな勅任官か奏任官の女官となった。その結果、宮中と大宮御所（皇太后御所）に奉仕する女官の数は、「典侍」以下「雑仕」まで合わせて百二十八人となった。新たに任命された高等女官は、次の通りだ。

内女房（天皇付き女官）

「典侍」：広橋静子（五十一歳）、高野房子（四十九歳）
「権典侍」：四辻清子（三十二歳）、葉室光子（二十歳）、橋本夏子（十六歳）
　　中御門斉子（十五歳）
「掌侍」：植松務子（三十歳）
「権掌侍」：花園総子（二十五歳）、小倉輔子（二十三歳）、唐橋貞子（十九歳）
以上の他に「命婦」三人、「権命婦」四人、「女嬬」二十五人、「権女嬬」八人、「雑仕」五人など、合計五十五人。

皇后宮女房（皇后付き女官）

「権典侍」：高倉寿子（三十二歳）、植松治子（二十二歳）
「掌侍」：　細井秋子（二十歳）
「権掌侍」：吉野文子（二十歳）、千種任子（十七歳）、慈光寺演子（十九歳）
以上の他に「権命婦」六人、「女嬬」八人、「権女嬬」四人、「雑仕」五人など、合計二十九人。

（皇太后付き女官）
「権典侍」：山井栄子（四十四歳）、萬里小路幸子（三十七歳）
「掌侍」：　西洞院成子（一説に、しげこ）（二十四歳）、柳原愛子（十六歳）
「権掌侍」：平松好子（二十歳）、錦織隆子（二十歳）
以上の他に「命婦」一人、「権命婦」五人、「女嬬」七人、「権女嬬」八人、「雑仕」五人など、合計三十二人。
（注：『明治天皇紀』及び『太政官日誌』には誤記があり、『女官録』〈宮内庁公文書館〉から収録。）

新たな女官の任命に際して、「爾後、皇后の命を奉じて勤仕すべきこと、族姓に関せず女官を登用すべきこと」（『明治天皇紀』）となった。そのため、女官は、従来のように「雨林家」以下の公家華族からのみならず、建前では武家華族や社家からも登用されることとなった。

政府は、女官制度の改革と同時に宮内省（現宮内庁）の官制も改めた。省内に「侍従職」と「内匠・調度職」の二部門を新たに設置して、天皇の公務を手伝う侍従の職掌を定めた。従来、侍従職を独占していた公家全員が一旦罷免され、新たに「宮内卿」兼「侍従長」に徳大寺実則（公家）、同じく「侍従長」に東久世通禧（公家）と河瀬真孝（別名石川小五郎、旧長州藩士）のほか、「侍従」に高島鞆之助（旧鹿児島藩士）、河野通信（旧山口藩士）、堤正誼（旧福井藩士）、片岡利和（旧高知藩士）、有地品之允（旧山口藩士）、「次侍従」に北条氏恭（旧狭山藩士）、裏松良光（公家）、東園基愛（公家）、入江為福（ためふく）（公家）、五條為栄（ためしげ）（公家）、島義勇（よしたけ）（旧佐賀藩士）、高城重信（しげのぶ）（旧鹿児島藩士）などとした。侍従が士族からも選ばれたのは、武士道を以って天皇の聖徳涵養の任に当らしめるということが目的であった。その結果、天皇の日常は、がらりと変わった。それを喜んだ政府首脳の一人、西郷隆盛は鹿児島に住む叔父の椎原国幹（しいはらくにもと）に次のような内容の書状を書き送っている。坂本辰之助著『明治天皇』や『明治天皇紀』に引用された候文を口語体で要約すると、以下の通りだ。

> 士族より出仕することになった侍従をご寵愛下さることは誠に嬉しい限りです。（天皇は）朝から晩まで表御座所にお出ましになり、公務のかたわら和漢洋のご学問にお励みになり、時間が許される限り侍従たちと夜遅くまで歓談もされます。……晴れた日は馬にまたがり、自ら一小隊を率いて軍事教練をされることもあります。……時には、私ども政府の主だったものを食事にお招き下さることもあります。また、一か月に三度は、政府要人並びに各省庁の長官を召集され、政治課題を討議されます。そして、日に日に政治変革の効果が見られます。主上ご自身に尊大なお振る舞いは一切なく、これは水魚の交わりとでも申し上げられます。

実際のところ、この官制の改革で宮内省がそれほど進歩的になったわけでもない。幹部クラスは、いずれも旧公家であったものか、その子弟ばかりだった。彼等は、近代国家には無用の長物である門閥や血統だけを頼りにして、世間のことには疎いにも拘らず、ひたすら奢り高ぶって他人を見下す輩が多かった。

宮中改革は、一見首尾よく終わったかに思われたが、その後、天皇付き典侍として再任された広橋静子と高野房子は、依然として宮中の陋習に固執し、かえって宮中内外との軋轢を激化させることになった。広橋と髙野は、先帝の時代から宮中に仕えてきた古女房として宮中の万事を取り仕切り、侍従たちの力も及ばない宮中に於いて、若い天皇や皇后の指図も無視するほどの権力を行使し続けた。天皇からお内儀の統括を任された皇后や、上臈から新たに皇后付き権典侍になった気が強い高倉寿子でさえ、手も足も出ない有様であった。

一方、皇族をはじめ、政府首脳部や宮内省がとりわけ心配したことは、天皇と皇后の成婚後三年が経過しても皇嗣が授からなかったことだ。当時、両陛下の奥の御座所は別々にあり、寝室も当然ながら別であった。従来、お内儀では天皇に直接お目通りするためには、女官の長である典侍の許可を得る必要があった。皇后でさえも天皇にお目通りを望まれる場合は、皇后付きの上臈を通して典侍にその旨を伝え、典侍が天皇の意向を拝聴してから返事をするという具合だ。それが、従来の宮中の仕来りだった。従って、典侍の腹の虫の居所の悪い時は、典侍が天皇に上奏しなかったり、逆に天皇のご意向を故意に歪曲して返事をしたりということも往々にしてあった。天皇が皇后と直接お会いになる場合も同じであった。典侍を通して皇后付きの上臈にその旨を伝え、上臈が皇后のご意向を拝聴してご返事を伝えるという次第であった。両陛下のご日常は、一般家庭の夫婦のそれとは全く違っていた。両陛下の間柄は仲睦まじいといっても、気楽にお二人きりでお過しになれるということはなかった。

とりわけ、皇統を継ぐべき後嗣の問題は政府首脳にとって見過ごせなかった。そこで、憂慮していた政府首脳部は、宮中の旧態然とした風習や両陛下の日常生活の在り方に問題があるのではないかと思い、更なる宮中改革を吉井友実に命じた。

明治五年（一八七二）四月二十四日、吉井は、典侍の広橋静子や高野房子はじめ、権典侍の中御門斉子、権掌侍の小倉輔子、花園総子など三十六人の女官の罷免を断行した。それまでの広橋静子と高野房子は、「共に先朝以来の女房なるを以て、その権勢自ら後宮を圧し、皇后の懿旨(いし)といえども行われざること往々あり、且つ女官の習い、先例、旧格をのみ墨守して敢えて移らず、固陋の甚だしき、どうもすれば聖徳を妨ぐることなきにあらず」（『明治天皇紀』）という有様だった。

権典侍の四辻清子と高倉寿子は、そのまま留任することとなった。四辻清子が留任したのには、それだけの理由があった。四辻清子は、天皇がまだ皇太子だった頃に皇太子付きの上臈として出仕し、天皇の最も気心の知れた女官であったことだ。また、広橋静子や高野房子より十歳近く若く未だ三十三歳であったことや、性格がおとなしく控え目であったことだ。政府首脳部がとりわけ意図したことは、天皇付き女官や皇后付き女官の区別を廃止して、女官はすべからく皇后の統率に従うものと決めた。そして、一人でも多くの皇嗣を儲けるために、留任した権典侍の葉室光子と橋本夏子を天皇の側室とし、その旨を新たに女官筆頭となる四辻清子に言い含めた。

それまで、宮中に奉仕していた女官は、典侍以下雑仕に至るまで百二十八人いたが、その数も大幅に減らされた。従来、宮中に奉仕する女官は、故習に従って内女房（天皇付き女官）と皇后宮女房（皇后付き女官）に別けられており、天皇と皇后にそれぞれ属する女官の間で葛藤が絶えなかった。この度の改革でその区別が撤廃され、女官は全て皇后の指示に従うことになり、宮中の権力は初めて皇后の掌中に納まることになった。そして、新たに女官制度の内規が設けられ、権掌侍以上の女官は旧公家出身の子女、命婦以下は京都士族か社家出身の子女というように、女官になるための家格や家柄が明文化された。

宮中改革が行われる数か月前、京都の大宮御所に留まっていた皇太后（英照皇太后）が東行されることが決定した。そこで、旧和歌山藩主が献上した赤坂の私邸とその敷地九万四千七百五十坪の整備が行われた。そこを赤坂離宮と称して皇太后の御所、すなわち大宮御所とされた。明治五年（一八七二）四月十一日、皇太后は京都から網代輿にお乗りになり、無事東京に着輿された。皇太后の東行に伴って、今まで京都に居残っていた宮家や公家の人たちも随行してきた。当然のことながら、京都の大宮御所で皇太后に仕えていた女官は皇太后と共に東京へ移動し、平安時代から存在した皇族と女官はすべて京都から姿を消した。なお、京都の大宮御所は安政元年（一八五四）に焼失し、慶応三年（一八六七）に孝明天皇によって再建されたのだが、皇太后が住まれたのは僅か五年間のみとなった。

明治六年（一八七三）二月二十日、権典侍の四辻清子、萬里小路幸子、高倉寿子たち三人が典侍に昇格した。また、掌侍の柳原愛子と西洞院成子たち二人が権典侍に昇格した。この時点での現役の主な高等女官は、次の通りだ。

（皇后宮付）

「典侍」：　四辻清子（三十四歳）、高倉寿子（三十四歳）

「権典侍」：　葉室光子（二十二歳）、橋本夏子（十八歳）、柳原愛子（十八歳）

「掌侍」：　植松務子（三十二歳）、細井秋子（二十二歳）

「権掌侍」：　西定子（五十九歳）、唐橋貞子（二十二歳）、千種任子（十九歳）、石山輝子（年齢不詳）、吉野文子（二十二歳）

その他、「命婦」には樹下範子（三十一歳）、小槻広子（年齢不明）、堀川武子（三十九歳）、西西子（二十四歳）、「権命婦」には松室恒子（二十九歳）、鳥居大路応子（二十四歳）、三上文子（三十九歳）などがいた。

（皇太后付）

「典侍」：　萬里小路幸子（三十八歳）

「権典侍」：　西洞院成子（二十五歳）

「権掌侍」：　平松好子（二十一歳）、錦織隆子（二十一歳）、中御門隆子（十六歳）、壬生廣子（二十六歳）、唐橋娩子（年齢不明）

その他、「命婦」には高松公子（年齢不明）、山井長子（年齢不明）などがいた。

なお、この頃、皇后は宮中の仕来りに基づいて、皇后付きの典侍から権命婦までの高等女官一人ひとりに源氏名をお付けになったようだ。

話はそれるが、「権典侍になった女官はすべからく天皇の側室だった」と、記述している学者の著述書や作家の小説が散見できるが誤りである。ちなみに、直木賞を受賞したある女性作家の小説に「明治の御代（みよ）になる前からお仕えし、まことに畏（おそ）れ多いことであるが、少年だった帝に、性のお導きを申し上げたのは、この高倉寿子であるということは、後宮では定説になっている」とある。が、高倉寿子は一条美子が入内されたときに、皇后付きの「上臈」として一緒に就き従って出仕したのだ。天皇と皇后両陛下がご結婚されたばかりなのに、皇后の入内前からの侍女であり世話係の二十八歳の高倉寿子が皇后を差し置いて、「帝に性のお導き」などする訳はない。ましてや、ご結婚当初の天皇は十六歳、皇后は十九歳だった。両陛下は、当時の上層階級の平均的結婚年齢に既に達しておられたのだ。何故、高倉寿子が天皇の「性のお導き」などする必要があろうか。

また、もと権典侍だった萬里小路幸子や、新たに権典侍に昇格した西洞院成子は、出仕当初から皇太后にお仕えした女官だ。「権典侍がすべからく側室だった」というなら、皇太后付きの女官が大宮御所から宮中にまでわざわざ出向いて、天皇の夜伽をするなど凡そ考えられないではないか。但し、新たに権典侍に昇格した柳原愛子は、側室候補として大宮御所から宮中に出仕替えになったのは間違いない。

確かなことは、当時権典侍だった葉室光子と橋本夏子は懐妊中だった。従って、葉室光子と橋本夏子は、事実上の側室であったことに違いない。が、ここで下世話で憚られるが、一つの疑問が生ずる。皇后の入内後、未だおめでたの徴候がなかったとはいえ、何故葉室光子と橋本夏子が殆ど同時に懐妊したかという点だ。天皇・皇后両陛下のご成婚後、未だ四年しか経過していない時期だ。やはり、皇統を継ぐべき皇嗣誕生を急ぐために、葉室光子と橋本夏子を意図的に側室にされたと推論すべきか、それとも宮中大奥の故習から、偶発的に葉室光子と橋本夏子が天皇のお手付きになってしまって懐妊したと推察すべきだろうか。

いずれにしても、後にも先にも皇后から皇嗣誕生は見られなかったことは事実である。原因は不明だ。また、懐妊した葉室光子と橋本夏子は皇子女を出産したが、不幸にしてどちらのお子も出産後に夭折してしまった。そればかりではなく、光子や夏子も産後の肥立ちが悪く即日他界してしまった。その後、権典侍になった柳原愛子が三人の皇子女を儲けた。その内二人が夭折し、成人された一人が嘉仁(よしひと)親王、すなわち後の大正天皇だ。更に、権典侍になった千種任子が二人と、園祥子(さちこ)が八人の皇子女を儲けている。但し、成人されたのは、園祥子が生んだ皇女四人だけだ。更に、明治十四年に小倉文子(ふみこ)も権典侍になったが、皇嗣を儲けていない。

これらの経緯を注意してよく見ると、明治初期の旧態依然とした女官制度のもとで、葉室光子と橋本夏子が同時懐妊したような無節操な事実は、女官制度改革以後は一度もない。天皇ご自身が従来の陋習の延長線上での行状を改められたのか、それとも誰かが天皇にそうはさせまいとして統制したのか筆者は知らない。いずれにしても、明治時代に於いて側室制度は名目上なくなったものの、女官が側室の代行者となり、結果的にかろうじて皇統が継げたことは紛れもない事実だ。

ところで、佐藤良雄氏の著書『日本後宮史』によれば、「明治天皇の側室は九人いた」と記述されている。が、同氏がいう「側室」という言葉の定義がよく分からない。また、九人という人数は何を根拠に示されているのか、更に、それらの名前も明らかにされていない。本来、正室と側室とは妻と妾のことであり、女官とは位置付けや役割は根本的に違う。たとえ女官が皇嗣を儲けて、結果的に側室の役割を果たしたとしても側室になれる訳ではなく、女官は所詮女官の身分のままだったのだ。

他方、インターネットのあるサイトには、大正天皇の実母だった女官の柳原愛子は、明治天皇の没後は「準皇族の扱いを受けた」と記されているが、そもそも「準皇族」という言葉は旧皇室典範にはない。柳原愛子は、結果的に皇族の親族（血族）になったことに違いないが、柳原愛子自身が生前も死後も皇族、或いは皇族に準ずる扱いを受けた事実はない。

この事例もさることながら、学者の研究書や著名な作家の小説にも、一次史料をろくに調べもしないで誤った引用記述が多く見られる。一例であるが、女官の高倉寿子の名前を上田景二氏の著書『昭憲皇太后史』では「すずこ」、出雲井晶氏の著書『昭憲皇太后』では「ひさこ」と、ルビがまちまちなのは序の口だ。もとより、筆者は「小説は、作家の空想でありフィクションである」と承知している。が、先に挙げた直木賞作家以外にも、「女流文学賞」の類を二度も受賞した女流作家が書いた明治宮廷をテーマにした作品から、あまりにも突飛過ぎる二、三の例を引用してみよう。

「天皇は表からお内儀に戻ると、この頃は毎日決まって白菊典侍のお局を訪問する」とある。が、天皇ご自身が、女官や女官の侍女たちがひしめき合っている、せせこましい女官官舎になど出御されるとは到底考えられないではないか。また、「山吹権典侍と白菊典侍とは二年の間につづいて内親王をうんだ。まだほかに皇后係りだった身分の低い命婦が、五間（いつま）ほどの室をいただいて毎日の役目を退いている。別に懐妊の徴があったわけではないけれども、人の噂も立たない間に、これは、皇后からのはからひ（ママ）だったらしい」ともある。

従来、命婦は天皇の御前に不必要に姿を現すことは禁じられており、万一天皇から命婦に何かご下問があったとしても、命婦は天皇に直接口を利いてはならないという厳格な仕来りがあった。従って、天皇ご自身が命婦を寵愛されるという状況は、明治時代には決してあり得ない話だ。この作家は、その辺の事情もご存じなかったようだ。

更に、「二年の間に二人の女官が内親王を生んだ」とあるが、そんな事実は実際にない。その他にも、「明治の紫式部」ともいわれ和歌に秀でていた権掌侍の税所敦子（さいしょあつこ）らしき女官が、天皇の夜伽をしたというような描写がある。税所敦子は、五十歳を過ぎてから宮中に出仕した女官で、天皇より二十七歳も年上だ。天皇の周りに夜伽をする女官がやたらいたというのなら、何故天皇が老女官にまで手出しなさらなければならなかったのか皆目分からない。天皇は、そこまで物好きではおられなかったはずだ。税所敦子のことを書きたいなら、せめて税所敦子の年齢くらい調べてから著述されたほうがよろしいようだ。そのほかにも、滑稽な記述が散見できるが割愛する。

話は横道にそれたが、明治六年（一八七三）六月二十五日、四辻清子、萬里小路幸子、高倉寿子たち三人の典侍の位階は、正五位から従四位に叙位された。また、柳原愛子と西洞院成子たち二人の権典侍は、従五位から正五位に叙位された。この昇格人事で、宮中女官の筆頭は四辻清子となり、大宮御所の女官筆頭は萬里小路幸子となった。当時、「女官長」という公式名称はなく、それが正式に用いられたのは昭和元年（一九二六）十二月二十五日に制定された「皇后宮職女官官制」からだ。とはいえ、明治の女官だった山川三千子（旧姓・久世）の著書『女官』やその他の女官の手記を読むと、「女官長」という言葉が度々出てくるので、いつ頃からか定かではないが、明治時代からそういった呼称は宮中で普通に使われていたようだ。

女官の昇格や叙位の人事に併せて、隠居・薙髪した旧女官の秩禄が改められ、終身年金を賜与されることになった。ちなみに、明治天皇の生母・中山慶子の秩禄は破格で五百六十石であったが、爾後年金として支給されることになり二千五百円を賜うことになった（『明治天皇紀』）。これを現在の一キログラムの玄米の価格相場五百円で単純に換算すると、米一石は百四十キログラムであるから、およそ三億九千万円に値する。が、この年金は以後年々増額されていったという。更に、年金とは別に、八十歳以上の隠居で先々帝・仁孝天皇の側室代行女官だった正三位・中山績子、先帝・孝明天皇の側室代行女官だった従三位・勧修寺徳子、三代前の光格天皇の側室代行女官だった従三位・姉小路聡子の三人に一時金二百円と晒布一匹、その他の女官だった田村健子と岩崎照子の二人に一時金七十円、丹下延子に一時金三十円がそれぞれ下賜された（『明治天皇紀』）。皇統を継ぐ皇子を儲けた権典侍の待遇は、他の権典侍や上位の典侍のそれよりもずば抜けて手厚かったことが分かる。やはり、天皇の生母故の待遇だったようだ。

ついでに、女官の月収について付記しておくと、明治三十年（一八九七）の時点で典侍は二百五十円、掌侍は百五十円、命婦は七十円、女孺は三十円だった（久留島武彦著『お局生活』）。また、側室だった権典侍に対しては二百五十円以外に別途「化粧料」として月額百五十円が支給された。因みに、当時の大学卒業生の初任給の相場は八円だったのと比較すると、女官の報酬が如何に高額だったかが分かる。

なお、皇嗣を儲けた女官と生んだ皇子・皇女の名前を列挙すると次の通りだ。

・葉室光子（一八五一～一八七三、もと公卿・葉室長順の娘）
　第一皇子：稚瑞照彦尊（明治六年〈一八七三〉九月十八日ご誕生。即日薨去）
・橋本夏子（一八五八～一八七三、もと公卿・橋本実麗の実娘、東坊城夏長の養女）
　第一皇女：稚高依姫尊（明治六年〈一八七三〉十一月十三日ご誕生。即日薨去）
・柳原愛子（一八五五～一九四三、もと公卿・柳原光愛の娘）
　第二皇女：梅宮薫子内親王（明治八年〈一八七五〉一月二十一日ご誕生、明治九年〈一八七六〉六月八日薨去）
　第二皇子：建宮敬仁親王（明治十年〈一八七七〉九月二十三日ご誕生、明治十一年〈一八七八〉七月二十六日薨去）
　第三皇子：明宮嘉仁親王（明治十二年〈一八七九〉八月三十一日ご誕生、大正十五年〈一九二六〉十二月二十五日崩御）大正天皇
・千種任子（一八五四～一九四四、もと公卿・千種有任の娘）
　第三皇女：滋宮韶子内親王（明治十四年〈一八八一〉八月三日ご誕生、明治十六年〈一八八三〉九月六日薨去）

第四皇女：増宮章子内親王（ますのみやふみこ）（明治十六年〈一八八三〉一月二十六日ご誕生、同年九月八日薨去）

・園祥子（さちこ）（一八六七～一九四七、もと公卿・園基祥（もとさち）の娘）

第五皇女：久宮静子内親王（ひさのみやしずこ）（明治十九年〈一八八六〉二月十日ご誕生、明治二十年〈一八八七〉四月四日薨去）

第四皇子：昭宮猷仁親王（あきのみやみちひと）（明治二十年〈一八八七〉八月二十二日ご誕生、明治二十一年〈一八八八〉十一月十二日薨去）

第六皇女：常宮昌子内親王（つねのみやまさこ）（明治二十一年〈一八八八〉九月三十日ご誕生、昭和十五年〈一九四〇〉三月八日薨去）＝竹田宮（たけだのみや）恒久王（つねひさおう）妃

第七皇女：周宮房子内親王（かねのみやふさこ）（明治二十三年〈一八九〇〉一月二十八日ご誕生、昭和四十九年〈一九七四〉八月十一日薨去）＝北白川宮成久王（きたしらかわのみやなるひさおう）妃

第八皇女：富美宮允子内親王（ふみのみやのぶこ）（明治二十四年〈一八九一〉八月七日ご誕生、昭和八年〈一九三三〉十一月三日薨去）＝朝香宮（あさかのみや）鳩彦王（やすひこおう）妃

第五皇子：満宮輝仁親王（みつのみやてるひと）（明治二十六年〈一八九三〉十一月三十日ご誕生、明治二十七年〈一八九四〉八月十七日薨去）

第九皇女：泰宮聡子内親王（やすのみやとしこ）（明治二十九年〈一八九六〉五月十一日ご誕生、昭和五十三年〈一九七八〉三月五日薨去）＝東久邇宮稔彦王（ひがしくにのみやなるひこおう）妃

第十皇女：貞宮多喜子内親王（さだのみやたきこ）（明治三十年〈一八九七〉九月二十四日ご誕生、明治三十二年〈一八九九〉一月十一日薨去）

ここで、昭和まで厳格に続けられてきた皇室の仕来り「ご出産の検視」について述べておこう。古来皇室では、宮中で出産することは絶対に許されない。皇嗣が生まれることはめでたいことに違いないが、出産自体が汚らわしいこととして忌み嫌われてきたのだ。従って、懐妊した后妃なり女官は、臨月になると必ず宮中から下がった。

そこで、出産が近づくと、出産の検視役が決められる。これは、他の皇族の場合も同じだ。天皇家の場合は宮内大臣が、その他の皇族の場合は宮内省高等官から選ばれた者が、産気づいた通知があれば産殿に急行する。そして、安

産だったかどうか、また出産児が男子か女子かを見届ける。その後、直ちに引き返して、天皇に結果報告を奏上する定めになっている。この制度というか仕来りは、将軍家や大名家でも行われていたようだ。すなわち、男子の場合は女子とすり替えが行われ、世継ぎ騒動にならぬように未然に防ぐためだった。

序ながら、産衣は皇室用語で「おあま着」と呼ばれるが、これはあらかじめ用意しておくものではなく、出産児が男子か女子かの区別を見極めた上で、宮中の「御服掛かり」が急いで縫って仕上げることになっていた。が、どうしてなのか、またどういういわれがあるのか定かではない。

次に、明治時代に於ける女官の異動をおおまかな時系列で知ってもらうために、明治二十年と明治四十年当時の高等女官の顔ぶれを列挙する。

（明治二十年末時点の高等女官。但し、大宮御所を除く。）

「典侍」：四辻清子（紅梅、四十八歳）、高倉寿子（新樹、四十八歳）

「権典侍」：柳原愛子（早蕨、三十二歳）、千種任子（花松、三十三歳）、小倉文子（緋桜、三十八歳）

「掌侍」：細井秋子（不明、三十六歳）、樹下範子（不明、四十五歳）、山川操（不明、三十五歳）

「権掌侍」：税所敦子（楓、六十二歳）、鴨脚頼子（源氏名・年齢共不明）、園祥子（小菊、二十歳）、姉小路良子（藤袴、三十一歳）、藪嘉根子（紅葉、年齢不明）、津守好子（若葉、年齢不明）、吉田鉦子（撫子、二十四歳）、北島以登子（不明、三十五歳）

「命婦」：小槻広子（源氏名・年齢共不明）、堀川武子（菊、五十三歳）、西西子（萱、三十八歳）、鳥居大路信子（源氏名・年齢共不明）、松室伊子（源氏名・年齢共不明）

「権命婦」：藤島朝子（源氏名・年齢共不明）、生源寺政子（源氏名・年齢共不明）、中東明子（源氏名・年齢共不明）、平田

　三枝（蔦、年齢不明）、生源寺伊佐雄（梢、二十四歳）、樹下定江（松、十八歳）等。

（『女官録』、『太政官日誌』、『進退録・女官ノ部』、『官員録』、〈以上、いずれも宮内庁公文書館所蔵〉、その他より比較照合の上補正収録。括弧内は、源氏名と年齢。）

右記の女官筆頭だった典侍の四辻清子は、明治十七年（一八八四）に室町清子に改姓している。が、四辻清子は明治三十五年（一九〇二）一月十日に病死した。四辻清子は、長い間お局で病床に伏せっていたようだ。四辻清子が病死した後、高倉寿子が女官筆頭となり、名実共に宮中大奥を取り仕切った。というより、既述した通り、四辻清子が長期に亘って病床に伏していたので、以前から高倉寿子が宮中大奥で実質的に采配を振るっていた訳だ。四辻清子の改姓は、厄払いのために験を担いだものと推察される。

女官第二位の権典侍は、皇太后付の権典侍を除けば、まぎれもなく側室代行女官だった。側室代行女官が皇嗣を授かった場合、皇嗣の実母の官位が低いと何かと都合が悪いので、典侍に次ぐ第二位のポストが与えられたのだと推察する。そこで、権典侍として小倉文子の名が見られるが、小倉文子は実際に側室代行女官であったが皇嗣を儲けていない。一説によると、天皇は小倉文子を寵愛されなかったという。これが事実であれば、天皇は好きこのんで女官に手出しなさった訳でもなく、また、ご自分でお好みの女官を側室代行にご指名された訳でもないことが窺われる。

そこで、天皇のご性格が理解できるエピソードを紹介しておく。これは、長く宮中に出仕したある女官の回想だ。

　宮中に応挙の筆になりました楊貴妃の画があります。応挙の三大傑作の一つであるそうで、妖艶なる筆致、眸を回らして一笑すれば百媚生じ、六宮の粉黛顔色なしという有様でしたから、女官は之を御内儀の御床に懸けまつりました。すると陛下には一目之を御覧あらせ給ふや、「これは替えよ」と仰せありました。何の事とも気づかず、只その折り御意に召さぬものと奉察し、直ちに他と替えましたが、その後一年半ばかりして私どもが再びこの御画を懸けました時、陛下は「何故、又これを懸けたか」と、少しく逆鱗あそばされました。私共は恐懼して早速他のと懸けかへた後、女官某が「私どもが拝見いたしまするに、この御幅が一番にお美しきように拝見致しますが、どこか悪いところがござりますでしょうか」と奏上致しました時、陛下は「楊貴妃は唐の妖婦である。玄宗皇帝を過らしめたものである。君主の床に懸くべきものではない」と宣はせ給うた。斯くまでの大御心にあらせ給ふに、私も年が少かりしとは申せ、余りにも心ないことを致しましたと思うと恐懼に堪えませぬと共に、有り難い陛下の思し召しに感泣せずにはおられませんでした。

とある（平井叡編纂『明治天皇興国史』）。天皇のご性格は、本来清廉潔白であったことがこれで分かるというものだ。

（明治四十年末時点の高等女官。但し、大宮御所を除く。）

「典侍」：　高倉寿子（新樹、六十八歳）、柳原愛子（早蕨、五十二歳）

「権典侍」：千種任子（花松、五十三歳）、小倉文子（緋桜、五十八歳）、園祥子（小菊、四十歳）、姉小路良子（藤袴、五十一歳）、今園文子（後の白萩、年齢不明）

「権典侍取扱」：山井栄子（不明、七十五歳）

「掌侍」：　小池三千子（柳、年齢不明）

「掌侍取扱」：樹下範子（不明、六十四歳）、豊岡穆子（不明、六十五歳）、北島以登子（不明、五十五歳）、山川操（不明、五十五歳）、香川志保子（源氏名・年齢共不明）

「権掌侍」：藪嘉根子（紅葉、年齢不明）、津守好子（若菜、年齢不明）、吉田鉦子（撫子、四十四歳）、粟田口綾子（昼顔、年齢不明）、日野西薫子（後の山茶花、年齢不明）、六角章子（菖蒲、年齢不明）

「命婦」：　西西子（萓、五十九歳）

「権命婦」：平田三枝（蔦、年齢不明）、生源寺伊佐雄（梢、四十四歳）、樹下定江（松、三十八歳）、大東登代子（薄、年齢不明）、藤島竹子（竹、年齢不明）、樹下巻子（後の槇、年齢不明）、鴨脚鎮子（後の萩、年齢不明）等。

（『女官録』、『太政官日誌』、『進退録・女官ノ部』、『官員録』〈以上、宮内庁公文書館所蔵〉、山川三千子著『女官』、その他より比較照合の上補正収録。括弧内は、源氏名と年齢。）

明治四十年代に入ると女官の高齢化が進み、平均年齢はかなり高くなった。中でも最高齢の「権典侍取扱」の山井栄子は、明治三十年（一八九七）一月に皇太后（英照皇太后）が崩御されてから、大宮御所から皇后付き女官に出仕替えになっている。その後、しばらくの間、宮中に出仕してから退官を申し出たものの勅許が降りなかったため、隠居身分でお局に控えていた。また、「掌侍取扱」の豊岡穆子は、例外的に先帝・孝明天皇時代からの掌侍だったが、なぜか長期間に亘って隠居身分として扱われた。が、明治天皇崩御の六か月前の明治四十五年（一九一二）一月七日にお局で他界した。更に、明治天皇のご幼少の頃からお側にお仕えしてきた樹下範子は、明治三十二年（一八九九）に体調を崩し退官を申し出るが勅許が降りず、その三年後から「掌侍取扱」の肩書きで「隠居」扱いとなり、天皇崩御後は京都住まいを始めたが、大正、昭和の時代まで身分は変わらなかった（樹下範子・手記『雪深き比叡の麓より』）。

すなわち、長く宮中に勤め、功多き女官は末永く身分が保障されたという訳だ。

一方、同じ「掌侍取扱」の北島以登子、山川操、香川志保子の三人は、英語やフランス語の通訳だった。が、北島は豊岡と同じ年の三月二十三日に他界した。なお、山川と香川は必要に応じて宮中に通勤し、「お局」住まいをしていた訳ではない。

なお、ここで付記しておかなければならないことが一つある。明治四十一年に通達された『皇后宮例規・指令第二十一号』によれば、従来の「雑仕」は、「皇后宮職雑仕」と「縫手」との二つの職掌に分けられた。前者は「女嬬

昭憲皇太后付女官たちの退官記念写真（大正３年12月、青山御所にて）
前列左より右へ：樹下定江、平田三枝、西西子、日野西薫子、吉田鈺子、藪嘉根子、姉小路良子、一条公爵、高倉寿子、皇太后宮大夫の香川敬三、小倉文子、津守好子、粟田口綾子、久世三千子、生源寺伊佐雄、皇太后宮職の渡辺事務官
中列左から７人目：蒔島朝子、８人目：藤島竹子

指揮ノ下ニ雑務ニ従事ス」となり、後者は「御服裁縫ニ従事ス」となった。また、従来の「呼次」という後宮に商いにやって来る業者と女官たちとの仲介役は、従来通りの「呼次」と「給仕」との二つの職掌に分けられた。前者は「女官部屋ノ雑用ニ従事ス」となり、後者は「庁舎ノ雑用ニ従事ス」となった。

先を急げば、天皇は明治四十五年（一九一二）七月三十日、御年六十一歳で崩御された。即刻、皇太子の嘉仁親王が践祚されると、美子皇后は皇太后となられ宮中を退き、青山の大宮御所に移御されることになった。従来の女官のうち、一部の者は宮中に残り新帝にお仕えする者、また一部の者は退官する者があった。が、大部分の女官は美子皇太后に就き従って大宮御所に出仕することになった。

天皇崩御後、皇太后は終始喪に服されていたが、持病の心臓の病状が思わしくなく沼津の御用邸で静養される事が多かった。大正三年（一九一四）四月十一日、皇太后は御用邸で崩御された。皇太后付の女官たちは喪に服した後、同年十二月三日をもって退官した。その時に撮影された記念写真が残されているが、その写真から、皇太后に最後まで奉仕した女官名を拾ってみると次の通りだ。

「典侍」：高倉寿子（七十五歳）、小倉文子（六十五歳）
「権典侍」：姉小路良子（五十八歳）
「掌侍」：藪嘉根子（年齢不明）、吉田鈺子（五十一歳）
「権掌侍」：津守好子（年齢不明）、粟田口綾子（年齢不明）、日野西薫子（年齢不明）、久世三千子（二十二歳）
「命婦」：西西子（六十六歳）、平田三枝（年齢不明）、生源寺伊佐雄（五十一歳）、樹下定江（四十五歳）
「権命婦」：藤島竹子（年齢不明）、蒔島朝子（年齢不明）

以上、十五人の高等女官の他に「女孺」十七人がおり、合計三十二人が皇太后宮職を全うした次第である。なお、柳原愛子と園祥子は、大正時代に入ってからも宮中に残り、大正天皇にお仕えした。が、両者はお局には住まず、私邸で侍女たちと共に暮らし、必要に応じて宮中に出仕した。

以上見てきた通り、宮中大奥は厳格な女官制度のもとで、女官たちは秩序正しく一致協力して両陛下にご奉仕していたような想像をしてしまう。が、実際のところ、裏面では女官同士や女官の侍女同士の間で、嫉妬、いじめ、いがみ合いが随分あったようだ。現に、そんな状況を十分お見通しだった天皇は、次の御製に託して女官たちを諭しておられる。

むつましく枝をかわせて咲く梅も　さかり争そう色はみえけり

2　女官勤め

言うまでもなく、一般人はもとより政府高官、更にいえば侍従や皇族でさえ宮中大奥を垣間見ることはできない。それは昔も今も変わらない。従って、明治のお内儀に於ける天皇・皇后両陛下や、両陛下にお仕えする女官たちの様子を知る術は限られている。実際に宮中にご奉仕した女官から、直接話を聞き取る以外に手はない。が、今となっては当時の女官はいずれも鬼籍に入っている。否、当時の女官が今も存命中であっても、話を聞けるかどうか分からない。従来、「宮中にお仕えする者は、宮中での出来事や知り得た事柄を一切外部に漏らしてはならない」という厳しい掟があるからだ。これも、昔も今も変わらない。現に、明治末期に出仕したもと女官の山川三千子（旧姓久世）がその著書『女官』の中で、「すべて宮中内のことはどんな些細な事柄も、親兄弟にさえ話してはならないのですよ」と、当時の女官筆頭の高倉寿子から出仕当初に釘を刺されたと述べている。また、筆者は明治の女官についていろいろと知りたいと思って、宮内庁に何度も問い合わせをしてみたが、そういった史料が実際にあるのかどうか分からないが、宮内庁はなにも教えてくれなかった。

そこで、明治の女官の勤めや宮中大奥の様子に関して、筆者は何か知り得る史実書がないかどうか探してみたところ、研究書や読み物が少しは見つかった。しかし、どれもこれも二次ないし三次資料に基づいた記述しかされていないので、内容自体が事実かどうか全く当てにはならなかった。残された方法は、女官が書いた日記や手記を探さざるを得なかった。そこで運良く少し見つかったので、それらから引用させてもらう。

前置きが長くなったが、最初に女官筆頭、すなわち女官長だった典侍の役目について述べる。もっとも、明治時代は「女官長」という正式呼称はなかった。が、明治後期には宮中で普通に使われていたようだ。「女官長」という職位・職掌が正式に用いられたのは、ずっと後の昭和元年（一九二六）十二月二十五日に制定された「皇后宮職女官官制」

からだ。既述した山川三千子の『女官』によると、

「女官長は事務長のようなもので、皇后宮職を通して持って来る相談（主として皇后宮大夫の意見）などを皇后宮様に申し上げたり、公式の行啓や御対面、お陪食などには必ず出席します。また、女官全部の監督など、すべてお内儀で行われる事柄についての責任者であって、なかなかの見識も持っていましたが、また重責でもありました」とある。

明治の長い間、女官筆頭の典侍だった高倉寿子は、確かに重責を負い見識も高かったが、それ故に自分に対しても、他人に対しても厳しい人だったようだ。ある時、政府高官が、お内儀について高倉寿子に意見をしたところ、「私たち女官は政治には口出し致しませんので、政府の方もお内儀の事柄には一切容喙しないで下さい」と、高倉寿子が答えたというエピソードが残っている。

なお、高倉寿子は、四辻清子と共に明治六年二月に典侍に任ぜられた。同時に、大宮御所で皇太后に仕えていた萬里小路幸子も典侍に任ぜられた。この萬里小路は、明治三十年に皇太后が崩御された後は東宮御所に配転され、皇太子（後の大正天皇）に仕えた。

次に、典侍につぐ権典侍の役割はどうだったのか、山川三千子の『女官』を見てみよう。

権典侍は俗のことばでいえばお妾（めかけ）さんで、天皇のお身のまわりのお世話がその仕事。（天皇が）御内儀においでになる時は、交代で一人は始終御側（おそば）につめていますので、何かのご沙汰のお取り次ぎもすることになっていました。

やはり、宿直も交代で、奥の御寝台のそばに出る人と、一間（ひとま）へだてた次のお部屋で、内侍と一しょに休む人とになっていましたが、その当時、御寝台のそばで寝（やす）むのは、小倉、園の両権典侍の二人きりでした。

権典侍は、天皇のお召し替え、食事、入浴など身の回りの世話一切を行った。が、「表」に出ること、すなわち天皇・皇后の公式行事の際の侍立や行幸啓のお供は一切許されなかった。

ところで、明治天皇の夜伽をした女官で史実に残っているのは、葉室光子、橋本夏子、柳原愛子、千種任子、小倉文子、園祥子の六人だ。明治末期には、今園文子も権典侍心得として出仕したが、夜伽をしたかどうか分からない。が、既述した山川の『女官』によれば、「この人はあまりお気に入らず、自分の都合もあってしばらくで退官した」とある。確かに、『明治天皇紀』の明治四十五年六月十二日の項に、「権典侍今園文子病に因り退官せるを以て、女官内賜金規程に依り金百円を賜う」と記述されている。山川の宮中出仕は明治四十二年だから、これは明治末期の話だ。とすれば、晩年（明治四十年代）の天皇は糖尿病などの持病に悩まされておられたので、今園文子は見習い中の権典侍であったが天皇の夜伽はしなかったと推察できる。

ともかく、皇嗣をもうけた権典侍は、前項「女官制度改革」で既述した通り、葉室光子と橋本夏子が一人ずつ、柳原愛子が三人、千種任子が二人、園祥子が八人をもうけた。そして、合計十五人の皇嗣のうち十人が夭折し、柳原愛子が生んだ皇子一人と園祥子が生んだ皇女四人が成人されたのみだ。

なお、柳原愛子は明治三十五年（一九〇二）に典侍に昇格している。また、大日本雄弁会講談社発行『明治大帝』によれば、千種任子、小倉文子、園祥子も大正時代に入ってから揃って典侍に昇格したようだ。

蛇足だが、西洞院成子（一説には、しげこ）と平松好子の二人が権典侍で天皇の側室だったと記述した文献が多い。が、それらは間違いだ。前者は明治六年に、後者は明治十三年にそれぞれ掌侍から権典侍に昇格したことは事実だが（『進退録』）、いずれも大宮御所で皇太后に仕える女官だった。

次に、掌侍と権掌侍の役目について、同じく『女官』を見てみよう。

掌侍、権掌侍は、皇后宮様のお身の回りのお世話、たとえばお化粧、おぐし上げ、御入浴、お召替えなどが主としたご用で、両陛下のご座所、御寝所など室内だけのお掃除、お手許品の出し入れを全部やることになっていました。

命婦の人は原則としてお部屋の内には入れませんし、また直接なにか申し上げることもできない規定でしたので、献上物などもお入側までは命婦が運びますが、ご室内は内侍の扱いで、《何某から献上申し上げます》と、ご披露の言上をするのでございました。

権掌侍以上の女官は旧公家出身の子女に限られ、奏任官待遇だった（典侍に限っては、勅任官もありえた）。また、権掌侍から掌侍に昇格するには二十年ほどの年季奉公が必要であった。ところが、仕事の上では先輩・後輩のけじめ以外には何の差もなく、皇后の行啓には女官長のほかに必ず二、三人が就き従った。

また、「公文書などで、皇后宮様にもご覧に入れる必要のあるものは、天皇のご覧になったしるしの《天覧済》という印が押されて、侍従職から皇后宮職にまわり、内侍の当番が印を押して受け取ります。そして皇后宮様にご覧に入れると、《台覧済》の印を押して職へさげ渡すのです」とある。

更に、「献本や、新聞等を差し上げるのも、ご覧後の整理をするのも、内侍の受持でございましたが、内侍の扱ううちで一番心掛かりだったのは御装身具で、日常お用いになるものは、お指輪、お腕輪、ブローチ等相当のお品でも、盗難など考えられない御所内のことですから、ただ蒔絵の文庫（錠もない箱）にたくさん入れてしまっておきましたが、行啓の時お用いになる特別の物や、世襲財産として、代々の皇后宮様にお伝えになるはずのダイヤモンドのたくさん入った御冠や、お首飾など、常には調度係のお預かりなのですが、お正月には度々ご使用になりますので、内侍が一時お預かりしておりました。

午前と午後と全部別のものをお用いになりますので、御用済みのものはいちいちダイヤモンドの数を調べて、その日の当番二人が立ち会いで金庫に入れるのです。だから五日の新年宴会も済んで、このお品々を調度係の手に返すと、何かほっとした気持ちになったものでした」という。

女官たちの多忙さや気苦労が、なにやら分かるような気がしてくる。

四番目の命婦と権命婦の役目についても、『女官』を見てみよう。

皇后宮職からの通知や、侍医寮、大膳寮、または判任女官等と奥の人《申しの口》より奥は一段高くなっていて、両陛下のご座所のある場所の続きに詰所もあり、また自分の座文庫などを置くので、典侍から権典侍までを奥の人と呼んでいました）との間の連絡をするのが主な役目で、その他にお縁座敷（入側）のお掃除、お雨戸のあけたて（雨戸といっても格子戸が両方からしまる）、またお食事や、献上物などもお縁座敷までは運ぶことになっておりました。命婦の席は段の下の《申しの口》という所にあるので、判任官ここまでは来られますから、連絡には都合がよいわけなのです。

両陛下がご使用になる、筆、墨、紙、その他いろいろのお品と、また女官の公用に使う品も種々保管していて、必要に応じて、御料の物、臣下の物と、何でも申し出せば出してくれることになっておりました。

命婦の上席三人を、《三ばあさん》といって、この人たちはお納戸金というものを預かり、お内儀だけの特別費用、たとえば参内した人たちに賜る、茶菓、昼食とか、献上物のお返しとして戴く反物類などといったいろいろの費用にあてておりました。

内侍は両陛下のご用以外は、皇太子両殿下にお茶お菓子くらいを差し上げる程度で、その他は皇族方でもみな命婦がお接待申し上げることになっておりました。

以上が、命婦と権命婦の概略の仕事内容だ。二者の間で仕事の違いはないが、権命婦から命婦になるためには、やはり二十年ほどの年季奉公が必要だ。また、命婦から一段格上の権掌侍に昇格することは殆どなかった。『太政官日誌』によれば、明治六年六月に壬生廣子が命婦から権掌侍へ、明治十一年二月に命婦の鴨脚頼子と権命婦の岡本保子が権掌侍に昇格したくらいだ。

最後に、判任官の女嬬と権女嬬の役目について、同じく『女官』から引用する。女嬬と権女嬬は、御膳掛、御服掛、御道具掛の三つに担当が別れていた。

> 御膳掛は、大膳寮で調理したお食事を、当番侍医のおしつけ（お毒味）が済むと、男の大膳職員が御膳掛まで運んできたのを、そこから申しの口まで持って来て命婦に渡すのが役目で、お食事の終わるまで当番の人々は申しの口にならんですわっておりました。また下る時も内侍から受け取った命婦が、申しの口で御膳掛に渡し、大膳職員が受けとるまでは、御膳掛の手で運ぶことになっていたのです。……
>
> 御服掛は、白羽二重のお召し、お寝具などをお仕立てするのが仕事で、お装束やお袿袴以外は皆、ここで縫っておりました。
>
> 御料の物をお仕立てするときは、針に糸を通すのもなめてはいけませんので、なかなかやりにくかったことでしょう。またその他には、典侍たちが表向きに出す手紙を、ここで代筆する規定になっておりましたので、この掛に入る人は、裁縫の手筋や、習字の試験なども、なかなかむずかしいようにきいておりました。
>
> その手紙というのは、奉書を二つ折りにしたものに、お家流でお局さん独特のややっこしい文句を書くので、定めし骨の折れることでございましたでしょう。
>
> お洋服は別にお裁縫所というのがあって、そこで専任の玄人がお仕立てをしていて、皇后宮様のお寸法は、外国語のお通弁をしている高等女官の人々が、また女官の物は裁縫所にいる女の係員が寸法をとることになってお

りまして、全部御所内で縫っておりました。……

御道具掛は、雪洞（ぼんぼり）や、ランプのホヤの手入れ、御火鉢や何かと一般の大きな調度品の整理をする役で、宿直の女官の寝具の世話などもしてくれました。

女官の残り（宿直）の時の寝具は、敷き布団、掛け布団とも白羽二重で、紅梅色（桃の花より濃い色）の羽二重の大風呂敷に包んで、各自の名前が一見してわかるほど大きく書いてつけてあります。宿直をする人全部の物を御道具掛が預かっていて、その日その日の当番札にあわせて運んでくれました。

以上が、江戸時代から「三仲間（みなかま）さん」と呼ばれてきた女官の仕事だった。なお、この「三仲間さん」の各掛りから一人ずつの合計三人が一組になって、毎日交代で不寝番をすることになっていた。

実は、これらの女官の職掌については、明治二十五年（一八九二）に明文化された『女官内規』が宮内庁公文書館に今も残っている。それによれば、「第一号　宮城女官定員内規」、「第二号　宮城女官進官内則」、「第三号　宮城女官採用内規」、「第四号　宮城女官奉職心得書」、「第五号　東宮女官採用内規」、「第六号　東宮女官奉職心得書」、「第七号　後宮職員令」、「第八号　女官召名之事」にまとめられ、詳しく規定されている（付録1を参照のこと）。

次に、宮中大奥での数々のエピソードを女官の手記から拾ってみよう。最初は、樹下定江の手記『長き年月も短く思いて』から引用する。

日清・日露の両役には、私も（皇后様の）お側に奉仕致しましたから、親しくお手伝い申し上げるの光栄を得ました。お内儀の一室を消毒の上、皇后様はじめ女嬬の人まで同じ手術衣（しゅじゅつい）のような上衣を着し、昇汞水（しょうこうすい）で手を清めつつ包帯巻きを致しました。

朝の間は神仏のご祈念や、外人とのご交際で、なかなかお忙しゅういらせられます。然るに、そのお疲れの御身を以て、殊にあのお弱いお身体にもかかわらせられず、毎日午後一時頃から夜分ご格子（就寝）前まで、おテーブルの傍らに包帯巻きの機械をお置きになり、ご一心に御国のために傷ついた人を憐れみて、孜々としておつとめ遊ばされました。

今、静かに目を閉じて当時を回想致しますと、皇后様の包帯巻きを遊ばされる気高いお姿が目の前に浮かんで参ります。されば、私たちも一心不乱、布をさく人、巻く人、包む人、ペーパー張る人と各々分業にして、お部屋の中は一時はまるで工場のような騒ぎでございました。

お内儀の女官たちは、日清・日露の戦時中はかくも多忙だった様子がよく分かる。戦時中以外でも、皇后は養蚕を国民に奨励される一方、宮中でも率先して養蚕に取り組まれたため、女官はその手伝いのため日常業務以外にも結構ご多忙であったようだ。

お内儀の女官にとっては盆暮れの休みはもとより、週末の休みもなく、一年中働きづめだった。それ故に、今見てきた女官の手記にあるように、ちょっとした息抜き程度の事でも無邪気に楽しんだのであろうと思われる。

ここで女官の息抜きという言葉が出たついでに、お内儀の息抜きの一つであり、奇習でもある話を一つ紹介しておこう。旧暦の十一月八日には、京都では宮中や公家の各家のみならず、神社や民衆の各家でも「お稲荷さん」を祭る「お火焚き」という行事が古くから行われていた。現在も、この日には京都の伏見稲荷神社では「おしたけさん」という、日常の穢れや罪を祓い、心身を清める行事が行われる。この祭りでは、松の薪を井桁に積んで、中央に笹を立て、神楽や祝詞を上げてから笹に火を付け、お神酒を注いで爆竹を鳴らす。これと同じような行事が、宮中で毎年この日の夜半に行われていた。

まず天皇の御座所の一室に、鬼面の付いた猫足で支えられた真鍮製の火鉢を置き、その上に長さ二十センチくらいの細く割った薪を、交互に井桁のように積み重ね、それに小さな鳥居を四方から立てかける。御供物は、錫製の徳利に入れた御神酒一対、饅頭一盛り、みかん一盛りをそれぞれ白木の台に載せて火鉢の西側に置く。東京の西に御霊神社があるからだ。ここからは、権掌侍見習いだった山川三千子の『女官』から引用する。

　両陛下がお出ましになると、火打石から薪に火をつけ、そして燃え上がったところに、蜜柑と饅頭を投げこみ、最後に御神酒をつぎ込みます。火の消えるのを待って、焼けた蜜柑や、饅頭を取り出して皆で戴くのですが、火の燃えている間中、「御霊どんのお火焚きのうのう、蜜柑、饅頭ほしやのうのう」と、皆ではやし立てるのでした。
　誰も彼もがはやすのですから、馴れてしまえば何でもないことですが、若かった私は、どうも気まりが悪くて仕方がないので、もじもじしていますと、皇后宮様までが、「お蜜柑が戴けないよ」などと御冗談をおっしゃいますし、面白半分に皆からも、さあさあと催促されて、止むなく口だけ動かしてなどおりました。

この宮中行事は、大正年間まで実際に行われていたようだ。

以上、宮中大奥の様子を知るために、女官たちの手記を引用した。が、既述したとおり、宮中に出仕する女官たちは、たとえ実家の家族の者たちに対しても、お内儀の出来事について口外してはならないという厳しい掟があった。また、他の女官たちを誹謗・中傷するような不作法も許されなかった。更に、宮中古来の仕来り、風習、伝聞などを外部に漏らすことは不届きの至り、否、不敬の極みであった。それ故に、お内儀の細部に亘る実態が今以て伝わってこない。

そこで、京都生まれの京都育ちの筆者は、明治時代から京都市民の間に伝わる宮中の怪談を耳にしたことがあるので、一つ紹介しておきたいと思う。宮中の怪談は、いずれも宮中の人間関係の確執を物語るものばかりだからだ。

現在の京都御苑は、整備されて清楚な感じがする。その中に、白壁に囲まれた御所の並び立つ寝殿造りの甍が見える。明治維新の頃、御苑の周囲には今あるような石垣は無く、辺り一帯は鬱蒼とした雑草林と、古ぼけて朽ちかけた公家屋敷が、京都御所を取り巻いていた。その辺りに、狐や狸が棲息していたという。従って、夜は薄気味の悪い一帯だったようだ。

話は、光格天皇の時代（一七七九～一八一七）に遡る。文化七年（一八一〇）六月、当時女官だった菅原和子（父は東坊城益良）は天皇の第四子・盛仁親王を出産した。その後、間もなく懐妊する。が、産み月の翌年未の年の四月二十八日、和子は宮中の廊下で足を滑らしてころんだ。それが原因で即刻出産するが、母子共に他界した。誰かが、和子が通る廊下に蠟を塗っておいたようだ。爾来、夜毎その廊下に、白衣に黒髪を垂らし、乳飲み子を抱いた女の幽霊が現れたという。

不思議なことに、仁孝天皇の時代（一八一七～一八四六）にも同じような事態が発生した。文政三年（一八二〇）、天皇の最初の正妃である鷹司繋子が第一子・安仁親王を出産した。そして、間もなく懐妊。生み月である同じ未の年の文政六年（一八二三）、また同じ四月の四日、同じ廊下で足を滑らして転倒。即刻出産するも、母子共に他界した。この一件は、菅原和子の祟りだとも噂された。また、鷹司繋子の幽霊も出没したという。従って、その廊下の外側の庭に祠を設けて霊を慰めた。

話はまだ続く。その後、皇居は東京に移り、その祠は放置された。一方、東京では、皇統を継ぐべき皇嗣が誕生するも、皇子はことごとく夭折される。過去の経緯を知る女官や旧公家は、菅原和子や鷹司繋子の怨霊の仕業に違いないと騒ぎ出した。そこで、放置された祠を京都市上京区の上御霊神社に移し、明治宮廷から使者が派遣されて丁重に霊を祭った。その結果、やっと皇統を継ぐべく嘉仁親王（後の大正天皇）がお生まれになったのだと聞いている。

話は以上だが、明治宮殿の大奥でもこれと似たような怪談がいくつもあったようだ。否、怪談というより、このような話の根源は、全てよくある女同士の嫉妬や反目に由来する。女の園ゆえに、さもありなんとも思える。明治四十一年（一九〇八）より二十五年間、宮中大奥で「仕人（つこうど）」として出仕した小川金男の著書『宮廷』から、女官の感情の起伏についての記述を見てみよう。

むかしは百間廊下に蛇を投げ込んで、気に喰わぬ相手の女官に悲鳴を上げさせたこともあったと聞いたが、事実はともかく、むかしの女官の葛藤が如何に烈しいものであったかが想像される。

わたしが仕人になってからは、女官の葛藤が表面にまであらわれるというようなことはあまりなかった。しかし女官が機嫌の悪いときに、こちらが用があって話しかけても口をきかなかったり、おじぎをしてもつんと澄まして知らぬ顔をしていたりすることがよくあった。機嫌の悪いのを見越すと、こちらも出向いてゆくのを控えたりした。そうするとたんに皮肉を浴びせてくる女官もあったほどだから、女官同志（ママ）の間でも、恐らく口に出したり、行動に表したり、あけすけにはやらないが、それだけに却って底意地の悪い葛藤が行われているに違いないと思っていたものである。

事実、わたしはその後の長い仕人生活のなかで、そういう例をいくつも見聞したのである。彼女たちのやり方は、どうにもわたしたち男にはやり切れぬものである。彼女たちは陰口をいう。その陰口はただ陰口をいうのではない。自分が相手の陰口をいっていることを、相手の女官がいることが判っていると、殊更に大きな声で、その女官の悪口をいったりするのである。

あるいは、また、何か女官に命令があったような場合に、特にその女官にだけ知らさないでおいて、何も知らない女官がそのことをやらないで失策をするように仕組んだりする。

一見、竜宮城のような女の城も、やはり女同士だけあって、やることなすことが陰険だったようだ。そこで、女官の心理状態の一片が窺えるエピソードを山川三千子の『女官』から三つ、四つ拾ってみよう。

いつも皇太子様（後の大正天皇）のご参内の時には、年若の女官は別の御用の方にまわり、年輩（ママ）の人たちがおもてなし申し上げるのですが、ある時ちょうど私が詰め所におりますと、皇后宮様のご機嫌伺いに、お通りかかりになった殿下が、御自分の持っておいでになった火のついた葉巻煙草を、私の前にお出しになって、「退出するまでお前が持っていておくれ」との仰せ。他に年輩（ママ）の人もたくさん居るのに、誰も何とも申し上げてはくれませんから、止むを得ず、「はい」と、お受けはしましたものの、なみいる人たちからは冷たい視線をあびせられて、身のすくむ思い、紫になびく煙をうらめしく眺めておりました。

なんでもないようなことでさえ、とかく男の人が相手となると誠にうるさい世界なのですが、それが殿下とあって見れば、知らん顔でそっぽを向いているわけにもいかず、何とかお答えも申し上げねばならぬ次第でございます。

これは、女官の潜在的な嫉妬心が垣間見えるエピソードだ。それにしても、「いつも皇太子様ご参内の時には、年若の女官は別の御用の方にまわり、年輩の人たちがおもてなし申し上げるのですが」云々とのことだが、何かの間違いが起こらぬための処置が施されていたように思えて誠に興味深い。恐らく、厳格な女官長だった高倉寿子の采配だったのだろうと思われる。

次は、どこの世界でも見受けられるような意地悪・いやがらせの話だ。

明治も四十二年といえば、……都会では部屋の内はもう電灯が普通のようになっておりました。しかし明治天皇は何か思し召すところがあってか、電灯をご使用になりませんので、お内儀は皆蠟燭でございました。……御縁座敷の雪洞にしても、いちいち立ったりすわったりしなければならないので、年配の人たちには相当骨が折れることと察して、幾分早目に仕事を始めますと、「ああ、ご苦労さん」と、いたわって下さる人もございましたが、《まあ、そんなに人を出し抜いて、お上の思し召しに入ろうと遊ばしても、お新参さん（新任者）なんか駄目ですよ》と、恐ろしい眼でにらまれることもありました。せっかく親切心からしたつもりなのに、まあ何という意地の悪い考え方かしらと、あぶなくこぼれかかる涙を、人に見られまいとうつむいたまま、「出すぎて申し訳ございません。以後、気をつけます」と、口ではいっているものの、そのくやしさはまたひとしお身にしみたことでございます。

これは長幼の序とか、先輩・後輩のけじめというより、単なる意地悪であり、なにも宮中大奥に限ったことではなく、しがない巷でよく見掛ける所業だ。が、こういった意地悪やいやがらせは、『女官』を読むと枚挙に暇がないくらい数多く記述されており、宮中大奥では日常茶飯事のように行われていたようだ。

（女官）食堂などで、たまたま気の合った人たちといっしょになっても、何か話し合ううちに、奥の用のことでも口に出してはたいへんと、おたがいにあまり口をききませんが、またそれを聞き出そうと耳を立てる人もあるというあんばいで、一日の勤めを終わって局に帰り、床の内に入ってしまうと、やっと本当の自分の体になったような心地になるのでした。

これを読む限り、心を一つにしながら両陛下にお仕えしているはずの女官同士が、お互いに疑心暗鬼になっていたようだ。更に、読み進もう。

昔のお局さまだった時代はいざ知らず、もう高等官何等などという官吏になったその時代には、理由のはっきりした辞職は許されることになっていますのに、結婚などで下がる人があると、先輩たちは「本当にさんざんお世話したのに、あんな不都合なことをして、飼い犬に手をかまれたとはこのことでございます」と、一人がいえば、「ほんにまあ、あの人を貰う人がよくあったものでございますね」などと、如何にも憎らしくてしかたがないという風に、ここかしこで嫉妬の話題になっています。それを聞くと、何というあさましいものか、私も年を取るとあんなになるのだろうか、本当にいやなことだ、いやいや私は絶対にあんな風にならない、なりたくないなどと、繰り返し、繰り返し考えたものでございます。

雲井にご奉仕する女官は、さぞ清廉潔白且つお淑やかで雅やかだったと想像したいところだが、一皮むけば所詮一介の女性(にょしょう)でしかなかったのかと思うとちょっと残念な気がする。

3　お局生活

最初に、女官たちが寝起きした居住区から述べよう。第一章の「明治宮殿」で既述した通り、皇居の殿舎は「表」と「奥」に厳格に分けられていた。「奥」には天皇と皇后の「お常御殿(つねごてん)」、つまり「奥の御座所(ござしょ)」がそれぞれ独立して存在し、それらの殿舎から「百間廊下(ひゃくけんろうか)」と呼ばれた長く緩やかな勾配のある廊下を下っていくと、奥まったところに三棟の女官の舘があった。すなわち、現在の宮内庁の庁舎の北側、紅葉山の麓にあった。ここで、前項で紹介した山川三千子の『女官』から、女官の舘周辺の風景描写を引用する。

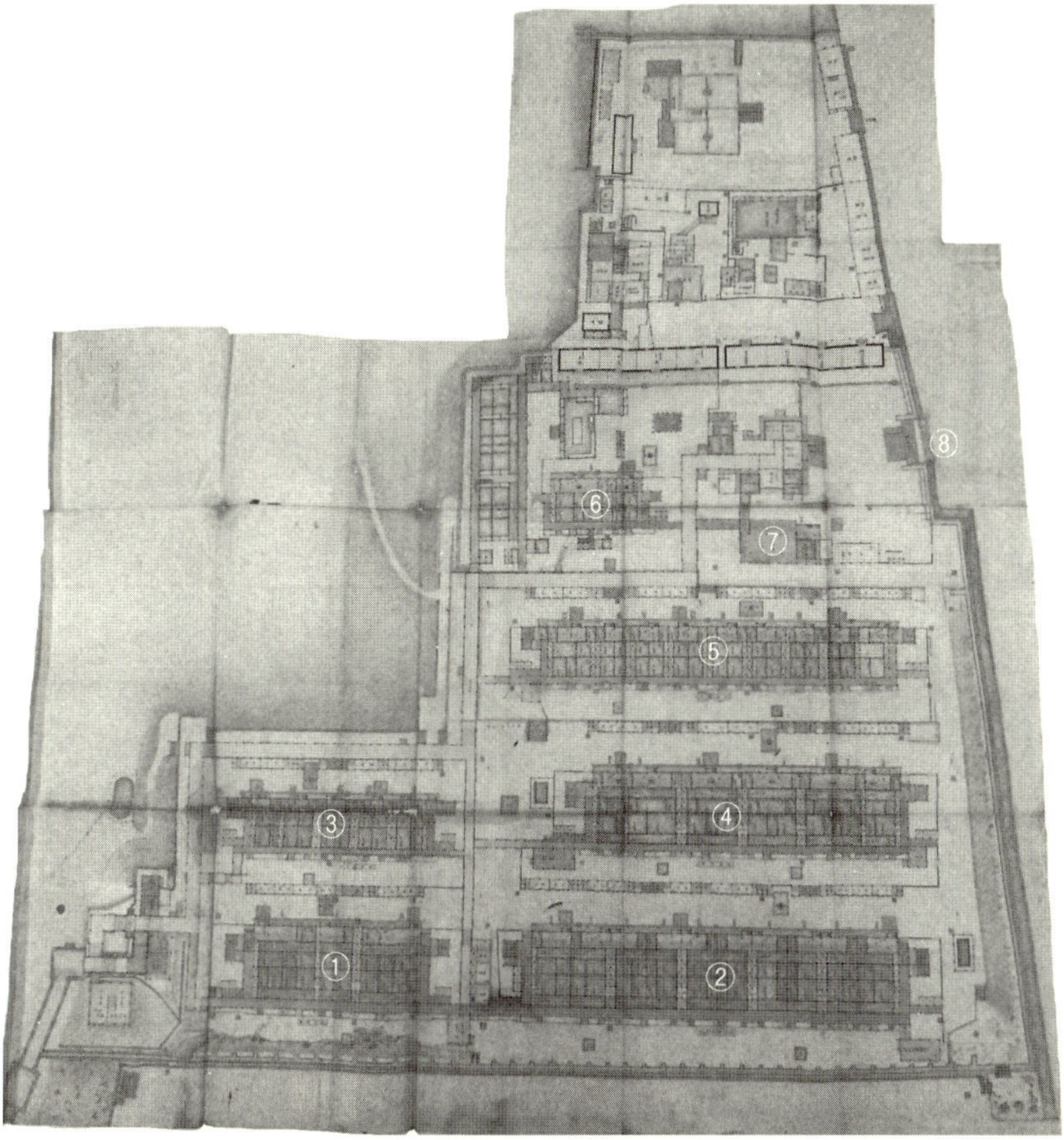

女官居住区

①典侍部屋、②典侍掌侍部屋、③西女孺部屋、④命婦部屋、⑤東女孺部屋、⑥雑司部屋、⑦商人溜まり（買物所）、⑧局口門

ここは名にし負う紅葉山、初夏の新緑、紅葉と四季とりどりの美しさはありますが、春の眺めはまたひとしおで、そのふもとにおのおのの局がありますから、出勤の途路いつも心を引かれましたが、勝手に出かけて歩くなどということはできません。昔、京都嵐山の景色をとり入れて作られたとかいうだけに、桜の木が多く、春は花のトンネルがはてしなく続き、はるか向こうを見れば、黄金色に乱れ咲く山吹と和して、誠にたとえようもない美しさで、お堀には小舟さえ浮かんでいまして、まさに一ぷくの絵でございます。

舘は、「百間廊下」に沿って右側に「一の側」と呼ばれる棟があり、それに平行して右横に五間（約九メートル）ずつの間隔を置いて、「二の側」と「三の側」と呼ばれる二棟が並んでいた。それぞれの棟の間には、背の高い板塀が施されている。「一の側」の廊下に沿って左手はガラス戸になっており、外には「おめんどう」という幅の狭い横長の庭がある。高等女官は、出仕する前に必ずここで手を清める。「一の側」の廊下に沿って右手は、典侍、権典侍、掌侍、権掌侍の各居住区が並んでおり、一棟を輪切りにしたように居住区毎に白壁で仕切られている。廊下から見すると、障子部屋が廊下伝いに連続して並んでいるようにしか見えない。が、一定間隔でところどころの障子戸の合間に各女官の源氏名が書かれた表札が掛かっている。

典侍の居住区には、八畳、七畳、六畳、四畳半敷きなどの部屋が合計八部屋、「部屋子」という見習い女官を置いていない場合は合計五部屋に、それぞれ台所が付いている。掌侍と命婦の各居住区には五部屋に台所付きで、何人かの侍女と一緒に寝起きする。廊下の右手のどの障子を開けても、奥側の各居住区との間に明障子がある。つまり、廊下側の明障子と各居住区の部屋との間には、幅一間ほどの畳廊下（十二畳）が外の廊下と平行して走っている形だ。その空間で、毎朝女官が侍女に手伝わせて化粧を行う。その空間の奥側の明障子を開けたところに、既述した各部屋が組み合わせられている構造だ。

各部屋は、それぞれ無地の襖で仕切られている。女官の居間は八畳敷きで、一間幅の床の間と違い棚が付いている。女官の寝室は、別部屋だ。その他の部屋は、衣装箪笥や長持ちなどの物置になっており、侍女が裁縫その他の作業を行う際に使用される。侍女たちは、四畳半敷きの狭い部屋で雑魚寝をする。

各居住区の裏側には、数段低くなった板敷きの廊下が「一の側」に沿って走っている。その廊下の外側に、居住区ごとの侍女たちが共同使用する湯殿と便所のほかに、洗濯場と物置があった。なお、高等女官専用の湯殿と便所は、各居住区の間に各一か所あり、共同で使用することになっていた。

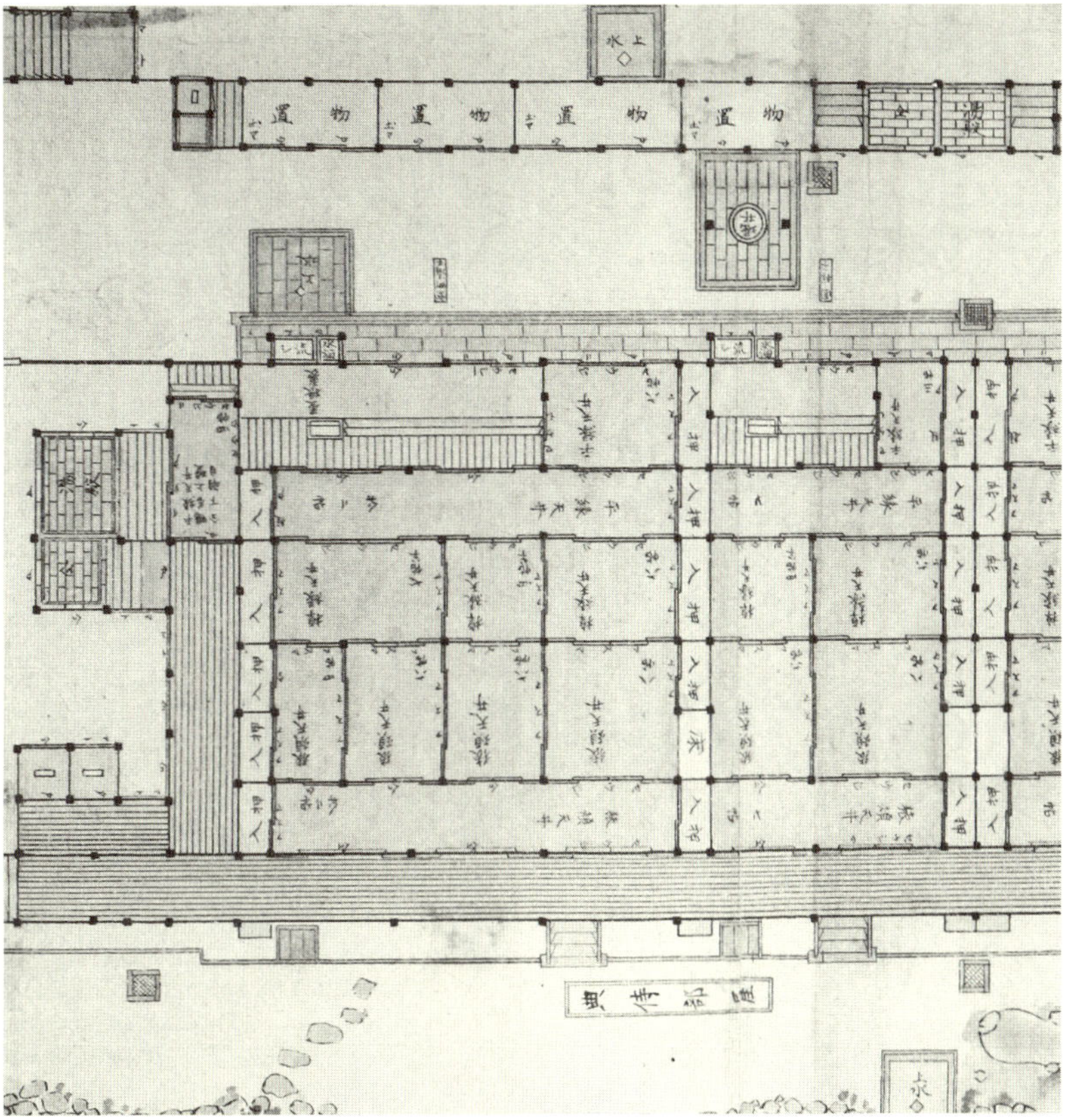

典侍部屋の間取り

なお、この「一の側」の各一居住区を「お局（つぼね）」といい、ここに住む女官を「お局さん」と呼んだ。

「二の側」は「一の側」とほぼ同じ構造になっているが、一区画の部屋数が少ない。この居住区に命婦と権命婦が、それぞれの侍女三、四人と一緒に寝起きする。

「三の側」には、六畳敷き部屋と四畳半部屋の二部屋が一区切りになって壁で仕切られており、その一区画に下級女官の女嬬と権女嬬が侍女一人と相部屋で寝起きする。これら下級女官が使用する台所、湯殿、便所は共同になっている。そして、この「二の側」と「三の側」の各居住区を「部屋」と呼んだ。

また、「三の側」の前のリノリュームを敷いた廊下を進むと三段ばかりの階段があり、更に進むと左手に

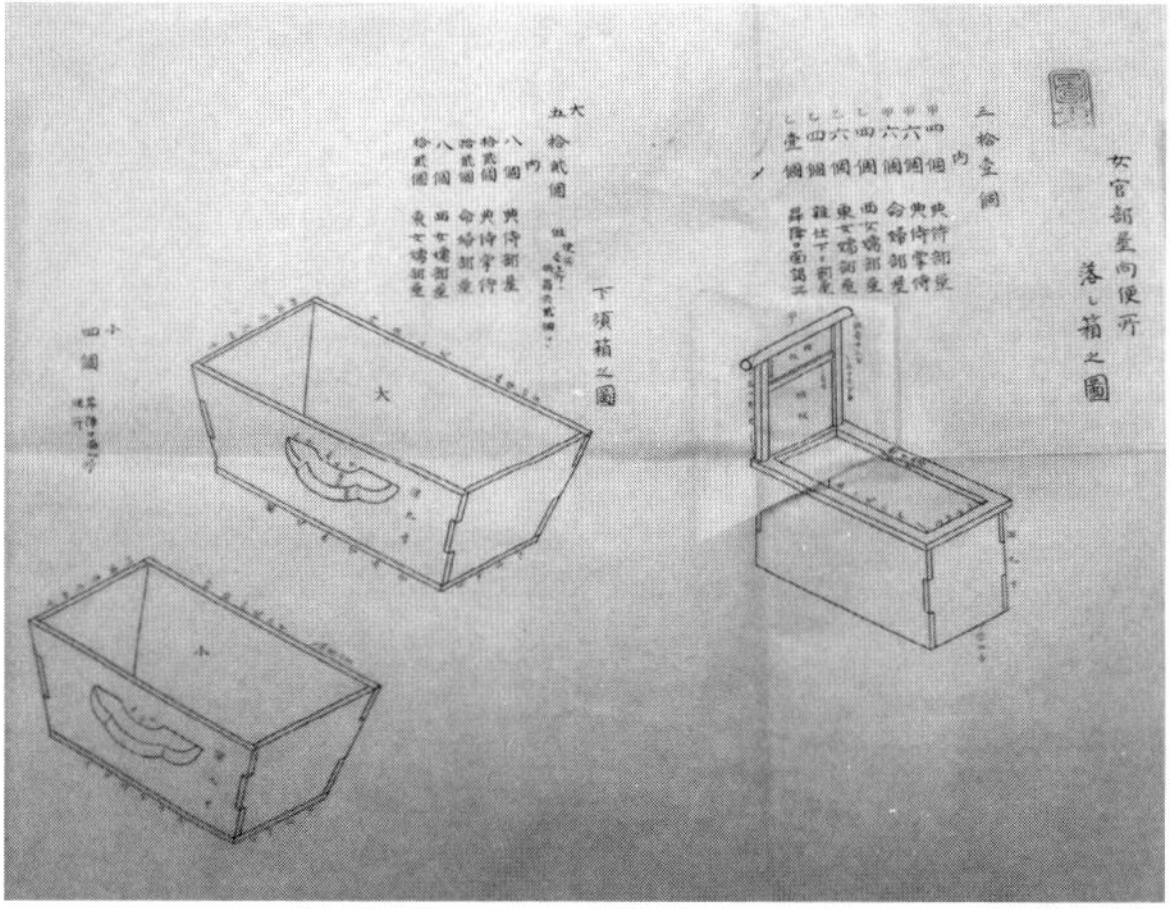

女官部屋便所・落し箱の図

七畳と八畳の各一部屋が一区切りになった居住区がある。これらは、宮内省お雇いの雑仕たちが寝起きする相部屋だ。

ちなみに、典侍の居住区は五、典侍若しくは掌侍の居住区は十、命婦の居住区は十、女嬬の居住区は二十六、雑仕の居住区は四、女官の宿舎として合計五十五の居住区があった。

更に、女官の館の奥のほうの局口に「対屋」があり、特別許可された御用商人が出入りできる通称「商人溜まり」があった。ここで、侍女たちは女官から申し付けられて食料品や衣料品のほか、細々した日用品を買い付けた。ある時は、「呼次（九歳から十四歳までの公家華族出身の少年）」が各お局や各部屋に御用商人の来訪や販売品目を告示して回ったり、売買の仲介役を依頼されたりすることもあった。局口には、「検番」という仕人が二人ずつの交代で見張りをしていたため、不届き者の侵入は一切阻止される仕組みになっていた。

その他、「下部屋」と呼ばれるものがあった。これは、高等女官の家族の喪中の不浄時に居住する部屋だ。宮中では常に「清いこと」が義務づけられているので、それらに該当する時にはこの部屋で謹慎したという。その部屋の棟は、お局からかなり離れた所にあって、喪中はその棟で侍女と共に控えた。

蛇足ながら付記すれば、女官の舘には二十六個所の便所があり、三十一の便器が用意されていた。勿論、当時の便所は汲み取り式で、木製の便器の一メートル下には木製の「落し箱」が置いてあった。「落し箱」の大きさは、深さ九寸（約二十七センチ）、縦巾三尺（約九十センチ）、横巾一尺四寸（約四十二センチ）あり、中が一杯になると、落とし箱ごと外に出して木桶に汲み取っていた。糞尿の始末は、皇居内の紅葉山の麓辺りに穴を掘って捨てていたようだ。

女の園には、典侍から権命婦までの勅任か奏任の高等女官たち凡そ二十五人、判任女官の女嬬から女雇人の雑仕までの下級女官たち凡そ三十人、それに高等女官に仕える侍女、すなわち私設使用人の「針女（しんみょう）」と「仲居（なかい）」たち百人あまりを加えて合計百五十人前後が住んでいた。これは明治末期の人数だが、明治初期には隠居女官を含めて三百人以上いたようだ。

大奥にはこれだけ多くの女性がいたが、天皇や皇后に接することが許されていたのは高等女官だけだった。が、命婦と権命婦は高等女官とはいえ、両陛下に直接口を利く事は許されなかった。両陛下からご下問があった場合は、命婦と権命婦は掌侍か典侍を通して両陛下にお答えするという按配だ。また、下級女官は、両陛下の前に姿を見せることさえ許されなかった。宮中では、そういった厳格な階級制度と仕来りがあった。

大奥に出仕する女官たちは、ほとんどの者が一生涯を両陛下に捧げ、世間の風に触れることもなく、閉ざされた禁裏の中で暮らした。女官たちは男性の体臭を知ることもなく、男性と言葉を交わすことすらないウブな女たちだった。一方、その女官たちに仕える針女たちも、お局に一歩足を踏み入れると、実家への安否を気遣う手紙の交換以外に、外との接触は一切許されていなかった。女官や侍女たちは、そんな女の園の中で、時には笑い合い、喜び合い、悲しみ合い、慰め合った。また時には、他の者を妬み、愚弄（ぐろう）し、牽制（けんせい）し、押さえつけることも少なからずあった。

お局で働く針女たちは、出自が確かで富裕な家の娘たちであった。従って、躾も十分行き届いていたものの、娘たちの中には粗忽者も確かにいた。また、粗忽ゆえに、行儀見習いのために縁を頼りに宮中にご奉公に上がった者もいた。ところが、ご奉公をしているうちに、俗世間に身内がなくなり宮中で一生奉公を成し遂げようと決心する者がいた。世間の風に揉まれるより、住みなれたお局で暮らした方が心地良いと思っていた針女は、やがて歳を重ねて「老女」となり、女官に代わって若い針女たちを取り締まった。そんな取り締りの「老女」がどこのお局にも、必ず一人いた。

お局では、女官は私設使用人の針女や仲居のことを「家来」と呼び、「家来」たちは主人の女官のことを「旦那さん」と呼んだ。典侍や権典侍の「お局」には、たいてい六人から七人くらいの「家来」が同居していた。そして、典侍や古手の権典侍のお局には、宮中に出仕したばかりの新参の女官見習いが「部屋子」として同居していた。

典侍から権命婦までの女官のお内儀の務めは、二交代制になっており、午前八時から午後十時までの「お早番さん」、午前十時から翌日午前十時の「おゆるりさん」に分けられていた。また、前日から務めを続けている当番を「お残りさん」と呼んでいた。

一方、針女たちは、掃除、洗濯、衣服や道具の手入れなど一切の仕事を引き受け、その日によって申し合わせの順番制で「旦那さん」の「お化粧番」や「お番掛り（配膳係）」を務めた。また、仲居は、お炊殿つまり食事の支度や後片付けを受け持っていた。これらの「家来」たちは、いずれも一日中休む暇もなく立ち働いた。

お局の朝は午前七時、当番の女嬬の大きな掛け声で始まる。お局の「百間廊下」の遥か彼方から、「申しょうー。おひーる（陛下の起床）でござると申させ給うー」と、長く細くしかも甲高い声で触れまわる。その声が響き渡ると、各お局では忙しくなる。「旦那さん」の出仕時間に間に合わせなければならないだからだ。「お早番さん」の女官は午前六時起床と決まっており、針女たちは少なくとも午前五時には起きていなければならない。

「お化粧番」は「旦那さん」のお目覚め前に障子内の畳廊下に化粧道具を並べておく。それには作法があって、正面に鏡立てに手鏡を掛け、その手前に白羽二重の座布団を敷く。右手に畳紙を拡げて、櫛道具を梳き・掻きの順序に従って配列し、左手に白粉、刷毛、眉墨、紅などを並べ、その傍らに盥、湯桶、水桶、うがい道具などを置く。もしその順序や場所が違っていると、「旦那さん」から大目玉を喰らう。世間擦れしていないウブな女官は潔癖であり神経質であるので、ものごとの順序がいつも通りでないと、頗る機嫌を損ねる。「家来」は、いつも緊張の連続であった。

「旦那さん」が寝床から出て便所に出向くと、当番が冬なら湯を、夏なら水を手桶に用意して便所の傍らで待つ。「旦那さん」が用を足し終わると、「旦那さん」の手を清め白麻の手拭を差し出す。その後、「旦那さん」が寝間着のまま用意された化粧道具の前に座ると、「旦那さん」にうがいをさせ、針女が「旦那さん」の顔から首筋まで丁寧に拭く。当日出仕のための和洋服の別により、下げ髪または束髪に結ぶ。それから一時間以上を掛けて、念入りに化粧を施す。

それが済むと、「朝のお番（朝膳）」を「旦那さん」の部屋に運ぶ。当番の針女が仲居からご飯を受け取ると、「お平つけ（盆）」に七、八色から十二、三色の蓋物料理を乗せて差し出す。それぞれの蓋を開けると、焼き塩少々、昆布の佃煮一口、梅干し一個、香の物一切れなどが雛祭に飾るような小さな器に別々に入っている。「お平つけ」には、必ず鰹節がデンと添えてある。これは、縁起を祝うための宮中の風習だ。従って、一箸ずつ食べるというより、見て楽しむといった有様だ。まさに、雛祭の飾り付けセットのようだった。

「旦那さん」の朝の食事が済むと、もう一度うがいをして、「お召し替え」になる。針女は、三人掛かりで手伝う。一人はお召し着を着せかけ、一人は下紐や上紐を持って控え、一人は足袋をはかせるといった分担をする。これには、お局で最もうるさい決まりがある。腰から上を「清」といい、下のことを「次ぎ」という。肌襦袢などは、腰より上にまとうものであるが、一旦肌につければ「次ぎ」のものとなる。「旦那さん」の腰から下に触れても、間違って畳に手が触れても「次ぎ」になる。すると、「あんさん、お次ぎになったがな。下がりや」と、「旦那さん」から叱られる。古参の針女には、こうした失態は滅多にないが、新参の針女には往々にしてこういう失態がある。従って、針女がどうしても手を膝の上などに置かなければならない場合は、手のひらを上向きにして手の甲を膝の上に置く。何はともあれ「次ぎ」のものに少しでも手を触れると、必ず一度手を清めなければならない。

例えば、女官の入浴は腰まで湯船につかり、首筋や肩からは別の清浄な湯を掛けてもらうことになっている。女官は、自分の手を一切使わない。「旦那さん」のために針女が使う手拭も、上半身用と下半身用とは別々に用意して使うことになっている。従って、「旦那さん」の入浴を手伝う針女もそれぞれに分担して女官の身体を洗い、それぞれが拭かなければならなかった。その間、「旦那さん」は両手を腰より上で宙に浮かしたままにしており、自分の身体であっても触ってはならなかった。湯上り後、上半身の「清」の担当が「旦那さん」に着衣させても、一度手を洗って塩で清めなければならない決まりであった。

同じく出仕前の「お召し替え」の際も、「旦那さん」は「次ぎ」のものには一切手を触れず、至尊の御前に奉仕するためには一点の穢れなきよう注意を払った。そうして、女官は身も心も「清」にして天皇に仕えたのだ。

女官が和装で出仕する場合、白羽二重の元禄袖（げんろくそで）のお召しに緋（ひ）の袴（はかま）、淡紅色（ときいろ）の無地の綸子（りんず）または緞子（どんす）の袿（うちぎ）といういでたちだ。高位の女官や古手の女官は、袴を付けずに着流しの場合もある。いわゆる、お掻取姿（かいどりすがた）だ。明治二十年代になると、皇后と女官の服装に洋装が採り入れられた。そのため、宮中の公的行事はもとより、皇后の外国使臣の引見や行啓など、その日の公務によって女官は洋服を用いた。その場合、もちろん髪型も変えた。ちなみに、皇后の大礼服はマント・ド・クールというが、袖が短く、トレーンという裾が長いドレスだ。が、これは、明治末期になると西欧では流行遅れとなり、宮中でも用いられなくなった。そのほか略装として、ローブ・デ・コルテやローブ・モンサンと呼ばれるドレスも用いられた。これらの洋服はワンピースになっていて、腰の後を膨らませたいわゆるバッスル・スタイルだ。その姿は、鹿鳴館風景が描かれた錦絵に多く見られるとおりだ。

午前八時前になって女官の身支度が整うと、針女の一人が女官につき従って「百間廊下」を「お杉戸」（天皇・皇后のお常御殿への入り口戸）までお見送りをする。そして、「ごきげんよう」と言って引き下がる。

この「百間廊下」には傾斜があって、お内儀に近づくに従って高くなっている。つまり、「お常御殿」は小高い丘陵の上にあった。「百間廊下」の幅は一間半（約二メートル七十センチ）ほどあり、リノリュームが敷き詰められている。廊下の片側には、女官の源氏名の名札が付いた長持ちが、階級順に長蛇の列をなして置かれていた。つまり、廊下が倉庫代わりになっていたのだ。古手の女官のものは、五つも六つも並んでいる。長持ちの中には、各女官の着物、布団、陛下から拝領した品物などがぎっしり詰められているのだ。

針女が「旦那さん」を見送っての帰りがけに他の女官に出会うと、廊下の端に跪いて「ごきげんよう」と朝の挨拶をする。すると、相手女官の後に就き従っている針女が、「ご苦労様です」と挨拶を返して通り過ぎる。相手女官は、一切口を利かない。その辺りの事情は、明治四十年に出版された久留島武彦の『お局生活』に詳しく記述されているので、旧仮名遣いを現代仮名遣いに一部変換して引用しよう。

> この大奥に出入りの折り、お廊下に典侍その他の女官に出会えば、必ず姿を見た時よりお廊下に這い蹲って、その通り過ぎるのを待たざるべからす。旦那さんの御用にて気の急ぐ折なども、掟なれば両手をつき頭を下げて待ちおるに、かかる時に限りて歳をめしたる老女官の悠々と歩かせらるるなど、少なからず気の苛立つことも無きにあらず。その主用にて甚だしく急ぐ折は、「お許しやせ」と言いて女官の許しを乞い、「構うなよ」との言葉を聞きて初めて頭を上げて行く。この「構うなよ」の言葉も、お若さん（年若い女官）は「お構いのう」とやさしく言わるるが常なるが、柳原典侍のみは始終変わらず誰にも「お構いのう」とやさしく声を懸け、廊下などに針女の畏まりおるを見る時は、遥かの遠くより「お構いのう、お構いのう」と呼びながら近付き、「何子さんの針女やなぁ、ご苦労さん」と労わり行かれるるより、お局にて針女間の評判はこの早蕨の典侍さん最も良く、

これに次いでは掌侍にては北島以登子、六角章子、命婦にては三上文子、生源寺以佐保子（生源寺伊佐雄の間違い）の各女官と取り囃されおれり。

序に付記すれば、「早蕨の典侍さん」すなわち柳原愛子は、「女官制度改革」の項で既述した通り、後の大正天皇の生母だ。明治三十五年（一九〇二）に権典侍から典侍に昇格した頃は四十七歳になっており、皇太子の実母だったこともあって、精神的に随分ゆとりがあったのではないかと思われる。が、本来は感情の起伏が激しい人だったようだ。そのことについては、何度も既述してきた山川三千子の『女官』に詳しく書かれている。なお、山川三千子は、退官して結婚する前は久世という姓の権掌侍見習いで柳原愛子の「部屋子」だった。また、三上文子は、柳原愛子とほとんど同時期の明治四年（一八七一）頃に出仕した老女官だ。北島以登子は、明治二十年（一八八七）に通訳として出仕したが、明治四十五年（一九一二）三月に他界している。また、六角章子は、明治二十二年（一八八九）に出仕したが、明治四十二年（一九〇九）五月、結婚のために退官している。

話は戻るが、女官の出仕後、「おめんどう番」はお局内外の掃除に取り掛かる。仲居は朝食のあと片づけを終えて、早速昼食の準備に取り掛かる。「お番掛り」の針女は昼食の用意が仕上がると、料理屋の出前のように、ご飯を真鍮製の手の付いたお櫃に入れて片手に下げ、料理を「お平つけ」に並べてもう一方の手のひらに乗せ、磨き上げた大廊下をスーッ、スーッと滑るようにすり足で「お杉戸」手前の御納戸まで運ぶ。これを「お番まわし」という。二枚重ねの白羽二重の半襟を付けた大矢絣の銘仙に、萌葱の六寸幅の帯を後で蝶結びに締めた身元卑しからぬ若き娘の針女が、高島田の髪に挿した花簪の房を揺らして歩く姿は、誠にあでやかであった（もっとも、年をとった針女は、丸髷を結った）。「お杉戸」の手前には女孺の「お服さん（呉服掛り）」や「御膳さん（食事掛り）」の詰め所があり、その前に女官用のお膳棚が置いてある。その中の決められた各女官用の棚に、用意してきたものを置いておく。そうすれば、昼食時に女嬬たちが、そこから各女官のもとに運んでくれることになっていた。

昼食の「お平つけ」には、たいてい甘鯛の焼き物、野菜の煮物、汁、香の物には唐辛子を振りかけた水菜の糠漬けが添えられていた。但し、宮中の仕来りで、女官が口にしてはならないものがあった。それは、ねぎ、にら、にんにくなど、匂いの強いものだ。女官が昼食を終えた後の「お平つけ」は、各お局の針女が午後一時半までに下げに行く。これを「お番すべし」という。

実は、この時が針女にとって日常の唯一の楽しみだった。というのは、時によっては、天皇か皇后から女官に料理のお裾分け、つまり「おすべり（下賜）」があったからだ。だからといって針女たちは、女官がお局に戻ってくるまで、それらの「おすべり」を勝手に戴いてしまう不作法は許されなかった。

「旦那さん」の昼食が終わると、「お夕着」の時間になる。「お夕着」とは女官の着替えのことで、午前中の女官の公務はたいてい洋装で行われるので、午後からは少々くつろげる和装に着替える。この時間になると、女官の白羽二重のお召し、緋の袴、綸子または緞子の袿など一式を、午前中に女官がそのような和装であれば少々使い古しの袴だけを、櫛道具や畳紙と一緒に大風呂敷に入れて、針女が「お杉戸」前の「お召替所」に運ぶ。そこで、「清」と「次ぎ」の役目を果たす二人の針女が「旦那さん」の着替えを手伝う。その他、束髪を解いて下髪にする、化粧直しやうがいも手伝う、といったなかなかの大仕事だ。

普段、お局内でも例外ではないが、針女は「旦那さん」の前ではむやみに立って歩くことは許されず、膝頭を擦って歩かなければならない。従って、狭い「お召替所」で同時に複数の女官の「お夕着」となると、数人の針女が膝頭の擦り歩きで右往左往するため、「清」の役目を果たす自分の手が畳や「次ぎ」のものについつい触れてしまい、直ぐに「次ぎ」になってしまう。すると、その都度、お清めの水で手を洗わなければならなかった。また、時には、他のお局の「家来」の身体に触れてしまうこともある。すると、ただ事では済まなかった。もし相手がよそのお局の意地悪い老女であれば、「次になった！」と烈火の如くお叱りを受ける。新参者の針女は、みんなの前で大恥を掻かされ、半べそを掻きながらオロオロするのが常だった。

針女にとってやるせないことは数多いが、序に言えば、常日頃お局内で膝頭の擦り歩きする針女の矢絣の着物は、二、三か月もすると裾や膝が擦り切れ、二度と着られなくなってしまったそうだ。

午後三時になると、「老女」のその日の計らいで間食が用意される。春秋は沢庵を入れた巻き寿司にとろろ昆布を掛けたもの、夏はスイカ、冬は餅菓子と、どこのお局でもたいてい決まっていた。これもその時間に「お番まわし」の要領で女官のもとに届けられた。ところで、このスイカについて面白い話がある。久留島武彦の『お局生活』から引用しよう。

> 水瓜の季節ともなれば、京都より宮内省行きの水瓜累々として貨車に積まれ、ひとたび阪下門（ママ）をくぐりては忽ちに大奥の井戸に投げ込まれ、三人の雑仕正午頃より午後五時頃まで切りづめに切りて、なお手の回らざる程なりと云う。
>
> 水瓜は京都産がよしと云うにはあらねど、総て女官は何事にも京都の物を最上とし、魚類までも京都に限ると持て囃し、明石鯛の干物の如きも明石より京都に入りて東上する物なるを、さも京都に海ありて漁るが如き考えにて、偶々東京地方の魚類にて大膳職の吟味になるもの少しく味加減悪き事あれば、「京のは、こんな味やないけどなァ」と、何事にも京都本位を振り回す事むしろ滑稽に近き程なりと云う。斯る有様なれば、紙、油、元結（日本髪の髻を結ぶ麻紐や組紐）、黒もじ（クスノキ科の低木で作る楊枝）、房楊枝（小枝の先端を利用した歯ブラシ）、昆布、唐辛子等の末までも、お局用は一切京都から取り寄せ、針女なぞも京都出身の者は羽振りよき由。

万事この調子なれば、たとえ東京の物でも京都風なのは評判よく、日常召さるる餅菓子にても風月や藤村より、京都式なるだけ赤坂の菓子屋虎屋と云うが、格段のお引き立てを蒙りおれるも可笑し。斯く云えば、東京の品物は一もお局に入らずやと云うに、浅草海苔のみは流石に日本一品とて、これのみは京都贔屓の女官連も東京海苔に限るとて、日々の巻き寿司にも用いらるるなり。

これと似た話が、斉藤徳太郎の『女官物語』にも載っているので紹介しよう。

菓子の如きも、女官達は東京風のより京都風のを好む。しかし、それは確かに東京風のと京都風のとを味わいにおいて食べ別ける訳ではない。だから、東京の菓子でも、これは京都製だと言って差し出すと、女官たちの多くは「そうと見えて、お美味うおすな」と言うくらい罪がない。

何はともあれ、女官たちは盲目的な京都贔屓だったようだ。そんなことを知ってか知らずか、京都御所の御用達商人だった和菓子屋の黒川（通称「虎屋」）や塩瀬などは明治維新の後にさっさと東京に進出し、「宮内省御用達」におさまっている（現在は「御用達」という言葉は死語になったが、宮内庁に和菓子を納め続けている）。

話は脱線するが、この黒川と塩瀬との間にエピソードがあるので紹介しておきたい。

これらの和菓子屋には、今も昔もそれぞれに製品の特色があり、また製法にも家伝がある。ある時、宮内省から塩瀬に注文が入った。ところが、偶々塩瀬の和菓子製造所の近くでコレラかチフスかの伝染病が発生した。そんな状況で品物を納めるのは心苦しいと思った塩瀬は、皇室に対する常日頃の恩顧に報いるため、秘伝としてきた和菓子の材料や製法を黒川に伝授し、黒川は塩瀬に代わって塩瀬の品物と味も形も寸分違わぬものを宮内省に納めた。ところが、塩瀬の数ある商品のうち、「紅白時雨羹」という和菓子だけは、黒川はどうしても真似できなかったという。それにしても、塩瀬の商人根性はあっぱれというしかない。

脱線した話を戻そう。午後六時、夕食の時間も昼食と同じく「お番掛り」が仲居から「お平つけ」を受け取って、「お杉戸」の女官各自の膳棚まで運んでおく。その後、針女たちはお局内で夕食を簡単に済ませる。なお、針女たちの食事に関するエピソードについては、あとで触れる。針女は夕食を終えると、あとは老女の指示に従って「旦那さん」の衣装の針仕事などに二、三時間励む。

午後十時、非番になる女官のために、その時刻前に当番の針女が「お杉戸」前まで足元を照らす雪洞を持って「旦那さん」を迎えに行き、女官がお局に下がって来るまでの間、大廊下に座ってじっと待つ。冬などは、雪洞以外に全く火の気のないリノリューム敷きの大廊下に座って、寒さに震えながらひたすら待った。ここで、前述の『お局生活』から引用する。

> 早蕨の典侍さんの評判のよきは、総じて大奥にても、お局にてもおしなべてなるが、ことの序でになおその美徳の一、二を記るさんに、夜十時お早番さん退出の時、各お局より針女一人ずつお迎えに出ることとなりおり、皆大廊下を怖々に今にも狸の大入道（おおにゅうどう）に脅かされんかと刻み足に通り抜け、漸く（ようやく）控え所と定まりおる掌侍と命婦、権命婦のお召し替え所の間なる大廊下に到りてほっと呼吸（いき）をつき、手に提げたる真鍮金網製（しんちゅうかなあみせい）に木の提柄（さげえ）付きたる雪洞を膝の右に置き、ちゃんと正座して控え、今にも旦那さんが「出ましやる」かと、眠（ねむ）き眼を擦（こす）りながら欠伸（あくび）噛み締め待ちおる時、早蕨の典侍さんの出ましやる時は必ずいづれかの針女に向かい、「何子さんのお人や、何子さんはまだ御用多やさかい、雪洞を消しときやせ」と注意し、一同の平伏しおるを見ては、もしお下りの菓子などある時は、これを頭数に別けて黙って針女の膝に載せてやらるるなど、如何にも心より労るるにぞ、いずれ

のお局の針女も「この人の為には、例え火・水の中に飛び込むとも厭わじ」と、めいめいが旦那さんの退出より、却って柳原さんのお退出を待つほどなりとは、その人の徳その下に及びて、再びその身に返る果報。実に学びても得たき美徳と云うべし。

これは、ちょっと大袈裟過ぎる記述だと筆者は思う。が、真冬の夜の身にしみる寒さの中で、主人がいつ戻ってくるとも知れずに、長い間待つのはつらい役目だっただろう。女三人寄れば姦しいはずの大廊下の控え所は、毎夜数人の針女が「旦那さん」の帰りを座って待つが、大奥の掟によって大廊下での私語は許されない。針女たちは、帯の間や袂に潜ませておいた裁縫や生け花の教本、中には女性雑誌や英語の読本などを取り出して時間潰しをしたものだ。やがて、大奥より女官の退出の足音がすると、たちまち読み物をサッと隠し、何喰わぬ顔で「ごきげんよう。お疲れ様で……」と挨拶し、退出してきた「旦那さん」の「家来」は順次お供してお局に下がるという次第だ。

「旦那さん」がお局に戻ると、針女たちは「旦那さん」に寝間着に着せ替え、髪を下ろし、湯殿に案内する。そこで二人掛りで「旦那さん」の汗流しを手伝い。それが終わると、既に用意された敷き蒲団の上で休もうとする「旦那さん」に「家来」全員揃ってひれ伏し、「ごきげんよう、お休みやす」と言って就寝の挨拶をする。そうして、針女たちの一日が終わる。

なお、午後八時になると、各お局及び部屋では使っていた火を一切消す決まりになっていた。竈と火鉢の残り火は言うまでもない。室内の行灯の火でさえ、針女の夜の針仕事などの作業に不必要であれば消さなければならなかった。便所に行くために明かりが必要な場合は、その都度手燭（柄の付いた蠟燭立て）に頼った。

一方、夜間は女嬬二人と雑仕一人が一組になって宿直し、午後八時、午後十時、午後零時、午前二時の四回、火の用心のために各お局や各部屋を見回ることになっていた。明治六年（一八七三）五月五日に発生した皇居炎上を再び起こさぬための用心だった。

この夜回りについて、おもしろい話がある。この夜回りの中でも、午後八時の第一回目の見回りの際には、宿直当番が各お局と各部屋の中に入って火の元を巡検することになっていた。この時が、日頃虐げられる下級女官たちの復讐の絶好の機会だった。女官たちは、四六時中、厳格な階級制度と厳しい仕来りに縛られて暮らす。時には、上位の女官が下位の女官に、隠居した女官が現役の女官に、意地悪く当たったり、いびったりすることは日常茶飯事だ。更に、高等女官のお局の古参「老女」が、下級女官の女孺や雑仕を小馬鹿にする。日頃そんな目に遭った女孺や雑仕は夜の見回り中に、もし憎い女官のお局で火鉢の中に僅かの残り火でも見付けると、手提げ持った水桶の水をザッーとぶっ掛ける。火鉢からは、一瞬にして火山の噴煙のような湯気が立ちのぼる。部屋の中は、たちまち灰だらけになり、畳の上は水びたしになる。そのお局の針女たちは、大騒ぎを始める。が、宿直当番たちは「これは、決まりごとどすよって」と涼しい顔をして、そのお局からサッさと出て行ってしまう。といった復讐が、実際にあったらしい（久留島武彦著『お局生活』）。

復讐の方法は、それだけではなかった。夏には、宿直当番が各お局の蚊帳の中で寝ている仇なす女官や針女たちの寝床まで火の気がないかどうかを調べる。蚊取り線香を使っている場合もあるからだ。宿直当番は、傍杖を使って不必要に蚊帳を高くまくし上げる。そして、蚊帳の中に蚊がわざと入るように仕向ける。更に、寝相の悪い者が枕を頭からはずしていると、その枕を傍杖で蚊帳の外に引きずり出して取り上げる。翌朝、髪油で汚れたその枕に「どこどこのお局の誰々さんの寝相悪き枕」と、墨書した大紙を貼り付けて、女官が行き来する大廊下の柱に吊しておく。すると、その枕を取り上げられた者は、大恥を晒すことになるという次第だ。

一方、各お局では非常時に備えて、「針女は、いつ起出るも差し支えなきよう、夜寝るに襦袢を重ね幅狭き帯をちゃんと結び帯揚げまでなしておらざればやかましきより、その窮屈なること云わんかたなく、ご奉公の始めなどは身内に休なるところなければ、その辛きこと譬(たと)えんかたなく、どうしてこんなご奉公に上がりたるかと、人知れぬ涙に一夜を明かすこともあり」という（久留島武彦著『お局生活』）。宮中大奥の勤めとは誠にすさまじく、つらいものだったようだ。

言ってみれば、お局は夜もまるで臨戦態勢だった。地震や火事に対して、万全の体制を敷いていたのだ。女官の就寝時は枕元に袿、お召し、袴等を取りそろえて置いておく。地震の際、針女の一人は直ちに「旦那さん」の寝室までご機嫌伺いに駆けつけ、必要に応じて寝間着姿の「旦那さん」のお召し替えを手伝う。女官は二分間で身支度を調えた後、三分間で七丁半（約八百メートル）ある大廊下を突っ走り、四か所にある五、六段の階段も飛び越して「お杉戸」前の女官詰め所に集結する。そして、高等女官の代表が天皇や皇后のお傍に馳せ参じ、ご機嫌伺いを申し上げる。これが、宮中大奥の掟だった。

火事の際も同様だ。出火に気付いたものは、大廊下や各「側（棟）」のところどころに吊してある警鐘を叩くことになっていた。火元近くにいる女官や侍女たちは、周りに居合わせる上位女官の指示に従って行動することになっている。実は、女官はもとより全ての侍女たちは、出仕当初に「大奥の御為には、自分の一命を賭して奉公すべし」との厳しい掟の申し渡しをされる。その時に一人ひとりに真鍮製の「非常呼子(よびこ)（笛）」を手渡され、四六時中それを肌身離さずに持ち、如何なる事変の際にも直ちに笛を吹く規則になっていた。そして、火の中をくぐり抜けようが、裂けた大地をよじ登ろうが、何はさておき「お杉戸」前の女官詰め所に集合することが原則だった。

だからといって、お局に勤める針女たちの生活は、年中緊張の連続だったわけではない。ひと月か、ふた月に一度、針女たちは「旦那さん」に前日に願い出て、皇居内の一、二時間の散歩に出ることが許された。これは、針女たちの唯一の陽の当たる場所での息抜きでありリクリエーションであった。針女たちは、夏なら夕方の「お番まわし」を早めに終えた後に、冬から春にかけては昼の「お番まわし」を終えた後に出掛ける。

お局の取締役の老女が、宮内省から発行された御門鑑を持って針女たちの先頭に立ち、お局口の小門を出て吹上御苑や本丸跡などへいそいそと向かう。その光景は、まるで親鴨のあとに続く子鴨たちの行列のようだ。若い針女たちは、誰が見てくれる訳でもないのに、念入り化粧に憂き身をやつし、文金高島田に矢絣大縞の振袖を着て、帯を縦矢に締める。履物は朱鼻緒の二枚裏に黒塗りの下駄で、カタカタと轟かせて歩く。どの針女たちの心もウキウキしているが、皇居内で大ぴっらに騒ぐことは許されない。御苑はいうまでもなく両陛下のお庭であり、いつ天皇や皇后が運動を兼ねて散歩されているか分からないからだ。針女たちは、時には弁当持参で、静寂な御苑内の木陰に設えられた「瀧の茶屋」や「梅の茶屋」で会食を楽しむこともあった。同じく久留島武彦著『お局生活』から、そのあたりの描写を長くなるが引用する。

> 吹上御苑の比類なきお庭なるは、今更申すまでもなし。さして広しとも思わざる御囲いうちに、かかる別乾坤のあらんとは夢にも思われぬまでの奥深き林、さすがに落葉こそ積もらざれ。その木陰に立ち入りては一鳥鳴かず山更に静かなる趣筆にも口にも及びがたく、何処よりとなく幽かに洩るる瀧の響きには浮世の塵も洗ひつべく、林を出ればこれやこの草より出でて草に入る彼の武蔵野とも疑はるべき見はてもつかぬ一面の芝生。譬えば一色の毛氈を敷きたらんがごとく、この上に腰を下ろして静かに空を眺むれば、日の光柔らかに心地よき暖かさ、いつしか身はお局にご奉公の事も忘れて夢心地になりおる時、ふと手近に馬の蹄の音を聞いて始めて我にかえり、其方を見ればこは如何に、皇后陛下の御馬にて女官召し具し御運動あらせらるゝを発見し、驚くことなどもありという。

> 斯る折には一同皆路傍につくばひて御通過になるまで畏まりおり、御影の見えずなりし後始めて頭を上げてホット一息つく事なるが、大概皇后陛下が御馬の御相手は梢の命婦（生源寺以佐保子）（ママ）うけたまはる事多く、他の女官にても皆乗馬はひとわたり心得おり、斯る時に陛下の御目障りとなる事あれば、御付の女官誰にても高声に「控へー」と声を懸け、針女等を御通り筋より退かしむるという。されども斯る事は極く稀にて、お局に勤むる程の者は苟にも油断するという事は大禁物なれば、大概御姿の見えざるうち早く気付きて御通筋を避くるが常なり。
>
> さて、御本丸跡は一面濶々としたる芝生になりおり、江戸三百年の栄華の夢今はその礎の一つにだも残らず、角櫓只一つありし昔の名残りを止めおるに過ぎざるが、針女が喜びて此処にたまたまの御暇を楽しむは、全くその高土堤に上りて下町の市中を眺めうるが故なるべく、この方角は浅草ならん、彼の高台こそ駿河台なれ、それ彼の煙突の目印の吾が住居の方向よと、翼なければ飛立つばかりの行きたさ見たさを、吾が双の踵に托して一心に語らふもあれば、この内ばかりは草を摘むも枝を折るも更にお構いなき事とて、勝手気ままの悪戯三昧に打ち興じ立ち騒ぐもあり。斯て尽きせぬ楽しみをまた他日の喜びに残して、取締りに引き連れられ大元気にて帰り行く頃は、夏ならば夜の仕度、冬ならば三時半のお召替え時間に漸く間に合うくらいなり。

たいてい十年、中には二十年もの間、宮中大奥から俗世間に出向くこともない針女たちにとっては、御苑の散歩は唯一の楽しみであっただろう。なお、文中にある「生源寺以佐保子」は「生源寺伊佐雄」の間違いである。前項「女官勤め」でも既述したが、生源寺伊佐雄は明治十二年（一八七九）に権命婦として出仕した頃に天皇から馬術の才を認められ、その後天皇や皇后の御苑内でのご乗馬にお供をしたようだ。彼女は天皇が崩御された後に命婦に昇格し、皇太后（昭憲皇太后）に就き従って大宮御所に移り、大正三年（一九一四）の皇太后崩御まで足かけ三十五年間女官として仕えた。

女官の宮中出仕は、何年という決められた年季奉公ではない。勅任官か奏任官の高等女官も、判任官の下級女官も同じだ。いずれも未婚で出仕し、一生涯勤め上げることが半ば暗黙の決まりごとだった。女官に仕える侍女たちも例外ではなかった。が、出仕半ばで実家に下がり、結婚する者が少なからずいた。そのほとんどの針女たちは、親が行儀見習いの目的で誰かの手筋を頼って出仕を願い出た場合に多く見受けられた。いずれにしても、全ての針女は、裕福な商人の娘たちだった。

針女の中には、実家の事情で一生奉公を決心する者や、奉公中に俗世間の風に揉まれるのがイヤになった者もいる。やがて、彼女たちは歳を重ねて、お局を取り締まる「老女」になる。が、得てして陰湿な女同士の共同生活を長く経験した「老女」は、いつの間にか意地悪と姑息さが身に染みついてしまうようだ。

「老女」は、既述したとおり、女官から任されてお局の一切を切り盛りする。女官の給料を預かっているので、日常の食費を節約し、節約した金銭を自分の懐に入れるずる賢い「老女」もいた。一方、生まれ育った時からお金を触ったこともない女官たちは、「むずかしい（高価だという意味の宮中言葉）」だの、「やさしい（安価だという意味の宮中言葉）」だのという物の相場や金銭感覚さえも実感として掴めなかった。そればかりか、人を疑うことを知らない女官は「老女」を信じ切り、同時に常日頃の大奥の御用に追われてお局内の家計には全く無頓着だった。一方では、身元家筋が確かな若い針女たちは、「老女」が決める針女たちの日常の粗末な食事内容や、悪徳「老女」の利鞘稼ぎを知っても、「旦那さん」にわざわざ告げ口をしなかった。また、たとえ女官が「老女」の悪事に気付いたにしても、大目に見逃すのが常だった。従って、「老女」は、「旦那さん」に対しては平身低頭で接しているが、裏ではお局の中で勝手気ままにやりたい放題だった。一例を久留島武彦の『お局生活』から引用する。

部下の針女に温かき飯を食せしむる事は、月のうちに一回か二回あるのみ。わざわざ炊きたての飯の蓋を取りて冷やし置き、充分に冷え切りたるところにて食せしめ、たまたまこれを冷やす暇なき時は、舌打ちしながら突(つ)っ慳貪(けんどん)にお鉢を投げ出し、「今日はまァ勿体(もったい)ないエ、温かいご飯で！」といい、温かいお番さへわざわざ冷やす程の取締りなれば、朝は古き沢庵を人数に割って出し、昼は京都より送り来たるとろろ昆布に醤油をかけ、これに煮え湯を注いでお汁となしたる物一椀。夕方は再び古沢庵の漬け物数切りというが如き有様なれば、針女らは到底充分の栄養をとるべくもなく、密かに各自(めいめい)の家元より小遣いを取り寄せては牛乳を飲む者もあり、または大膳職の「屋(や)（出入り業者）」に申し入れて、お料理を取り寄せ、これにてやっと凌(しの)ぐもあり。その境界全く想像以外の憐れなるものにて、これにつきては更に驚くべき話あり。

ここに「屋」というは、お局その他のお料理の注文を受け調進する所にて、これに注文するは針女より仲居に言いつけ、仲居よりお局門内側の詰め所に控えおる「弁(べい)」に命じて調へしむるなり。「弁」とは、お局の小使と心得れば差し支(しか)へなし。

さて、取締りの意地悪き女、または心掛けよろしからず。密かに貯蓄などなしおる者は、部下の針女が口に慣れざる粗食に苦しみ、自腹をきりて右の「屋」より好みのお料理を取り寄せることあらんに、これにまで立ち入りて口汚くも干渉し、刺身、酢の物などはなるたけ注文せしめざるようになし「買(と)るならおさつの甘煮をおとりよ」と、頻(しき)りにおさつを買(と)らしむるという。

これは、刺身、酢の物などの料理にては覚えずご飯の数を重ね、二椀は三椀、三椀は四椀となるべしとの懸念あればにて、おさつの甘煮を勧むるは、これはお料理というよりも寧(むし)ろご飯の助けともなり、美味ければうまきだけ其の方を取りて自然腹にも充つれば、ご飯の数も少なくまいるべしと思えば、さてこそこれのみは進んでも買らするようになすものなりとぞ。

斯る有様なれば、「屋」にても「弁」にても、お局の取締り針女が吝(しぶ)きと優しきとは、其の部下の針女がお料理の注文ぶりにてよく飲み込みおり、いづれのお局の取締は辛く、いずれのお局の取締は吝しとその注文の出るたびに密かに笑い種（ぐさ）になしおれりという。

こういうずる賢い小細工は、他人に欺されたこともなく、また他人を疑ったこともないウブな女官や、裕福な家庭で育った針女たちばかりのお局であったからこそ、罷（まか）り通ったに違いない。次に、同じ著書から引用するエピソードは、世知辛（せちがら）い俗世間でよくある話だ。

> 針女の宿元より御礼、またはご機嫌伺いとして少なからぬ土産を持ちお局に伺う時も、取締りに対する心付け足らざれば、とんでもなき冷遇を蒙り追い返さる、こと少なからず。ここにも取締りの**さもしき**実例を掲げんに、総じて目下の者より目上に贈りし進物に対しては、目上の者はこれと同等または同等以上の返しを与ふるが当然にて、もし食事時分なればいずれのお局にても改めていわずとも取締は食事を供するが常となりおれるは、女官には相当の進物を贈りたる者も、取締の心付け粗末なりし者は返しとして白紙一帖のしるしばかりに殆ど取り合わされず、時分になりたりとて何の挨拶もなければ、やむを得ず針女は仲居に頼み、例の「屋」より膳部を取り寄せて食事せしむるという。
>
> 然るに、針女の給料は、ご奉公の始めは一円五十銭を給され、永年勤続して漸く三円という有様なれば、日常の紙代だけにも足らぬ始末。別けて《屋》より取り寄するお料理の如きは、一切宿元よりの送金にて支払することなれば、その費（ついえ）なかなか少なきものにあらず、年若き針女なぞは取締の手前「屋」に注文するも如何と控えおりて、いつか栄養不充分に卒倒することなどもありという。

これを**いじめ**というのか、**いびり**というのか分からないが、どこのお局の「老女」の行いも誠にすさまじかったようだ。とはいえ、賄賂（わいろ）というものは、今も昔もどこでも尽きないものだ。とにかく、いくら身を粉にして働いても、実入りよりも出て行くものが多いのが針女の宿命だったようだ。

が、年に二回、女官からのちょっとしたお裾分けがあった。天皇と皇后がお使いになる肌着や寝具類から茶巾や手拭きに到るまで、すべて白羽二重と決まっていた。茶巾や手拭きなどは毎日、肌着は、二、三日に一度、寝具類はひと月に一度お取り替えになる。従って、お使い古しの羽二重の量たるや尋常ではなかった。それらを「お下り」として、女官たちに下賜されたのだ。更に、そのお裾分けを針女たちが戴いた。

天皇と皇后が使い捨てにされたものは、担当の女嬬が長棹（ながさお）に保管しておく。毎年五月末と十一月末に、それらを典侍、掌侍、命婦の職位に従って分量を決めて配分する。配布当日、針女たちは女官に下賜されるものを「お杉戸」前の女官詰め所に受け取りに行く。品物は、決まって紫羽二重の大風呂敷に包まれている。女官の職位によって、大風呂敷の包みが三つもあれば、二包みもあり、一包みもある。針女たちはそれらを担いで、長い大廊下を通ってお局に戻る。大包みを背中に担ぎ腰をかがめて、そろりそろりと運ぶ。ある者は前につかえ、ある者は後から押される。その光景たるや、布袋さんか風神の行列のようだったという。なかには、風呂敷包みの重さに力尽きて、大廊下の上に平蜘蛛のようにへたばる者もあったようだ。それほど苦労しながら運んだ結果、針女が戴くものは五月に白麻の単衣一枚、十一月に白羽二重の綿入れ一枚程度だった。が、各お局の女官の気質次第で、その量に多少の差があったようだ。

針女の俸給について記述したので、女官たちのそれについても述べておこう。明治六年（一八七三）から同八年（一八七五）頃の女官の俸給は、宮中のお内儀全般を取り仕切る典侍の月額が二百五十円、天皇のご着服、ご配膳、ご入湯を司る権典侍が二百円、主に皇后のお召し替え、ご配膳、ご入湯を司る掌侍が百五十円、その補助役を司る権掌侍が百円、主に掃除役を司り、上位女官の指示に従って働く命婦が七十円、その補助役の権命婦が五十円、それにお道具掛り、ご膳掛り、ご服掛りを司る下級女官の女嬬と権女嬬が三十円、その補助役を司る雑仕が二十円であった。世間では尋常小学校の教師の初任給が二十円だったというから、女官の俸給がかなり高かったことが分かる。

ちなみに、当時の軍人は、大佐二百五十円、中佐二百円、少佐百五十円、大尉百円、中尉七十円、少尉五十円の俸給を得ていた（『官員録』明治八年九月発行）。また、ある文献などによると、当時の右大臣・岩倉具視の月俸は六百円、参議・伊藤博文のそれは四百円だったと記述されている（『大蔵省通達』、『内閣記録局・明治職官沿革表』）。

なお、女官は俸給以外にもご下賜品を戴くので、俸給の大部分を宮内省の職員、または知人や家族に頼んで、銀行に預けて利息を受け取る者あり、日本郵船や日本鉄道の株券を買ってもらって配当を得る者あり、貯め込んだお金で老後の住宅を買う者ありという次第だった。ところが、他人を信用したばかりに欺されたり、ピン撥ねをされたりするケースが多々あり、十中八九の女官がその災難に遭ったという（斉藤徳太郎『女官物語』）。

女官が他人に預けたお金の行方や、その後の貯蓄の状態を知る機会は、たいてい女官が忌服で宮中から下がったときだ。そこで序ながら、忌服と下がり場所について述べておこう。女官の忌服として、両親の場合は一年、兄弟の場合は五十日、伯父・伯母及び叔父・叔母の場合は二十日、その他の親戚の場合は一週間、喪に服さなければならなかった。場所は、宮中を出て実家や持ち家に下がるか、事情があって行き場所のないものは、女官の舘から離れた所にある「お下り所」という間数五つある家屋で喪に服した。家屋の構造は、一区画のお局とほぼ同じだった。従って、女官がこの場所で喪に服するときは、「家来」たちも女官にお供した。なお、忌服で実家や持ち家に下がった女官も、お局に戻る前の一週間はこの場所で喪に服し、「お清いさん」にならなければならない決まりがあった。しかも、そこで用いた衣類は全て洗い清めなければ、お局に持ち込んではならなかった。忌服中の女官は、たいてい読書、手習い、人形や袋物の細工などをして暇潰しをしたという。忌服とはいえ、なんとものんびりしたものだった。

一方、天皇やその他の皇族の忌服に際しては、宮中にご奉公する者は宮中で定められた期間、喪に服することになっていた。その際、女官は色物の衣装を一切用いてはならない決まりだった。従って、髪は「總髪」という飾り気なしの下げ髪で、袴から袿まで白一色だった。その姿たるや、日頃より一段と清浄且つ神々しい雰囲気を醸し出したという。

なお、針女の忌服は、そんな悠長なものではなかった。お局から下がってしまえば、女官の日々の生活に差し支えるからだ。針女の両親の忌服の場合、五十日間は「旦那さん」のお召し替えなどの「清」役を務めず、「お番まわし」など「旦那さん」に対して間接的なご奉仕を行う決まりだった。

但し、例外もあった。毎年十一月二十三日の夜半から二十四日の夜明けにかけて行われる新嘗祭（にいなめさい）の時だ。第一章の「宮廷の年中行事」の項で既述したとおり、新嘗祭は宮中で最も重要且つ神聖な儀礼・儀式だ。この時期に生理中の女官と侍女は、すべからく実家か持ち家、あるいは「お下り所」に下がっていなければならなかった。なお、お局では、生理中の女性を「おぷくさん」または「おまけさん」という。この祭事の一週間前には、女官のみならず宮内省お雇いの雑仕や、女官の侍女の針女や仲居たちに到るまで必ず厳重な取り調べを受けたという。が、誰がどんな取り調べ方をしたのか、筆者は知らない。この時にまつわるエピソードが久留島武彦の『お局生活』に載っているので引用しよう。

> 〈厳重な取り調べの〉やかましきを利用し、宿下がりなどなしたきものは、さも無きにそれと申し出でて自宅または親族へ引き下がる者もあり。斯る時に宿元へ下がる者は、御式の前日晩景（ばんけい）に御門を出（いず）る事と極まりおるにぞ。皇宮警視は「ははァ、今日はお赤いさんが幾人あった」と、詰め所の笑い種になしおれりという。

「お赤いさん」とは、いうまでもなく生理中の女性のことを指して言っているのだ。当時、皇宮警察の門衛が宮中に出仕している女性をからかうにしても、彼らの官位はせいぜい八等出仕から十等出仕だったから、勅任官か奏任官の高等女官や判任官の下級女官のような上位の官員をからかう訳にはいかなかったはずだ。とすると、彼らがからかったのは、宮内省お雇いの雑仕か女官の侍女である若い針女か仲居だったに違いない。もう少し『お局生活』を読み進もう。

年若き警視中には、自ずからお局の消息にも通じて見知りおる針女などに対しては、巡回の途中など戯言を試むる者もなきにあらず。この事皇后職に知るゝ度毎に、それぞれ規則もやかましく立てられて、巡回にも一人は厳禁と、必ず二人同行する事と定めらるゝようなるも、何時しか勤務も忙しく手回りかぬるようなりては、再び一人巡回となりてまた先の日の失敗を繰り返す事もありとか。

されども、お局口より以内各側の巡回には、爾来必ず二人同行する事となりおり、尚掟厳しく、女官の取締りも充分に行き届けば、昔は知らず今はさる不心得者もなしという。

皇居が京都から東京に移されて以来、皇宮警察や近衛兵の警戒が厳しくて、一般人の皇居内への立ち入りは不可能に近かっただろう。が、数年前までは田舎侍だった皇宮警察や近衛兵の若い者が、むしろ興味本位で女の園に立ち入ろうとしただろうし、また実際にみさかいなく立ち入った者も少なからずあっただろうと思われる。それでは、お局内の修理や男手のいる仕事があった場合、どうしたのかという疑問が残る。続けて、『お局生活』を読み進もう。

このお局口の内外については、その出入にも取締りにもなかなかに厳重に容易に他より覗うことも許されず。この内に立ち働く男気とては、四十以上の省丁十名ばかりあるのみ。これも身元・行状の確かなる者を選びあり。その他は「呼次ぎ」と云ひて、十一歳位より十五歳までの小童数名あり。これらは、お局内に外に出されざる修理物、たとえば女官の洋服、戸棚、または長持と云へるが如き大物の据え置きのまま繕はざるべからざる如き折りに、外より大工、または指物師を入るゝ事あり。この職人をお局口より引き受けてこれに付き添い、その仕事の終わるまで監督をなしおる者にて、お局口より案内する時は大声で「一人入ります」と、その付近警戒の警視に向かって呼び、出る時もまた「一人出ます」と注意す。

文中に「省丁」とあるが、「便」または「弁」という字を当てた記録もある。が、明治四十一年（一九〇八）から昭和八年（一九三三）までの二十五年間宮中に出仕した小川金男氏は、女官の舘の小使すなわち下働きをした人だが、自分たち仕事人の呼称を「仕人（つこうど）」と同氏の著書『宮廷』で記述している。時の移り変わりで、役職の呼称も変わったのかも知れない。それらの下働きの役目について、下世話になるが久留島武彦氏の『お局生活』に興味深いことが記されている。

> お局の小使なる便（べい）（省丁（しょうてい））が詰所は、お局の内側に設けられある事は既に記したり。その女人ばかりの構（かま）の内に御奉公申し上げる事なれば、心定まらざる年若き男にては、もし間違ひの起こらんとも限られずと、身元確かに素行正しき四十以上の老人を選びある事もまた既に紹介しおきたりと覚ゆ。
>
> 局（つぼね）にては便と呼び、その役目は名の如く省丁なれば、もとより身元確かなりとも身分高き者にはあらぬが、そのさまざまの役目のうち、便が身に取りてはもっとも大切なる大奥御用を承り（うけたまわり）おる事あり。そは大奥御厠（おんかわや）の清めを司りおる事にて、御器（おんうつわ）は檜柾目（ひのきまさめ）黒塗りの箱様（はこよう）の物にて、その箱の上端左右には刳（く）り細工にて把手（とって）差し出おり、その底には籾殻（もみがら）を敷きてまいらせあれば、日々侍医局医員の検査を経たる後は、特に紅葉山にしつらへある埋め場所に移し、一点の汚れも止めず。されども少しく古りたりと思ふ時は、直ちに調査課よりは内匠寮（たくみりょう）の手を経て新たに調進せしめ、先なるは焼き捨てらるゝ、という。

なお、天皇や皇后の便所の中は三畳ほどの広さの畳敷きになっており、中央に落とし穴があいていて、記述にあるような箱で受け止める仕組みになっていた。一度ご用済みの箱は、便所の外側の下のほうから取り出し、一切人目に付かぬように背丈ほど掘り下げた道を通って一旦侍医の検査を受け、その後はやはり掘り下げた道を通って紅葉山の埋め場所に行って埋めたと、もと「仕人」だった小川金男氏は自著『宮廷』に書いている。

皇居内はいずこも外部からのガードが堅かったことは分かるが、外部の者が女官に何らかの事情があって面会するにはどうするのか次に述べよう。

女官や針女たちが、親戚その他の外部の者に会うときは、必ず面会所でと決められていた。その面会所の場所は、天皇や皇后のお常御殿から七丁半あったという大廊下を伝ってお局の棟を通り越し、さらに一丁ほど先に「お局口（玄関）」があり、その右脇にあった。左側の部屋は、宮内省官員の詰め所になっていて、官員が面会の手続きや面会の監視を行っていた。なお、例外として肉親の女性に限り、あらかじめ大奥に届け出をしておけば、お局やお部屋の中まで入ることができた。が、その許可は、病床に伏す女官の見舞いなど、ごく稀な場合に限定されていた。

女官や侍女たちに面会する者は、まず坂下門の警手に自己の身分を証明できるものを提示し、用件を申し出なければならなかった。そこで許可されれば、「仕人」が呼ばれてその付き添いのもとに面会所に案内される。面会所入り口では、宮内省の係官に同じく自己の身分証明を明らかにして用件を伝え、面会したい相手の名前を告げる。すると、「呼次ぎ（よびつ）」の少年は、めざす女官のお局またはお部屋に来客を伝える。面会の相手が高等女官か下級女官か、それとも侍女なのかによって、面会所内の入れてもらえる部屋が違う。高等女官が使う部屋は広い絨毯敷きで、西洋式にテーブルと椅子が用意されている。下級女官や侍女が使える部屋は畳敷きになっていて、しかも前者と後者の違いによって部屋の広さが違っていた。

外部の面会人がここまで辿り着いても、女官や侍女に直ぐに会える訳ではない。女官の大奥への出仕時間によっては会えないときもあるし、侍女が「旦那さん」の御用で手が離せないときは、いつまでも待っていなければならないときもあった。が、ただ待つにしても、面会時間は午後五時までと決められていたので、たとえ面会人が遠方から来たといっても相手に会えずに帰らざるを得ないときもあった。また、盆暮れの季節は、暑中見舞いや歳末の挨拶で面会人が極めて多く、面会所は混乱するのが常だった。なにしろ、女官の舘には二百五十人ほどの女官や侍女たちがいるので、混乱するのは必至だ。

面会を受ける女官や侍女たちは、その日に限って化粧を殊更丹念に行ったという。宮仕えの身が誇れる一瞬だからでもあろうが、女性の性のほどが窺える。面会されるほうはお勤めがあるので、自ずと面会時間が制限されるが、特に若い針女たちの面会風景は賑やかで、話は尽きなかったそうだ。針女たちは、忌服での宿下がりや特別に短時日のお暇を戴くときのために、流行(はやり)の襟巻や晴れ着一揃えをねだったり、日常の小遣いをせびったり、なかには宮仕えのつらさを愚痴ったりと、話の内容は様々だ。

面会人は、決して手ぶらでは行かない。必ず贈答品として何かを持参する。贈答品としてお決まりだったのは、やはり食料品が主で今も昔も変わらない。が、品物の種類はかなり違っていた。当時は貴重品だった鶏卵のほかに、賞味期限の比較的長いカステラ、海苔、昆布、砂糖、鰹節などであった。

一方、盆暮れの季節になれば、針女のほうから実家に早めのお中元やお歳暮を「旦那さん」や「老女」宛てに送ってくれるように、針女のほうから実家宛てに手紙で矢の催促をする。が、実家から送ってきたものが、他の針女の実家から送ってきたものに比べて見劣りすれば、「旦那さん」に対して面目が立たず、また「老女」に対しても後々の陰湿な差別待遇を恐れなければならないので、針女とその実家にとっては頭痛の種だったという。

「老女」の意地悪さついては既述したが、もう少し述べておこう。年が押し迫ると、どこのお局も洗い物で忙しくなる。真冬の洗濯ばかりは、針女たちにとっては最も厄介な仕事だった。問題の「お洗濯物(すましもの)」は、「旦那さん」の椿油のついた下げ髪が襟元に擦れて汚れた白羽二重のお召し物だ。当然ながら、昔は洗濯機がないから、すべてが手洗いだった。手洗いでは、なかなか汚れが落ちない。だからといって、「老女」は洗濯板や洗濯ブラシを使わせてくれる訳でもない。「擦(こす)りすぎたら、生地が傷みますがな」という口実からだ。「老女」の意地悪さは、それだけに止まらなかった。「お湯を使(つこ)ぉうたら、白いもんが赤(あこ)ぅなりますがな」と出鱈目を言って、湯を一切使わしてくれない。燃料の薪代が高くつくからだ。どこのお局の「老女」も「旦那さん」の月俸全額を預かり、節約した分をピン撥(は)ねするつもりだったらしい。一方、湯はダメだからといって、手指の先がちぎれてしまうほど冷たい水道水より温かい井戸水を使わせてくれる訳でもない。これも、「老女」の単なる意地悪からだ。更に「老女」は、「お洗濯物」の衣一枚につき紙っぺらのように薄い一片の石鹸を与えてくれるだけだった。しかも、その石鹸は安物で、極めて質の悪い代物だった。針女たちは、ネルの襦袢に銘仙の袷一枚で寒風に吹き晒され、ひたすら洗い続ける。が、汚れは一向に落ちない。与えられた一片の石鹸のうたかたは、一泡(ひとあわ)、二泡(ふたあわ)と立った後に空しく消える。「もうちょっと石鹸、おくれやすな」と、針女の一人が我慢に耐えかねて、「老女」に申し出る。「あんさん、何言うたはりますねん。石鹸をそんなに仰山お使いやしたら、白羽二重が傷みますがな」と、「老女」は根も葉もないことを嘯(うそぶ)いて一蹴する。針女たちのなかには、「何でこんなひどい所(とこ)に、奉公に来てしもたんやろか」と、嗚咽して泣く声を隠すために、襟元を噛み締めている者もいたという。また、針女のなかには自ら懐を痛めて、事前に「屋」から自前の石鹸を用意しておき、それをこっそりと使うこともあったそうだ。これは、決して誇張した話ではない。これと似たようなすさましいエピソードが、久留島武彦氏の『お局生活』に書かれている。長くなるが、名文だから全文を引用しよう。

> 此処に憐(あわ)れなる物語あり。そは、某地方の豪家(ごうか)の娘某というが、結婚前の箔(はく)を付ける積もりにて種々に手蔓(てづる)を求め、漸(ようや)くの事にて某のお局にお目見えに上がり、幸いに許されて御奉公申し上げる事となりたるが、やれ嬉しやと思ひしは僅(わず)かに二、三日御奉公の三、四日目にお洗濯物(すましもの)を取締より命令(いひつけ)られたり。
> されば謹(つつし)みてお引受けはなしたるもの、、はたと困りたるは従来濯(す)ぎ物などは下女、婢(はしため)に任せおりて、その水すらも汲みたる事なき事とて、如何にして洗(すま)すべきかも知らず。途方にくれながらも盥(たらい)を取りて、水道の下(もと)に行

き手をつけかけたるが手は徒に凍りて、やがては皮膚も破れんばかり堪えがたきに、右の旨を取締に訴えたりとて、もとより取り上げらるべくもなく、一も二もなく跳ね飛ばされ、泣くなく次の日も、また次の日も同じ物を洗ひたるが更に落ちず。一疋のお白（白羽二重）に三日かゝりて、尚洗い上がらず困りいたる折りから、都合のよくも右の取締りは所用ありて宿下りをなしたり。

他の針女らは、今まで助けたしと思はぬにてはなかりしが、手を出せば反って睨まるゝ恐ろしさに、気の毒とは思ひながらもそのままに打ち捨てをりしが、今は早や心安しこの間にこそと皆甲斐々しく右の新参の針女を助け、手早く洗い上げやり置きたるが、取締りは翌日お局に帰ると共に何れよりかこの事を聞き出し、烈火のように怒り「皆さんがそんな余計な加勢をする程の閑な身体なら、お番を一度ぐらい食べずともひもじくはあるまい」と、当日の昼のお番を給せぬ事となしたり。然るに幸いなりしは、何も知らぬ仲居の、時分にもなりたればとさッさとお番を出だし「さァ皆さん、お番の用意ができました。召し上れ」と差し出したるにぞ。今更取締も押し止められず、舌打ちしながらそのままになしたりという話あり。

斯る有様なりしかば、この針女は取締より何か一言云はるゝを鬼の声にても聞く如く思ひ、常にビクビクとなしをるにぞ。いよいよ受け悪くなり、三週日も経過ざる内全く別人のように痩衰へ、遂に御奉公に上がりてより二十四日目と云ふに、お局を逃げ出したり。然るに取締りは、その逃げ出したるを知ると共に、旦那さんに対し「あれは家元がよいなどと申して上がりしも、頗る怪しきものにて、現在御用の裏袖が無くなりたれば、種々詮索をとげたる所、遂に彼女の手箱より出たれば、その不心得を人知れぬ所にて言い聞かせたるに、それに恥じて逃げ出したり」と、さも真実らしく申し上げ、己が虐待せし結果事ここに至りたるを体裁よく繕ひたりと云ふ。

斯かる取締は表こそ女なれ、その心は鬼とも蛇とも譬へがたなき怖ろしの者なるが、もとよりお局の者が皆斯くありと云ふにはあらず。或いは、百人中の一人あるやも知れざれども、兎に角取締のお局に於ける勝手の振る舞いは旦那さんよりも甚だしく、誰押さえ人なきまゝに愈々増長し行くが常なりとぞ。

お洗濯物の辛さは如上(にょうじょう)の事実にて充分に察知すべきが、終日水づかりの手を赤大根のようになして漸く一通り洗い上げ、やれやれ先ず今日のお役は済ましたりとほっと一息つく事なるが、斯かる時普通ならば先ず火鉢にて冷え切りたる手先より身内まで暖むるが常なるに、お局にてはなかなか斯かる事は夢にも望まれぬ事にて、たとえ火鉢のそばに行きたりとも炭団(たどん)二つぐらいが僅かに火気を保ちをるのみなれば、身内を暖むるは愚か指先すら充分にはぬくもらず。

また、ぬくもりたればとて斯かる事をなしをらんか、忽(たちま)ち取締の横目に睨(にら)まれて、更に一層の苦痛を与えらるゝ事なれば、心より冷え切りて胴震(どうぶる)ひに歯の根は合わずも我慢して押し通すと云ふ。お洗濯物はまだよけれども、お張り物となると針女泣かせにて、糊(のり)を引きしんしを張り、水を掛くる一切の立ち働き悉(ことごと)く吹き晒(さら)しの中に為す事とて、その苦しさ云ふべくもあらず。押し詰まりて、このお張り物の多き時は、面会所の裏手のお文庫わき広場に行きて為すに、梢(こずえ)を鳴らして吹き来る北風は身体を横様(よこざま)に身内の温かみ取られじとかばうにも拘(かか)わらず、ひとなぐりに奪い去りて身は凍りたる石よりも冷たく、殆(ほとん)ど吾(あわ)と吾身(わがみ)に血の気の通いをるやをも疑ふほどなりと云ふ。

されども血気(けっき)盛んの娘盛りなればこそ、これも押し耐えて通さるゝものにて、斯かるお張り物などの多き時は終日立ち回りて、空き腹を感ずる事甚だしければ、従って鹽瀬(しおせ)その他の菓子屋大繁盛にて、時ならぬ売り切れを告ぐる事などもありと云ふ。

如何に御奉公が専一なればとて、厳冬火の気にも近寄る能(あた)わず苦しければとて、辛ければとて、ただ命(めい)のままに立ち働く針女こそ憐れとも、気の毒とも云ふべき者にて、斯くと女官がたの知りたらば、まさかに斯くまで虐使(ぎゃくし)する考えにもあるまじきが、世情に通ぜず何事も取締の云ふがまま一切を任せをる事とて、総(すべ)ては都合よく運びをる事ぐらいに思ひなしをるものなるべし。

また、針女のほうにては、火の気なければ下の物にても数多く重ね、身内の温かみを保つべきはずなるに、そこが女性(にょしょう)の虚飾(みえ)とでも云ふべきか、厚着は格好を悪くすればと伊達(だて)の薄着に震えをるなどひとつは自業自得とも云ふべし。

当時の針女が、いかに我慢強かったかよく分かる。が、筆者にとってその根性はあっぱれと思う一方、その了見が全く理解できない。もし筆者がこんな目に遭ったら、間違いなく茶碗を投げつけ、食膳を蹴飛ばしてさっさと勤めを辞退して帰って来るだろうと思う。お局の舞台裏では、もっと憐れな話がある。次に、なぜそこまでするのかと思うエピソードを紹介しよう。

針女は､真冬でも木枯らし吹きすさぶお局の裏手の水場にしゃがんで長時間洗濯に励む。襦袢と袷の着物一枚では、確かに寒いはずだ。否、寒いのを通り越して、手足がしびれ、身体が凍りついてしまうような思いだろう。お局に戻ったからといって、部屋にはストーブやエアコンがある訳ではない。さりとて、取締りの「老女」は、針女たちに火鉢を使わせてくれる訳でもない。ただ、針女たちが暖を取る方法が一つあった。

それは、朝な夕なに「旦那さん」がお化粧の前にお使いになる「お腰湯(すそゆ)」の利用だった。既述したように、女官は「お早番さん」であろうと、「おゆるりさん」であろうと、大奥出仕前には必ず時間を掛けて念入りに化粧をする。その際、化粧を手伝う針女たちは、湯を張った「清」用と「次ぎ」用のそれぞれの盥に手拭いを浸して絞り、女官の上半身と下半身を別けて丹念に拭く。拭いては絞り、拭いては絞った後の湯は、未だ生温かい。その残り湯を、「老女」に見つからぬようにこっそり湯たんぽに移し、押し入れの畳んだふとんの中にそうっと隠しておく。そして、洗濯などでしびれた手先をその湯たんぽで温めたり、その湯を使って顔や手を洗ったりという按配だ。

女官の身がいくら清いといっても、身体を拭いた残り湯だ。その残り湯で顔や手を洗うとは、俗世間の人でさえ想像も及ばない。人が窮すれば不潔や不浄の観念がなくなり、こうもなるものかと驚いてしまう。

そのほかに、身体を温められる機会は入浴だった。が、針女たちの風呂は通常六日毎に沸かされ、午後に入浴することになっていた。冬場の暖房のない針女の生活では、入浴が食事以上の楽しみだったそうだ。針女たちが使う風呂場は、お局の裏口を出たところの板廊下を隔てた物置の横にあった。簡単な板張りの三和土（たたき）に、いわゆる五右衛門風呂の鉄釜を漆喰で固めただけの粗末なものだ。そんな風呂場が、各お局に一つずつ付いていた。沸かし始められるのは、たいてい針女たちの朝食後だ。そして、正午前後に沸き上がる。

一番風呂は、取締りの「老女」からと決まっていた。「老女」は、悠々と時間を掛けて入る。続いて、針女たちが古参順に入る。が、一人ひとりが、ついつい長風呂になってしまう。すると、たちまち「老女」から「何をしといでやすのや。早よう上がらんことには、次がつかえてますがな」と、ヒステリックな声が響き渡る。

針女が「お赤いさん」の時は、それが終わった日から十一日経過しなければ「お清いさん」にならないという仕来りがあった。ということで、「お赤いさん」は入浴させてもらえない。へたをすれば、半月ほど入浴できない針女もいる。そこで、「お赤いさん」が終わって五、六日を経た針女は日を二、三日さばを読み、風呂の立つ前日あたりになると、「きのうでやっと十一日目になったのやし、嬉しいことに次のお風呂に入れるわ」と、「老女」の前でわざとらしく独り言をいう。

そんなこんなで、やがて針女たちは年末・年始を迎える。針女たちにとって、年末は大忙し、年始は年に一度の骨休めで、悲喜こもごもの時節だ。

年末は、必ず大掃除がつきものだ。それは一般家庭の場合と同じだが、要領が少し違う。お局内では、各部屋の掃除を一斉に行って一日で終えてしまわない。昼間は誰か一人が、「旦那さん」の身の回りのお世話をしなければならないからだ。はたきや箒（ほうき）を持ち、時には汚れた物を手に取ることもある。すると、「次ぎ」になる。お局内のすべての針女が「次ぎ」になってしまうと、「旦那さん」のお世話が一切できなくなる。従って、毎日誰か一人が作業を免除されて、「旦那さん」のために待機する。そうなると、手が足りなくなる。その結果、何日にも別けて掃除せざるを得なくなるという次第だ。たかが八部屋と台所や風呂場くらいのお局といっても、女手だけでは大変だ。ただ掃いたり、拭いたりするだけではない。鍋・釜や盥などの日用品の取り替え、調度品や仏具などの手入れ、それに障子や襖の張り替えもある。重い箪笥や長持も移動させなければならない。更に、毎年暮れには各室の畳の張り替えがつきものだ。その際は、まるで男のように屈強そうな宮内省お雇いの雑仕の手伝いを頼んで、畳の出し入れを行う。もちろん、畳の張り替え作業は、宮内省御用達の業者が行う。掃除が終わった後は、必ず入浴して身を清めなければならない。また、その風呂を楽しみにして、針女たちは大掃除に励むという次第だ。

大晦日は、徹夜作業になる。旦那さんも大奥に詰め切りになり、元日の「四方拝」や「朝賀」の儀礼・儀式にそなえて天皇・皇后両陛下の身の回りのお世話をしなければならない。針女たちは、「旦那さん」の正月用の衣装や道具類を調える。特に、食器類の用意がなかなか面倒だ。「旦那さん」がお使いになる正月三が日の朝昼晩の食器類は異なる。お箸をはじめ椀や小皿など、それらの取り合わせが何通りもあり、その都度替えなければならない。例えば、箸一つにしても塗り箸、銀箸、象牙箸、その他に杉や檜の丸箸、角箸、卵中（らんちゅう）などがある。それらの取り揃えと手入れを、あらかじめしておかなければならない。

それらの作業が済むと、お雑煮の仕度に取り掛かる。おせち料理を作るお局は滅多にない。その訳は後に述べる。お雑煮は、どのお局も京都風だ。どのお局の「旦那さん」も、京都の公家出身だからだ。ベースは、昆布出汁（だし）に白味噌を使う。お餅は、丸餅だ。その他、火を通した小芋（里芋）と大根（ねずみ大根）を入れ、上から花かつお、若しくは糸かつを振り掛けて出来上がりだ。「旦那さん」の好みによっては、八つ頭（頭芋）、芹（せり）、牛蒡（ごぼう）、人参などを入れる場合がある。

お雑煮の仕度が終わると、今度は自分たちの髪を結い、厚化粧を施し、紋付白襟に着替える。この頃になると、午前零時を過ぎる。やがて、当番がお召し替えになる「旦那さん」を「お杉戸」までお迎えに行く。お局にお戻りになった「旦那さん」の御髪上げとお化粧が始まる。お召し替えが済むと、針女たち全員が「旦那さん」の前に揃って正座し「ごきげんよう、新年明けましておめでとう。旧年中はいろいろとお世話になりありがとう、謹んでお礼申し入れます……」と、新年のご挨拶をする。その後、一人の針女が雪洞を持って「旦那さん」の先に立ち、もう一人の針女が旦那さんの後方に控えて再び「お杉戸」までお見送りをする。午前三時を過ぎた頃だ。この時刻になると、「一の側」のお局前の大廊下は、式服に身を包んだ艶やかな女官たちが針女たちに傅かれて「お杉戸」に向かう行列が続く。まるで、狐の嫁入りのようだ。

「旦那さん」の大奥出仕を見届けた後のお局は、針女たちにとっては天国だ。年に一度の酒盛りが始まる。「老女」を中心にして、お屠蘇を酌み交わす。若い針女たちは、「老女」の眼のまわりが桜色に変わるのを見届け、遠慮無いおしゃべりに興じる。今日だけは無礼講とばかりに、「老女」に対して皮肉っぽい冗談を連発して日頃の鬱憤を晴らす。

そうこうするうちに、昼前になる。この日は、「おすべり」が多い。針女たちは今日の己の衣装を多くの人たちに見せたい娘心から、「おすべりもの」は未だかまだかと不必要に「お杉戸」前の御膳棚まで何度も往復する。大奥から下がる「おすべり」の「お平つけ」には、大皿や中皿に盛られた料理が満載だ。正月前に、各お局でおせち料理を用意しない理由はここある。正月三が日は、「旦那さん」のための「お番まわし」の必要はない。天皇・皇后両陛下が主催される「表」での御宴や「奥」での御内宴に、旦那さんは連日連夜お相伴で陪席されるためだ。従って、針女たちは「おすべり」を戴く。いつも強欲な「老女」も、さすがに三が日だけは独り占めにはしない。と言うより、一人二人では食べきれないほどの量が「おすべり」として下がってくるからだ。

一方、「旦那さん」は公式行事の侍立や陪席のため、早朝から深夜まで多忙を極める。一日に二度三度の式服のお召し替えのために、お局に戻る時間もついつい不規則になってしまう。針女たちは、お出迎えのしようがない。旦那さんは、突然一人でお局に戻って来る。が、針女たちは、かるた取りや双六(すごろく)に熱中し過ぎて、「旦那さん」のお戻りに気付かない場合がある。また時には、針女たちはお局前の「おめんどう」に羽子板を持ち出して羽根つきに興じて、「旦那さん」が戻ってもお局には誰もいない場合もあった。「旦那さん」にとっても、正月早々から雷を落とす訳にもいかず苦笑するより他になかった。

そんなことがあって、お局の新しい一年が始まる。天下太平の別世界だ。とはいえ、針女は年々御奉公するうちに、したたかな「老女」にしごかれて徐々に悪賢くなる。そして、いつの間にか純情な心を失い、天真爛漫だった性格が歪んでしまう。やがては、「老女」のような海千山千の女になってしまう針女もいた。

一方、「老女」のしごきに耐えかね、泣きっ面をかかえて実家に下がってしまう針女も少なからずいた。お局に上がる針女は、もともとは裕福な商人の箱入り娘だったので、当然と言えば当然の結果だった。お局では、針女が一人欠けると、直ぐにまた次の新参の針女を迎え入れた。

お局の御奉公に上がる手立ては三通りあった。第一は、今まで御奉公していた針女の血縁続きが紹介されて、同じお局に代わって上がるケースだ。これは、前の針女が結婚、病気、その他の理由で円満に下がった場合に見られた。第二は、お局の御用で出入りする「屋」の口入れで御奉公に上がるケースだ。大半の針女はこのルートでお局に上がったようだ。この場合、裏側で取引される賄賂の多寡によって決まったらしい。第三は、下級女官の女嬬や権女嬬の紹介でお局に上がるケースだ。この場合、お局に上がる候補者の実家の調査や候補者自身の検査が結構うるさかった。

いずれにしても、当時は娘をお局に上げたがる親が多かった。大概、娘の行儀見習いというより、家筋の箔付けのために娘をお局に上げたがったのだ。従って、親は誇張した娘の履歴書や偽造まがいの家系図の写しを用意し、八方手を尽くしてツテを探し、現役の針女や下級女官の両親、それに宮内省御用達商人などに常時預けていた。そして、どこかのお局の針女が実家に下がると噂を聞けば、娘をその後釜にするために東奔西走したそうだ。

お局に欠員ができると、「老女」がどこからともなく手渡される履歴書や家系図を見て、「旦那さん」と相談し合って候補者毎に面接日時を決める。当日、候補者は親兄弟に付き添われて、皇居坂下門をくぐり女官面会所にやってくる。お局に上がれば、夏は単衣一枚、冬は袷一枚で朝から晩まで漕ぎ使われるとは夢にだに思わず、候補者は振り袖姿でしゃなりしゃなりとお出ましになる。

そこで、いよいよ採用試験が始まる。これを、お局用語で「お目見え」といった。第一面接は、「老女」だけが行う。「老女」は、あらかじめ入手している履歴書と家系図をもとに、候補者本人やその付き添いと質疑応答を繰り返す。「老女」が了承すれば、次はお局の中で「旦那さん」直々の面接が行われる。付き添いは、お局までは入れない。候補者だけが、「老女」の案内でお局に向かう。お稽古事以外に家からあまり出たこともない二十歳前の娘は、ただでさえ見たことも、聞いたこともないお局の様子と雰囲気に怯えているように窺える。胸のうちは不安と恐怖におののいているのか、顔から血の気が引き、口元は硬直してまともに喋れず、お局に向かう大廊下を歩く足腰は極めて心許ない。

やがて、お局に入ると、「老女」は膝行って「旦那さん」の居間に娘を先導する。その姿を見た娘は、それだけでたじろいでしまう。茶道の稽古の時に、膝をついてにじり寄る動作は知っているが、それは所詮四畳半程度の狭い茶室だけでのことだ。が、お局内では、「旦那さん」以外の者は立って歩くことは一切許されない仕来りだ。入り口の障子を開けたところから膝行って畳廊下を経て、更に膝行って八畳敷きの表の間を通って、「旦那さん」の居間に進まなければならない。況して、振り袖姿では、膝が思うように前方に出ない。両脇の長袖の捌き方もむずかしい。

ようやく「旦那さん」の前に出て正座し、手を突いて丁重に頭を下げたものの、緊張しすぎて何を話してよいのか分からない。心中はドキドキして、鼓動は高まるばかりだ。そこへ、「もそっと前へ。いやもそっと前へ」と、後方から「老女」の声が掛かる。これもお局の仕来りで、「旦那さん」とは座布団一つの間隔まで近づく。「旦那さん」がお局に上がる候補者の頭髪の匂い、口臭、体臭（わきが）を確かめるためだ。この段階で問題があれば、「今日は、これだけにしときまひょ。いずれまたその内に」と、遠回しにお引き取りを促す。また、この臭いの確認で問題がなくとも、それまでの立居振舞や言葉遣いが良くなければお引き取りを願う。性格が良くないものも落第だ。特に、気が利かない「半間（はんま）」や、動作が緩慢な「気長（きなが）」は遠慮されてしまう。というのは、ただでさえお局の御奉公は年から年中早朝から深夜まで忙しいので、敏捷であることと辛抱強さが要求される。最も大切なことは、お局や大奥で「すは一大事！」となった際に、機転を利かして迅速に対処できるかどうかが問われる。

ここまで問題がなければ、次はいよいよ実技試験に移る。綿入れ白羽二重を渡されて、赤糸で袖と褄（つま）（長着の袷や綿入れの裾先）を縫わされる。既述したように、お局では針に糸を通す時、糸を舐めて通すことは決して許されない。「老女」は、娘の糸の通し方、針の持ち方、布の持ち方、縫い方などを執拗な目付きで追う。ここで失格すると、やはり「今日は、これだけにしときまひょ」ということになる。

裁縫にパスした者は、次に特技の試験が行われる。早速、茶道を特技とする者は茶を点てる、華道を心得る者は花を生ける、琴をたしなむ者は琴を奏でるといった按配だ。この試験には、大した意味はない。娘の趣味と教養の程度を推し量るためだけだ。ここを通過すれば、最終段階に入る。

「老女」に案内されて湯殿に連れて行かれる。どの娘も、これには仰天したらしい。「老女」は、先に衣服を脱ぎ捨てて丸裸になる。娘も裸になるように促される。いよいよ、女人同士の秘め事が始まるのかと思うと身がこわばる。二人が湯殿に入ると、「老女」が娘の身体を懇切丁寧に洗ってやる。娘は観念して、「老女」に身を任せるより仕方がないといった風情だ。

これは、いわゆる身体検査だ。起源は、江戸時代に遡る。ある時、宮中に出仕した侍女のなかに、普段身体の見えないところに彫り物を入れていた者がいたという。また、心中し損ねたのかどうか分からないが、身体のどこかに刺し傷の跡が残っていた者がいたともいう。爾来、お局に上がる者は必ず湯殿で丸裸されて、身体検査を受けることが仕来りになったようだ。

この新参の身体検査について、本当かどうか分からないが、久留島武彦の『お局生活』におもしろい話が記述されている。それに基づいて、概略を述べよう。明治維新まで、新参の定期採用が行われていたそうだ。毎年、針女が大挙してお局から実家に下がったからだという。それほど、昔のお局の御奉公は辛かったようだ。そして、毎年節分の日に、新参の一括採用試験の一環として新参全員の身体検査が行われたようだ。

当日夜、十人あまりの新参は夕餉をあてがわれる。それが済み次第、否応なく素っ裸にされる。といっても、うこん色、桃色、または白木綿などの湯巻きだけはそのまま腰に巻いたままで許された。髪は「し」の字返しに結び上げ、その上に手拭いを唐茄子被り（とうなすかぶり）にする。ある者は、手拭いではなく、ざるを被らされる。新参たちはそんな扮装（いでたち）で一列に並ばされる。古参の取締り連中の一人が先頭に立ち、御膳所（ごぜんしょ）（台所）に向かう。御膳所に入ったところに備えられた大きな三方（さんぼう）の上に、大火箸、すりこぎ、大しゃもじ、蕎麦打ち綿棒などが置いてある。新参は、そのうちの一つを手にとって肩に担ぐように命じられる。やがて、二十数名の古参連中が、桶、盥、薬缶などの底を打ち鳴らして、歌い出す。

「はれ、新参舞を見いさいな、新参舞を見いさいな」

と、歌い出す。列の先頭に立つ古参の「老女」が、御幣をかざして踊り出す。腰をひねって尻を振りふり、ぬき足さし足で調子を取りながら前へ進む。まるで、タコ踊りかスズメ踊りだ。

新参たちにも台所道具類を担いだまま、それに続いて踊るよう命じられる。

「はれ、新参舞を見いさいな、新参舞を見いさいな」

と、繰り返し歌うことも命じられる。新参たちは恥じらいながら、不承ぶしょう踊り出す。そして、御膳所の中央に据え置かれた大囲炉裏の周りを、歌の調子に合わせて何度も踊り回る。そのうちに、新参たちも活気付いて、歌声もだんだん大きくなり、尻も派手に振りふり踊り回る。

その間に、古参連中は眼をらんらんと見開いて、新参一人ひとりの肌に彫り物、傷跡、痣、性病や皮膚病の痕跡、身体の障害などがないかどうかを見極める。古参連中がよく見極めたところで、最古参の取締りが歌と踊りを制して、「お喜びやす、首尾ようお目見えもお済みやしたさかいに、幾日かにお上がりやす。その折りのおみやげは、お決まりのものを持参しなはれ」と申し伝える。

なお、この「お決まりのもの」というのは、各お局によって違うが、大概は「旦那さん」には折り詰めの鶏卵、鰹節、カステラなど、「老女」には季節向きの反物か片帯、先輩の針女たちには白綸子または紋羽二重の襦袢の襟一かけないし二かけ、仲居にはめりんすか縮緬の襦袢の襟一かけないし二かけ等をみやげものとして用意する。その他、「一の側」の中にあるお局に御奉公に上がる場合は、「一の側」の全ての「旦那さん」とその侍女たち凡そ百人に、餅菓子などを用意して配る慣わしだった。

以上が、新参の採用試験のすべてだ。後日、お局から書面で採用通知が届く手はずだ。実は、この採用試験方法は江戸時代から厳格に執り行われてきたが、その後徐々に厳しさが緩和され、明治中期以後からは身元調査と面接試験だけで済むようになった。というのも、日本は憲法を発布し、立憲君主国として近代国家の道を歩み始め、宮廷の故習も少しずつ改められるようになったからだ。

4　女官の服装

女官の普段の服装は、典侍、掌侍、命婦、女嬬や雑仕など勅任官、奏任官、判任官の官位によって違う。勿論、季節によっても違う。礼服についても、官位によって異なる。普段の服装は、従来からの仕来りによって不文律で決められていたが、礼服に関しては太政官や宮内省の通達によって定められていた。

まず、女官の普段の服装に関して云えば、夏は白の平絹（羽二重）で、立夏後は白の平絹の「褂《うちかけ》」または生絹の「褂」となる。なお、夏は「中倍（褂の袖口、襟、裾などで表地と施《ふき》との間に入れた別の色の絹地）」がない。冬は各種色の「綸子《りんず》」で、裏は中倍の色に合うように付け、重ねの色は皇后陛下が名称をお付けになった。若い人の「褂」のときは、濃緋縮緬または濃色の「間着《あいぎ》」を付ける。老年の人は白二枚を重ね、袴は「緋切袴《ひのきりばかま》」を付ける。

袴は、元日三日間は「長袴」で、普通の式日は「切袴」と決まっている。「長袴」は長さ三尺二寸で、七八寸ほど引くようになる。紐丈は一丈一尺、巾四寸。但し、典侍の紐丈は長く、掌侍は身長と同じとし、命婦は五寸上がりとする。「切袴」の丈は身長によって異なるが、紐丈は八尺、巾二寸と決まっている。

帯は、長袴のとき「つけおび（ねもじ地に白ずり模様）」をする。地色は、衣の色が白ければ赤、衣が赤ければ濃い色とし、前で「トンボ」に結ぶ。「切袴」のときは、巾二寸くらいの緋縮緬の「ハカマシタの帯」を用いる。

小褂《こうちぎ》も、官位によって異なる。典侍《てんじ》の小褂は、二重織物の紅梅。緋の精好《せいこう》の長袴を付ける。その下に、白の襦袢《おひよ》（半袖）と白羽二重の小袖二枚を付ける。襦袢の裾は、必ず「わな（表地をそのまま裏に折り返して縫ったもの）」に限る。それに、檜扇《ひおうぎ》を持つ。権掌侍の小褂は、鶸《ひわ》色か鴇《とき》色の縫取りで、掌侍になると紅梅になる。権命婦は、無紋の小褂に精好の袴を付ける。但し、筆頭の命婦になると、小褂は権掌侍と同じものを用いることが許される。それに、ぼんぼりを持つ。「ぼんぼり」とは、「中啓」とも「中廣《ちゅうひろ》（中浮）」ともいわれるが、普通一般の扇の骨をスライドさせて開く構造ではなく、アコーデオンの蛇腹のように縦向きで半開きになったものだ。

また、女官の結髪については、濃袴のとき髪は大童《おおわらわ》。緋袴になって「お中《ちゅう》」となる。出仕早々の「御雇い」は根に結ぶ。五十歳なると、前髪を引かせる。いずれも、垂髪形の一種だ。なお、髪形に関する詳しいことは、橋本澄子著『日本の髪形と髪飾りの歴史』（源流社）や京都美容文化クラブ編『日本の髪形―伝統の美　櫛まつり作品集』（光村推古書院）をご参照願いたい。

　女官の礼服、つまり「大礼服」とも「大儀服」ともいわれる正装は、天皇や皇后、或いは宮中に参殿する公卿その他の者の服装も含めて、太政官や宮内省からの通達で取り決められていた。王政復古の大号令が渙発されると、「百事、神武天皇のご創業に則り、旧弊を一新すべし」との詔勅が下された。明治元年八月二十三日、太政官から次の布告が発せられている。

　此ノ度、御即位ノ大礼其ノ式ハ古礼ニ基キ、大旌始制作被レ為レ改……中古ヨリ被レ為レ用候礼服被レ止候事。

とあり、奈良朝時代から用いられてきた唐文化風の儀礼や礼服の様式を一切排除することとなった。その四日後の同月二十七日、即位の大礼が京都御所の紫宸殿で執り行われた。そのときの天皇の服装は、今上天皇の即位礼でも見られた「黄櫨染（こうろせん）の御袍（ごほう）」に「立纓（りつえい）」の冠を召された姿だった。親王以下公卿はいずれも本位の色袍（四位以上は黒、五位は緋色）の「束帯」、旧大名諸侯の従四位、少将、侍従格以上も同じく「束帯」、それより以下の旧武家、陪臣、諸大夫たちは「烏帽子（えぼし）」、「狩衣（かりぎぬ）」、或いは「直垂（ひたたれ）」姿で参列した。

　続いて明治五年十一月十二日、大礼服と通常礼服を西洋風に改定する布告があった。

　太政官達第三百三十九号

　今般、勅奏判官員及ビ非役二有位一大礼服並ビニ上下一般通常ノ礼服別冊服章図式ノ通リ、被二相定一、従前ノ衣冠ヲ以テ祭服ト為シ、直垂狩衣上下等ハ総テ廃止被二仰出一候事。

但シ、新製ノ礼服所持無レ之内ハ、礼服着用ノ節当分是迄ノ通リ直垂上下相用不レ苦候事。

斯うして明治四十二年には、『登極令』並びに同『付式』で規程され今日に及んでいる。

とはいえ、皇后陛下や女官の礼装は、今古からなおも替わらなかった。明治の即位式には、皇后は「釵子(さいし)」(「平額(ひらびたい)」ともいう)に「額櫛」を奉り、「御袿」、「御五衣」、「御単」に緋の「御袴」を召された。また、女官も同じく「釵子」に「額櫛」を戴き、唐衣に裳を引いた姿で即位式に参列した。

明治十三年十二月の公達に、正装として「来ル十四年以後、勅任官ノ夫人、新年朝拝可レ被二仰出一ニ付服飾別紙ノ通リ」となっている。

一、掛(地、織物。色、黒ノ外何ニテモ不レ苦。地文、勝手。十六歳未満ハ、長袖。)
一、切袴(地、精好藍瀬或ハ生絹。色、緋。十六歳未満ハ、濃(コキ)ヲ用ウ。)
一、小袖(地、綾、羽二重。色、白。十六歳未満ハ、長袖。)
一、髪(トキサゲ、白紙ヲ以テ中程ヲ結ブ。十六歳未満ハ、紅薄様ヲ用ウ。)
一、扇(中啓)
一、履(勝手)

その後の明治十七年に、再び勅奏任官の服制を礼服、通常礼服、通常服の三種に区別し、その品目をも定められた。更に、同十九年六月以後、宮中女官に洋服が採用された。が、同二十二年二月十一日、憲法発布と共に定められた皇室典範の『登極令』では、即位礼の「賢所大前の儀」並びに「紫宸殿の御儀」に供奉する女官は唐衣・裳等を正装とし、他の参列者の婦人は袿袴を大礼服の代用と定められた。なお、これも大正四年七月には、更なる改定があった。

ちなみに、明治十七年に定められた高等女官並びに高等官吏の夫人の礼服及び通常服の内、後者は次の通りだ。

一、掛（地質ハ、繻珍純子ノ類。夏ハ、紗。）
一、服（地質ハ、白羽二重。夏ハ、晒布。）
一、袴（礼服ニ準ズ。但シ、地質ハ適宜。）
一、髪（礼服ニ準ズ。）
一、扇（ボンボリ。中浮ノ扇ノ俗称ナリ。）
一、履（礼服ニ準ズ。但シ、地質ハ適宜。）

以上の通りで、奏任官及び同相当の服制は、勅任官の通常服の服制と同様となった。が、後宮では直ぐには改められた訳ではない。実際に、勅任官や奏任官の高等女官と判任官の下級女官の通常服が同じようになったのは、昭和の時代に入ってからのことである。つまり、『登極令』や宮内省通達が発布されても、後宮の女官たちの服装まで公権によって容易に変えられなかったのである。

第四章　明治の著名な女官

1　女官長になった高倉寿子

高倉寿子（かずこ）は、天保十一年（一八四〇）九月十一日、公家の中では家格が最も低い「半家（はんけ）」の正三位大納言・高倉永胤（ながたね）の三女として、京都御苑の東北の二階町の邸（やしき）で生まれた。母は、「雨林家（うりんけ）」の飛鳥井雅光（あすかいまさみつ）の次女・存子（ながこ）だ。

なお、『新訂増補国史大系』（吉川弘文館）、土橋定代著『知譜拙記』、『現代華族譜要』等には、寿子が「二女」となっているが誤りである。現に、墓碑には「三女」とある。また、「寿子」の読みを「スズコ」とした著書（上田景二著『昭憲皇太后』二十五頁）や「ヒサコ」とした著書（出雲井晶著『昭憲皇太后』五十五頁）があるが、やはり「カズコ」に間違いない。

寿子の履歴について、京都の尼門跡寺院・大聖寺の第二十七代目当主を継いだ花山院慈薫（かさのいんじくん）（本名・花山院千鶴子）の著書『あやめ艸日記』に、次のように書かれている。

> 高倉永胤卿の三女として生まれた寿子姫は長じてのち、倉橋家に嫁がれたが、日々が楽しくない生活にこんなつまらぬ日々より宮中に御奉公に上がり度、御所とはどんなに華やかなお日常だろうと思うと矢も楯もたまらず離縁を決心して生家に戻られた。

倉橋家とは、半家の一つだ。花山院慈薫門跡は明治四十三年生まれだから、この話は第三者から伝え聞いたものに違いない。そこで、寿子が結婚したことがあるのかどうかについて、筆者は検証してみようと試みたが、今までのところ確証が得られないままだ。門跡の実家は、家格の高い精華家の一つであり、先祖は藤原道長の孫に当たる摂政関白太政大臣・藤原師実の第二子・家忠が花山院家の始祖で、慈薫門跡は三十一代親家の娘であるから、公家社会の噂話は何でもいち早く耳にしていたに違いない。また、大聖寺は、開山以来二十六代目まで代々内親王が門主として継いでこられたので、皇族や宮中の伝聞が当寺まで常に届いていたに違いない。とすれば、古来より「火のないところに煙は立たない」道理からすれば、案外真実なのかも知れない。更に、「当時は、公卿の娘と猫の子は売れ残りがないといわれていた時代」（山川三千子・手記『落ちた皇后の宝冠章』）だから、一條家の女臈として出仕した頃の寿子は満二十六歳になっていたので結婚歴があったかも知れない。

続けて、門跡は続けて記している。

高倉寿子

それからと云うものは北野天満宮へ照る日も雨の降る日も日参が始まった。周囲が何で婚家を去ってまでどう云うおつもりなんだろう寿姫さんは……と不審がった。百日の日参が終わる頃、一條美子姫の御入内が発表された。早速伝を求め御入内のお付き女官として上がられる事となった。早くより才媛の誉れが高く有職の心得もあり、年格好も程好しと云う事であったろう、お華やかな御列の中に入り、明治の両陛下にお乳母さんの様にこよなく信頼を賜る事となった。

明治元年、いよいよ御所の御奉公が始まったのである。天皇様付の先輩女官は有ったが持前の才気煥発さとさっぱりした気性は両陛下の御信任を得て益々その天性は磨かれ女官長、新樹典侍となって女官全部の監督、全てのお内儀で行われる事柄についての責任者となるのである。

正しくは、寿子は一條美子（昭憲皇太后の入内決定後に天皇より下賜された名前）の「お付き女官」としてではなく、寿栄君（昭憲皇太后の入内決定前までの通称）の「上臈」として出仕したのだ。また、寿子は一條美子の入内が決まった後に求められて上臈になった訳ではなく、以前から一條家に出仕していたので、この記述は正しくない。

ところで、寿子は現存する写真を見る限り、細面で鼻筋の通った美人だ。弥勒菩薩のように、やさしさの中にも物事に動じない芯の強さが窺われる顔立ちだ。当時としては、背丈があり背筋がピンと張った凛々しい容姿である。寿子は、幼少の頃より和漢の史書や和歌に通じており、申し分のない高い教養を身に着けていた。また、寿子は家柄の影響もあって、衣紋道に習熟していた。寿子が寿栄君の上臈として選ばれたのは、寿栄君の身辺の世話役が学問、和歌、衣紋道などに通じていないと、寿栄君が将来輿入れした後に何かと不都合が生ずると案じられたからだ。いわずもがな、和歌は平安時代から公家社会では最も気高いたしなみとされてきた。また、格式を重んじる公家社会では、身分や年齢の違いによって、儀礼・儀式の時ばかりではなく四季折々の装束の着替えや着付け方があったので、とりわけ衣紋道を心得ていることが好まれたはずだ。

高倉家の家系は古く、遡ると藤原鎌足がその始祖であるらしい。鎌足の嗣子といわれている藤原不比等は、その四人の息子にそれぞれ藤原南家、藤原北家、藤原式家、藤原京家を創立させて藤原一族の繁栄の基礎を固め、藤原時代の黄金期を形成したと史書にある。室町時代にその藤原北家の傍流の藤原永季が高倉と改姓した。その永季から数えて二十代目が寿子の父・永胤にあたる。なお、高倉家の先祖には、室町時代の後奈良天皇や正親町天皇、安土・桃山時代の後陽成天皇、江戸時代の光格天皇などに仕えた女官がいた。

寿子が生まれた幕末の頃、徳川幕府の財源が乏しかったため、幕府から朝廷に対する献金は極めて少なく、朝廷に仕える公家たちは生活の糧に窮していた。が、幸いなことに高倉家のような「半家」の公家は、家格が低いとはいえそれぞれに家芸を以って朝廷に仕えていたので、武家や社家を相手にアルバイトをして糊口を凌ぐことができた。ちなみに、土御門（つちみかど）家の陰陽道、五辻（いつつじ）家の神楽、竹内家の笙、富小路（とみのこうじ）家の和歌、清岡家の儒学というように伝統を誇る家芸を備えていた公家があった。

高倉永胤（ながたね）の二男三女（長女及び次女、それに弟は夭折したようだ）は、不自由なく育った。高倉家は子供の教育には熱心であり、子供たちの幼少の頃から和歌や管弦の師匠を招いて教養を身に着けさせた。ところが、父・永胤は寿子が五歳になる前に亡くなった。高倉家を継いだのは、寿子の三歳年上の兄・永祜（ながさち）だった。この兄も、寿子が美子皇后の上臈になる五か月前の明治元年七月二十九日に奥羽征討軍総督として出征中、越後高田で病に冒され陣没している。その後、永祜の長男、即ち寿子の甥にあたる永則（ながつね）が高倉家を継いだ。

慶応三年（一八六七）六月二十一日、寿子は一條忠香（ただか）の三女・寿栄君の上臈として出仕した（高倉寿子・手記『御二方の御面影を偲び奉りて』）。その四年前の文久三年（一八六三）十一月七日に、忠香は既に他界していた。従って、一條家の当主は忠香の長男・実良（さねよし）だった。そこで、寿子は実良から「千枝（ちえ）」という名を頂戴した（高倉寿子・前手記）。なお、「寿子（かずこ）」という名前は、明治四年（一八七一）四月四日の『太政官布告第百七十号』により、翌年二月一日から施行された日本で初めての『戸籍法』（いわゆる『壬申戸籍』といわれるもの）に基づいて登録されたものと思われる。出生以来、「忠子（ただこ）」が実名であったようだ。現に、明治四年八月二十二日付の『太政官日誌・第五十七号』と『進退録・女官ノ部・皇后宮女房』には「藤原忠子」と記載されている。「藤原」という姓は、古来上層階級で使われてきた「氏」と「家名」の族名を併記する慣わしによるものだ。また、明治六年二月二十日付の『進退録』には「千枝子」、明治六年六月二十五日付の『太政官日誌』には「寿子」とも記載されており混乱が見られる。

寿子が一條家の上臈として出仕していた頃の世情は、「安政の大獄」（一八五八〜一八五九）と呼ばれる大事件が収まったばかりだった。京都では開国派の京都所司代の幕臣たちと尊王攘夷派の志士たちとの間でにらみ合いが続き、不穏な空気が漂っている最中であった。町人たちが物騒な外を出歩くことはあまりなかった。まして、女子供が外に出ることは滅多になかった。従って、京都の市中は、昼間でも不気味なくらいひとけがなく静かだった。そんな世相の中で、寿子は一條家に出仕した。

幸い、高倉家と一條家との家の距離は一直線で六町（約六百六十メートル）ほどしか離れていなかったので、寿子は一條家に容易に通うことができた。明治維新まで、公家たちの邸は京都御所の周りを取り囲む形で建っていた。高倉家は、京都御苑の東側の北端（当時、「二階街（町）」）、即ち現在の寺町通りと今出川通りとの交差点から少し西南方向の場所（京都市中京区大原口突抜町付近）にこじんまりとした住居を構えていた。一方の一條家は、現在の京都御苑内の北西角、すなわち烏丸（からすま）通りと今出川（いまでがわ）通りとの交差点辺りを起点として、東に一町（約百十メートル）、南に二町（約二百二十メートル）に広がる敷地に大邸宅を持っていた。そんな広大な邸内には大きな庭池もあって、四季折々の風情を楽しむことができた。美子皇后が一條家で寿栄君と呼ばれていた若い頃は、庭に花が咲き、鳥がさえずり、虫が鳴き、雪が降ると、上臈の寿子と一緒に和歌を詠み、春夏秋冬の風流な情緒に浸っていたと思われる。

寿子は、一條家に出仕した一週間後の六月二十八日、寿栄君が天皇に初めて「御目見えのために御参内遊ばすことになりました」（高倉寿子・前手記）とある。その辺りの経緯に関しては、第一章の「一條美子の入内と東行」で既述したが、寿栄君の参内（さんだい）にお供したのは寿子一人だけだった。二人が帰館するやいなや、寿栄君が「女御として御治定（ごじじょう）」の報が一條家に伝えられた。同時に、寿子は寿栄君の「一の上臈」として宮中出仕が決まった。

明治元年十二月二十八日、寿栄君は天皇から下賜された名前の美子に改名して明治天皇の女御として入内し、即日皇后に冊立された。寿子も、美子に就き従って宮中に出仕した。翌年、皇后が天皇に続いて東行されるとき、寿子も当然ながら皇后にお供した。

明治四年（一八七一）八月、女官制度の改革によって上臈制度が廃止され、寿子は皇后付きの女官・権典侍に任じられた。この時、正五位に叙された。女官筆頭は、寿子と同じ権典侍の四辻清子だった。四辻清子は、寿子と同じ歳だったが、天皇の東宮時代からの上臈で、宮中では寿子より先輩だった。寿子は「新樹」、四辻清子は「紅梅」と、皇后から源氏名をもらった。

この女官制度改革によって宮中大奥の陋習が改まったものの、大きな問題があった。両陛下のご成婚後五年が経っても、後嗣が授からなかったことだ。そこで、既に女官を引退してお局で隠居している老女たちは、四辻清子や下級女官を操って側室を選んで天皇の夜伽をさせた。その結果、権典侍の葉室光子が第一皇子を、続けて権典侍の橋本夏子が第一皇女を出産したが、同じく両親子共々他界してしまった。

明治六年二月、寿子は四辻清子と共に典侍（従三位）に昇格した。が、四辻清子は病弱だったようで、寿子が実質的にお内儀を取り仕切った。当時、これら二人の典侍を頂点に高等女官が凡そ二十人おり、下級女官が凡そ百人いた。

葉室光子と橋本夏子が他界した後、柳原愛子、小倉文子、千種任子、園祥子たち四人が順次権典侍に任命され、天皇の夜伽役を命じられた。が、お内儀を取り仕切っていた寿子が、同じ時期に複数の女官に毎夜交互に天皇の夜伽をさせるような節操のない愚を避けたようだ。

この点、宮中大奥や女官に関する研究書や小説に曖昧な記述が多く、学究の徒や一般の読者に誤解を与えている可能性は大きい。女官の肩書きが権典侍だという理由だけで、皇太后付きの権典侍までが天皇の側室だったと勘違いしている学者も多い。また、「高倉寿子が天皇の夜伽の監督を厳しく行ったため、天皇は高倉寿子を煙たがった」と記述している小説家もある。天皇は、思いのままに次々に女官に手を付けようとなさった訳ではない。先帝以来の老女官たちが行ってきた陋習を断ち、夜毎代わるがわる違った女官に天皇の夜伽をさせないという統制を、寿子が行ったに過ぎない。

現に、寿子が女官筆頭に就任して以来、葉室光子と橋本夏子がほとんど同じ時期に懐妊したり、出産したりというような節操のない事態が繰り返し発生した事実は全くない。また、後宮の史実を詳しく辿っていくと、複数の権典侍が同じ時期に天皇の夜伽をした形跡も見当たらない。確かに、同じ時期に複数の夜伽役の権典侍は存在した。しかし、柳原愛子は、嘉仁（よしひと）親王の出産後に天皇の夜伽を一切お断り申し上げた。また、千種任子は、二人の内親王を出産し夭折させてしまった後は、産後の肥立ちが悪くて体調を崩した状態だった。次いで、園祥子が天皇の夜伽役を勤めた。従って、子がなせる状態の権典侍で、夜伽をしたものは常に一人だけしか存在しなかったことが見て取れる。

すなわち、平安朝以来幕末に到るまで連綿として続いてきた無節操な側室のあり方を、寿子が大きく変えたのだ。当時、先進国のヨーロッパの君主国では側室を置いていなかった。寿子は、近代君主国家として恥じない皇室を作り上げるべきだと考えていたのだ。が、皇后に皇嗣の誕生が見られなかったので、寿子といえども、皇統の断絶だけは避けるべきだと考えたのだろう。過去には、傍系の宮家が皇統を継いだ例はあったが、寿子は天皇家直系から継ぐべきだと考えていたに違いない。結局、四人の権典侍から十五人の皇子女が誕生したが、そのほとんどが夭折し、一男四女が成人されたのみだ。

一方、四辻清子は、長い間お局の床で病に臥せっていたようだが、明治三十五年一月に他界した。そこで、寿子が正真正銘の女官筆頭、つまり女官長に就任した。以来、寿子は、天皇の崩御まで宮中大奥を取り仕切った。

天皇崩御の前に、寿子の気性を象徴するようなエピソードがある。これは、明治四十五年（一九一二）の夏に、天皇が糖尿病をこじらせて尿毒症で倒れられた時の話だ。宮中の侍医たちが、天皇の治療の方策に苦慮していたところ、時の宮内大臣・渡辺千秋（ちあき）が皇后に拝謁を申し出た。その時、臨時の特別措置として、本来男子禁制のお内儀の食堂の隣の「お弓の間」で拝謁が許された。ここからは、権掌侍見習いだった山川三千子の『女官』から引用する。

（皇后の前に）進み出た大臣は、「今日は重大なご相談に上がりましたので、お人ばらいを願います」と、言上しました。これを聞いた高倉女官長は、「御女性のことでございますから、お一方様にはいたしかねます。女官長の私が承って悪いようなお話なら、陛下にも申し上げてはなりません。誰が何といっても私は御同席申し上げます」と、言い切りました。そして、
「他の皆様は一時ご遠慮申し上げて下さい」といわれたので、私たちは別室に下がっておりました。そのうちに拝謁も終わり、暫くすると、
「これから謁見所で皇后宮様の御対面があります。御供はあなたに願いますよ」と、先輩にいわれて、私が謁見所へ（皇后の）お供申し上げますと、当時国手とまでいわれた青山（胤通、東京帝国大学医科大学教授）、三浦（謹之助、東京帝大医科教授）の両博士が出て即時御用掛を拝命いたし、さっそく拝診に出る運びとなりましたので、先刻のお話はこれだなと独りで考えていました。それにしても、さすがあの女官長の態度は立派なものだったなと、たのもしく思ったのでございます。

従来、侍医以外の者が、神聖なる天皇の玉体を診ることも、触ることも許されなかった。が、宮内大臣の渡辺千秋は、天皇のご容態に鑑み、侍医だけでは心許ないと思い、両博士の応援診療を皇后に願い出たという訳だ。それにしても、この話は、寿子の、自らの身体を張って天皇の神聖と権威を守り抜こうという気概が如実に窺えるエピソードだ。

明治四十五年（一九一二）七月三十日の天皇崩御により、皇后は皇太后となられて大宮御所に移御された時、寿子は大宮御所の女官長を務めた。が、大正三年（一九一四）四月十一日、皇太后は崩御された。寿子は喪に服するかたわら、大宮御所の残務整理を行う。同年八月一日、正三位に叙される。同年十二月、寿子は皇太后付きの女官たち十数名と

高倉寿子の墓

京都伏見桃山御陵にお参りした後、一人残らず退官した。その時、寿子は勲三等宝冠章を拝受した。

なお、寿子は女官のたしなみとして、また、あるときは天皇から強いられて、和歌作りに励んだこともあるが、決して上達はしなかったようだ。が、存命中の税所敦子（さいしょあつこ）から和歌を習うようになってから徐々に才能を発揮し、いくつかの秀作を残している。次の歌は、そのうちの一つだ。

久方のすすき尾花の紅葉山　御代をことほぐきよき虫の音

紅葉山とは、皇居の中の本丸と西丸との中間点にある丘で、明治時代にはその麓にお局があった場所だ。

寿子は、既に七十四歳になっていた。一條美子が皇后となり、また皇太后であった四十七年間、寿子は全身全霊を賭して仕えてきたことから、自分の人生に一つの区切りがついたと思ったはずだ。また、過去の人生は充実感で満たされた一方、一抹の寂しさを感じたこともあろう。幸い、寿子の兄・永祜（ながさち）の長男、即ち寿子の甥の永則（ながつね）（子爵・京都連隊区司令官）夫婦とその子供たちが京都にいた。寿子は、麹町平河町に私邸を持っていたがその邸宅を引き払い、京都市上京区東桜町にあった永則の屋敷の離れ屋で隠居する。

五十有余年振りの京都住まいだった。寿子は京都に帰っても、いつも喪服に身を包んでいたという。毎朝、自室に祭った明治天皇と昭憲皇太后の祭壇に礼拝を欠かさなかった。が、寿子は過去の自分に決別し、なにものにも束縛されない気儘な余生を送った。四季折々の風情豊かな京洛で、思う存分に楽しんだ。時には、人力車を雇って、四條大橋の袂にある「南座」に芝居を見に行ったり、四條河原町の繁華街に買い物に出掛けたりした（角田文衛『高倉寿子―明治帝の後に控えた女性』）。

巷では、寿子の姿を見付けた人たちは皆、「ほら、あの人は女官長やった高倉寿子はんやないか?!」と口々に言い合って、振り返って見た。それほど、寿子は年老いてからも小奇麗で、上品で、いつも背筋がしゃんとした目立つ存在だったという。

昭和五年（一九三〇）一月二十七日、寿子は老衰で天寿を全うした。享年九十一歳であった。寿子の遺骨は、「遺族が参詣しやすいように」という遺言によって（角田文衛前掲書）、京都百万遍の知恩寺の墓地に葬られた。墓碑には、「元典侍　正三位　勲三等　高倉寿子之墓」とある。

2　大正天皇の実母になった柳原愛子

柳原愛子（やなぎはらなるこ）は、安政二年（一八五五）四月十七日、公家の「名家（めいけ）」である柳原光愛（みつなる）の長女として、京都で生まれた。兄の前光（さきみつ）は、明治新政府の駐露公使、元老院議長、枢密顧問官になったことで有名だ。また、前光の娘・燁子（あきこ）は愛子の姪に当たり、白蓮という歌人としての号を持ち大正三美人の一人とも言われたが、浮名を流したことでも知られる。明治三年（一八七〇）四月十四日、愛子は十五歳になる直前に皇太后（後の英照皇太后）の小上臈（しょうじょうろう）として大宮御所に出仕した。ところが、翌年八月の第二回目の女官制度改革の時、なぜか宮中大奥の掌侍として転属になった。愛子はお内儀に出仕し、「早蕨（さわらび）」という源氏名を皇后から賜った。明治六年（一八七三）二月、権典侍に昇格し、天皇の夜伽役を仰せつかる。実は、既成の事実として、天皇の夜伽役を勤めたから、権典侍に昇格したのかどうかは定かではない。

明治八年（一八七五）一月二十一日、梅宮薫子（うめのみやしげこ）内親王を出産するが、翌年六月八日に夭折してしまった。次いで明治十年（一八七七）九月二十三日、建宮敬仁（たけのみやゆきひと）親王を出産するが、翌年七月二十六日にまたもや夭折。更に、明治十二

柳原愛子

年（一八七九）八月三十一日、明宮（嘉仁親王、後の大正天皇）を出産する。明宮は生後より病弱であり、明治天皇の生母・中山慶子の父・中山忠能に預けられた。この時、忠能は老齢であったことから、正親町実徳が御養育御用掛を命じられている。愛子も産後の肥立ちが悪く、出産後は天皇の夜伽は一切ご遠慮したという。そのため、明治十三年（一八八〇）二月、愛子より一歳年上で二十六歳の権掌侍だった千種任子が権典侍に昇格し、愛子に代わって天皇の夜伽を行った。

余談だが、ある学者が書いた書物には「愛子は明治六年に皇居が炎上し、天皇・皇后両陛下が皇太后の大宮御所に移御した時、皇太后付きの女官だった愛子を天皇が見染めて側室にした」云々と記述されているが、大間違いだ。その著書や著者の名を伏せるが、皇居が炎上したのは明治六年（一八七三）五月五日であり、愛子はそれより以前の明治四年（一八七一）八月二十二日に天皇付きの女官に既になっている。また、同書には、「柳原家の家憲に、娘を天皇の側近に上げてはならぬという一条があり、光愛は（愛子を御所に上げる話）を固く断った。しかし、再び御所から使者が立ち、（今度は）皇太后付きとして上がって貰いたいというものであった。これなら、お仕えする相手は女性だし、お局に出るわけでもないし、先祖代々の関係もあり、大勢いる娘たちの一人くらいは御所に上げざるを得ないと考えた光愛は今度は承知した」とエピソードを披露しているが、これも間違っている。柳原家には、光愛より二十代前の当主・忠光の姉や妹の二人、四代前の当主・光綱の長女、一代前の当主・均光の長女など合計四人が典侍であった記録が残っている（霞会館『華族家系大系』）。

話は戻るが、もと明治宮廷の女官・権掌侍見習いとして五年余り出仕した久世三千子は、退官後は植物学者であり旧制武蔵高校（現武蔵大学）校長でもあった山川黙と結婚して山川三千子となったが、『女官』と題する書物を上梓して宮中のエピソードを数多く披露している。当書によれば、愛子は時々ヒステリックになったらしい。特に、お産の前後は神経が高ぶったためか、「お産所においでになってからもひどいヒステリーで、手のつけようがなく、侍女たちはもとより、看護婦さえ皆お暇を取った」という。一方、常日頃はもの静かで、やさしい女官だったという証言記録も残っている。すなわち、二重人格の気があったのではないかと筆者は想像する。愛子（なるこ）に関するエピソードが残っているので紹介しよう。

高等女官が女官の舘の大廊下を歩いている時、どこのお局の侍女であれその姿を遠くから見付けると、床にしゃがんで一礼しなければならない仕来りになっていた。それでは、先を急ぐ侍女たちが困る。が、愛子はいつも「お構いのぉー」と言って、侍女たちの一礼を制したという。また、大奥からお局に向かう大廊下のところに「お杉戸」があり、深夜そこで主人の女官を出迎える侍女たちは、雪洞を持って板敷きの廊下で長い時間座って待っている。冬の厳冬期には、侍女たちにとってその時間が最もつらい。愛子が大奥からお局に下がって来る際は、「えらいご苦労はん。そなたはんは、《柳のないし》さんとこのご家来やったなぁ。《柳のないし》さんは、今晩はお内儀でご用が多おぅて、まだまだ遅ぅなりそうや。雪洞を消しておきなはれ」と、やさしく労ったという。

宮中大奥の仕人（つこうど）だった小川金男も自著『宮廷』で、愛子について述べている。

「（柳原権典侍は、）いかにも大宮人といった感じを遺憾なくもっていた人で、小柄な細面の美しい淑やかな人であった」というから、宮中の女官仲間からは妬まれることはあったかも知れないが、嫌われることはなかったと推察される。

明治二十二年（一八八九）十一月三日、生後より病弱な身体で且つ脳神経にも支障があった嘉仁親王は、無事成長され立太子礼を挙げられた。実はこの年も、親王は静岡県清見潟で静養をされていた。心配された皇后は、「雨につけ嵐につけて三保の浦の　小松が上をおもひこそやれ」と詠んでおられる。この御集（注：天皇のお歌を「御製」といい、皇后のお歌を「御集」という）からは、皇后のやさしく温かいこころざしが窺える。いつもそんな慈愛に満ちた皇后であったためか、東宮（皇太子）は成人されるまで、皇后を実母だとばかりお思いになっていた。やがて、生母が愛子だとお知りになった時、非常にショックが大きかったようだ。後に、東宮は天皇に即位されても側室を置かれなかったのは、同じショックを子供に味合わせたくないためだったという説もあるが、そればかりでもあるまい。東宮は明治三十三年（一九〇〇）五月十日に、当時十五歳の九條節子と結婚されたが、その翌年早々に迪宮（裕仁親王、後の昭和天皇）が誕生されているし、また翌々年には淳宮（後の秩父宮）が誕生されている。更に、光宮（後の高松宮）と澄宮（後の三笠宮）など四人の親王が次々に誕生され、結果的には明治天皇の時のように皇統の断絶が危ぶまれる事実はなかったし、ご夫婦仲も睦まじかった。即ち側室を置く必要はなかったということだ。同時に、側室制度自体が、近代君主国家には既にふさわしくなくなっていたとも言える。

明治三十五年（一九〇二）一月、愛子が生んだ東宮が立派に成長され結婚もされたためだろうが、愛子は典侍に昇格し女官長・高倉寿子を補佐する役目を仰せつかった。愛子は、「体も小さく、誠に地味な性格で、高倉さんとは何もかも対照的で、典型的なお局さん」（前記『女官』）だったそうだ。また、愛子については、「さすが大帝の御意に副い奉りた程ありと感ぜり」と『牧野伸顕日記』にあり、牧野は盛んに愛子を褒め称えている。

明治天皇の崩御の際、愛子は天皇の病床にずっと寄り添い、天皇の手を握りしめて最期を看取ったという。そして、天皇が京都伏見桃山御陵に埋葬される際、皇族や女官は立ち会わない仕来りになっていたが、皇太后（昭憲皇太后）の特別の計らいにより、密かに東京から京都までの霊柩列車に密かに乗り込み、埋葬に立ち会った。

天皇の崩御後は、皇太后付きの典侍として高倉寿子と一緒に大宮御所に移ったが、大正二年（一九一三）七月に皇后宮職御用掛に任命され、宮中お内儀の監視役を務めた。が、老齢でもあり同年十一月に退官する。この時、正三位に叙されている。

退官後は、下賜された東京・信濃町の自邸に住んだ。大正四年（一九一五）に従二位、大正八年（一九一九）に正二位を与えられたことから「二位の局」と呼ばれた。が、大正十五年（一九二六）十二月二十五日、四十八歳の天皇に先立たれた。この時、愛子は七十一歳だった。昭和十五年（一九四〇）二月、先帝のご生母として、女性では昭憲皇太后以外に受章していない最高位の勲一等宝冠章を受章している。

昭和十八年（一九四三）十月十六日、八十八歳の生涯を閉じた。この直前、女性としては唯一人、従一位に叙されている。墓は東京都目黒区の祐天寺の一画に、一般人のそれらと並んで立てられている。この事実から鑑みると、女官は天皇の実母であっても、所詮女官としてしか扱われなかったということだ。なお、後世、愛子が生前に作った歌をまとめた『一位局柳原愛子歌集』が上梓されている。

3　天皇から最も寵愛された園祥子

園祥子（さちこ）は、慶応三年（一八六七）十一月二十八日、公家の「雨林家（うりんけ）」の基祥（もとさち）の次女として生まれた。園家は、雅楽や神楽を家芸としてきたが、歴史的に古い生花・青山流の家元でもある。家系には女官になったものが多く、十三代前の当主・基任（もととう）の長女・光子（みつこ）は後水尾（ごみずのお）天皇（一六一一～一六二九）の典侍として後光明（ごこうみょう）天皇（一六四三～一六五四）を、十二代前の当主・基音（もとね）の長女・国子（くにこ）も同じく後水尾天皇の典侍として霊元（れいげん）天皇（一六六三～一六八七）をそれぞれ産んでいる。また、やや複雑になるが、基祥の二代前の当主・基茂（もとしげ）の養女・愛子（なるこ）（平戸藩主・松浦清（まつらきよし）の十二女）は中山忠能（ただやす）に嫁ぎ、その次女・慶子（よしこ）は明治天皇の実母に当たる。

園　祥子

祥子は、宮内省の『進退録・女官ノ部』によると、明治十三年（一八八〇）一月に十三歳で出仕し、権掌侍になったようだ。そして、明治二十一年（一八八八）四月に権典侍に昇格している。が、祥子の最初の皇嗣の出産は明治十九年（一八八六）二月十日で久宮（ひさのみや）（静子（しずこ）内親王）を生んだ。が、僅か一歳一か月で夭折してしまった。二回目は、翌二十年（一八八七）八月二十二日に昭宮（あきのみや）（猷仁（みちひと）親王）を生んだが、またもや僅か一歳二か月で夭折してしまった。

注意してみると、ここで尋常でないことが分かる。祥子は、本来夜伽役であるはずの権典侍に昇格する前に懐妊し、出産したことになる。明治維新後、このような例は見られない。葉室光子、橋本夏子、柳原愛子たちは、いずれも権典侍になってから懐妊し出産している。が、祥子は皇嗣の出産を繰り返した後追いで、本来夜伽役であるはずの権典侍に昇格しているのだ。しかも、権典侍になったときには既に三回目の懐妊をしており、五か月後の同年九月三十日に皇女を生んでいる。

そこで考えてみると、何らかの事情があったことが推測できる。当時、柳原愛子、千種任子、小倉文子と、三人の権典侍がいた。皇嗣をもうけるための夜伽役の数としては、十分だ。が、既述したとおり、柳原愛子は最後の産後の肥立ちが悪く、それ以後天皇の夜伽をご遠慮すると申し出ていた。また、千種任子も二回目の出産後の肥立ちが悪かったようだ。現に、千種任子は二人の内親王を連続的に生んだものの、その後は一度も懐妊していない。更に、小倉文子が千種任子とほとんど同時期に権典侍になっていたが、一説によると、あまり天皇のお気に召さなかったようだ。現に、小倉文子は一度も懐妊していない。しかし、千種任子の最後の出産から祥子の最初の出産まで凡そ三年の空間がある。この間に小倉文子は、天皇の夜伽をしたとも考えられなくはない。

一方、お生まれになった皇嗣は、六歳になる病弱の明宮親王お一人きりだ。そのような状態では、皇統が継がれるかどうか心許ない。そこで、どういう経緯があったか詳らかではないが、掌侍の祥子が急遽夜伽役として召されたようだ。

祥子の三回目の出産は、同二十一年（一八八八）九月三十日で常宮（昌子内親王、後の竹田宮恒久王妃）を生んだ。四回目は、同二十三年（一八九〇）一月二十八日で周宮（房子内親王、後の北白川宮成久王妃）を生んだ。五回目は、同二十四年（一八九一）八月七日で富美宮（允子内親王、後の朝香宮鳩彦王妃）を生んだ。六回目は、同二十六年（一八九三）十一月三十日で満宮（輝仁親王）を生んだが、八か月で薨去された。七回目は、同二十九年（一八九六）五月十一日で泰宮（聡子内親王、後の東久邇宮稔彦王妃）を生んだ。八回目は、同三十年（一八九七）九月二十四日で貞宮（多喜子内親王）を生んだが、一歳三か月で薨去された。結局、二男六女をほとんど連続して生んだが、四人の内親王が育っただけだ。明治時代の食生活は母胎に十分ではなく、また、当時の医療技術のレベルも低かったといわれているが、確かに出生児の生存率は五割にも達していない。皇室も、その例外ではなかったようだ。

以上述べた通り、夜伽役の中で祥子一人が八回も、連続的に懐妊し出産している。一方、複数の権典侍がほとんど同時期に懐妊し出産した例は、葉室光子と橋本夏子のときだけだ。明治天皇の夜伽役は、葉室光子、橋本夏子、柳原愛子、小倉文子、千種任子、園祥子など六人いたが、葉室光子と橋本夏子以外は、複数の夜伽役が同じ時期に天皇の夜伽をした形跡が見られない。

すなわち、高倉寿子が女官長になって以来、同時期に毎夜異なる夜伽役に代わるがわる天皇の夜伽をさせるような節操のないことをさせなかったのだろうと推察できる。それに対して、高倉寿子が女官長になるまでは、先帝からの女官だった中山績子や広橋静子たちが、従来の宮中の陋習に従って、複数の夜伽役に同時期に天皇の夜伽をさせていたと思われる。その結果が、葉室光子と橋本夏子の例に見られる通り、ほとんど同時の懐妊であり出産だったに違いない。

とにかく、祥子だけは最も長期間に亘り天皇の夜伽役を務め、しかも最も多く懐妊している。とはいえ、祥子が八回も生んだ皇嗣のうち、僅か四人の内親王が成人されたのみだった。いずれにしても、祥子は明治天皇から最も寵愛を受けた女官だったと言えなくもない。蛇足であるが、祥子が他の五人の権典侍と決定的に違ったのは、天皇と年齢が最もかけ離れていたという点だ。ちなみに、葉室光子は天皇の一歳下、橋本夏子は六歳下、柳原愛子は三歳下、小倉文子は九歳下、千種任子は三歳下、祥子は十五歳も下だった。祥子の最初の懐妊は十八歳のときで、天皇は三十四歳だ。そして、祥子の最後の懐妊は二十九歳のときで、天皇は四十五歳だった。

ここで、祥子のエピソードを一つ紹介しておきたい。

現在の皇室はどうなっているのか知らないが、明治・大正までの皇室では宮中大奥では、神道のみならず仏教も信仰の対象であった。明治維新後、時の為政者たちは、神仏分離令を発布し、皇室を神道一色に塗り替えようとした。が、皇族の方々にとっては、そうは簡単に仏教を切り離す訳にはいかなかった。もとより、皇室は飛鳥・天平の時代から仏教とは切っても切れない関係にあることは、今更言うまでもない。

前置きが長くなったが、明治天皇が崩御される前、祥子は池上本門寺に参拝し、天皇の御不例の快癒を仏前に祈願したと新聞紙上で報道された。この時、当寺の僧侶たちが大変驚いたという話だ。祥子は、紫色の被布を頭からすっぽりと被り、一人の侍女を連れて当寺を訪ねた。祥子は、本堂の錦襴・金蓮の神々しい須弥壇の前に鎮座し、僧侶が仏燈に火を点し、香を焚くのを待って、法華経の寿量品を「自我得仏来……」と朗々と誦みはじめた。その張りのある声、慣れた読経の節回し、経典の暗誦、沈着な態度等々、何一つ隙のない姿に僧侶一同が眼を見張ったという。普通なら二十年、三十年の年季を入れた僧侶でなければ、とてもではないがそうはいかないと皆が思ったそうだ。

祥子は、明治天皇崩御の後も宮中に残り、私邸に侍女たちと一緒に暮らし、必要に応じて柳原愛子と同じく宮中出仕を続けた。が、昭和二十二年（一九四七）七月七日、他界している。享年七十九歳だった。

4 「明治の紫式部」といわれた税所敦子

税所敦子は、文政八年（一八二五）三月六日、京都岡崎村（通称、錦織の里）で林左馬太夫篤国と栄子との間の長女として生まれた。林家は代々宮家付きの武官で、父は文学に親しみ、学者や文化人が集まる近衛家に出入りした。また、時には自宅で歌の会を催したことも度々あった。

税所敦子

ある日、鳥取藩士・香川景樹や薩摩藩士・八田知紀などが、歌の師である浄土宗の修業僧・福田行誡を招いて歌会を開いた。その折、父・篤国も六歳の敦子を連れて参加した。行誡が余興のつもりで、敦子に「そなたも一つ歌を詠んでみよ」と勧めた。敦子は、臆することなく詠んだ歌が、「我が家の軒にかけたるくもの巣の　糸までみえる秋の夜の月」だった。居合わせた一同は、六歳にしては歌才があると皆一様に賞賛したという。なお、この歌会に、将来の夫となる二十二歳になる税所龍右衛門篤之も同席していた。

行誡は、武蔵国豊島（今の東京都台東区）の生まれだが六歳で得度し、京都嵯峨野の正定院で天台宗の住職のもとで修業していた。篤国は、行誡に敦子の訓導を願った。その後、敦子は行誡から『四書五経』の素読をはじめ、『万葉集』、『古今集』、『源氏物語』の進講を受けた。また、行誡は、敦子の和歌の才能を伸ばすため、大徳寺や天龍寺で開催される歌会に連れて行き、女流歌人の大田垣連月や高畠式部にも紹介した。敦子の和歌の才能開花は、こうして育まれていった。特に、敦子によって一生を通じて詠じられた歌の特色は、魂の浄化と無欲を常に心がける人生を表しているが、行誡に影響されたものと思われる。

行誡は、その後雲水になり諸国を巡り修業に専念した。明治元年、新政府の神仏分離令や廃仏毀釈に反対を唱え、宗派を超えた名僧として崇められた。晩年には東京の伝通寺や増上寺の住職を経て、浄土宗総本山・知恩院の第七十五代門主を務めた。

行誡が明治二十一年（一八八八）四月に八十四歳（生年月日に諸説あり）で没する寸前、六十三歳の敦子が行誡を見舞った時の歌が、「蓮葉にむすびかえたる白露を　きえしものとも思いけるかな」だった。それに対して、行誡の返し歌は「極楽は枕辺ちかくにありながら　など夢にだもみられざるらむ」だった。師弟愛が垣間見られるやりとりだ。

敦子は二十歳の時、京都の島津藩邸に留守居役を務めていた税所篤之と結婚した。が、八年後に篤之は風邪をこじらせて他界した。篤之は四十四歳、敦子は二十八歳だった。敦子は三歳になる長女・徳子を抱え、お腹には次の子を宿していた。敦子は、一生寡婦を誓って黒髪を切り落とし、篤之の棺に納めたという。その時に詠んだ歌が、「黒髪にうき身をかふるものならば　後の世までもおくれざらまし」だ。その後、宿していた長男が生まれたが、数日後に夭折。京都・東福寺に眠る夫の墓に、嬰児を葬った。「子を思う道なかりせば死出の山　ゆくもかえるもまどはざらまし」と言い残して、敦子は婚家の姑に孝養をつくすため、一人娘の徳子を連れて薩摩への旅路についた。

税所家は、姑をはじめ篤之の先妻の娘二人、親戚の家族など十数人の所帯だった。最初、薩摩から一歩も離れたことがない意固地な姑は、敦子に何かと冷たく当たったという。そもそも、姑は篤之が遠い京都で勝手に敦子を娶ったことが気に入らなかったようだ。敦子は姑の意地悪い仕打ちに対して忍の一字で耐え、姑に仕える一途の人生だった。

ある時、普段無口の姑が「よそもんのおまんさあは、あたいを鬼婆とごわんど?」と、意地悪な顔で皮肉ったらしい。すると、敦子は即座に「それはとんでもないことだ」との思いから、「仏にもまさる心としらずして　おにばばなりと人は言うらん」と、歌で健気な気持ちを伝えたという。それ以来、姑は死ぬまで敦子を尊敬し、感謝し続けたという（平井秋子著『楓内侍・明治の歌人税所敦子』）。

敦子は、島津家家中の婦女子に書道や和歌を教えて、貧しい家計をひたすら支えた。時には、女の道を説き、城中の腰元たちに薙刀の手ほどきも行った。当時の教え子に、高崎佐太郎（後に、明治天皇の御歌所の長になった高崎正風）がいた。安政五年、敦子の才色兼備を伝え聞いた島津斉彬は、六男・鉄丸の守り役に召し抱えた。が、間もなく、斉彬も鉄丸も他界してしまった。後の世に言う毒殺疑惑事件に捲き込まれた。敦子は、一時自刃の覚悟を決めたという。が、年老いた姑をはじめ、一家を支えるために断念せざるを得なかった。文久三年、島津家当主・忠義の養女・貞姫が京都の近衛忠房に輿入れする際、敦子は「老女」に選ばれ「千代瀬」と改名して同伴することになった。姑も伴っての上京だった。

同年十二月十一日に京都に到着すると、以前から京都で名を馳せていた敦子のもとに、公家の姫たちが書道や和歌の教えを乞いたいと願い出た。その中に、一條家の三女・寿栄君（後の皇后であり、昭憲皇太后）がいた。が、当時、寿栄君が後に皇后におなりになるとは、誰も想像もしていなかった。明治六年（一八七三）、かねてより公家衆の東京移転が天皇のご希望であったことから、近衛家はようやく上京した。当然、敦子も東京麹町の近衛邸に移った。

明治八年（一八七五）三月十四日、敦子が五十歳の時、突然皇后から命婦として宮中に召し出された。実は、一日も欠かさず歌をお詠みになった天皇が「宮中には歌の相手ができる女官がいない。皇后も困っておる。誰か適当な人物を推挙せよ」と、侍従長の東久世通禧に命じられた背景がある。当初、敦子は堅く辞退したが、皇后のたっての願いに応じた。老齢での宮中出仕は異例だった。主たる任務は、天皇の御製の清書と女官たちに対する文学の訓導だった。同年六月、「楓内侍（かえでのないし）」という源氏名を戴き、権掌侍に抜擢された。武家の生まれで権掌侍になった例は過去にない。

以来、敦子は無私無欲で二十五年間勤め続けた。皇后は、敦子との再会にいたくお喜びになったが、女官たちの前では決して敦子に特別の感情をお出しにならなかった。それは、人の上に立つご身分の心得を弁えておられたからだった。が、敦子は結婚歴があり、しかも高齢で武家の出でもあったため、公家出身ばかりの古い女官たちから、かなり冷たい視線を浴びせられ風当たりが強かった。特に、敦子の嫁ぎ先が薩摩の武士だったこともあり、薩摩出身の大久保利通などが都を東京に移したことを逆恨みしていた京都出身の老女官たちが敦子を毛嫌いしたのだ。また、敦子が出仕早々から「楓内侍」という源氏名を皇后から頂戴し、権掌侍に抜擢されたことも、妬みの一因だった。だが、敦子がそんな下らぬ妬（ねた）みやいじめを無視すればするほど、老女官たちにとってはなおさら敦子が図々しい女に見えた。

更に、他の女官の侍女である古参の針女たちまでが、敦子の若い侍女たちに対して、陰湿ないじめを繰り返した。そこで、敦子は、古参の針女たちを自室に呼び、人の道を諄々（じゅんじゅん）と諭したため、古参の針女たちは徐々に敦子を尊敬するようになった。ここで、敦子の実直な性格を物語るエピソードを一つ紹介しよう。

> 税所敦子刀自（とじ）は、お膳部に向ふ度ごとに他の女官とは違った態度を示した。刀自はお箸を挙げる前に、まず必ずお内儀に対し奉りご黙礼を申し上げ、さてお給仕の針女に対して《今日、お上の御餉（おんげ）は如何あらせられた》と尋ねる。針女はかねて大膳職の向きから承（うけたまわ）ってある趣（おもむき）を《これこれ斯様（かよう）》と答える。刀自は供御（くぎょ）のご模様、聞（きこ）し召されもの、ご分量など再三沈思してから、初めて安心して箸をとったものである。もし聞し召されもの、ご分量など、自身の考え奉るところと符合せぬ点があると、これを憂慮して刀自自身が食を廃することが度々あった。
>
> こんな事は些々（ささ）たる事であるが、刀自の誠忠は実に斯くばかりの熱誠に出でたるので、他を感化したのももっ

ともであるという事が肯（うなず）かれる。従来歌を詠む事と、我儘（わがまま）を云う事よりほかに能のなかった女官たちは、斯くして刀自から活きた忠義の精神と、雄々（おお）しい気力の感化とを受けて、お内儀の風習は著しく改まったのである。（斉藤徳太郎『女官物語』）。

敦子は武家の娘であり、薙刀などの武道の心得もあったからか、自分に厳しく自制心に富んだ人物だったようだ。一方、優しい気心も持ち合わせ、歌を詠んだのだから、硬軟併せ持つ性格だったといえよう。

ところで、明治十年頃、女官の中で武家出身の女官と言えば、敦子と下田歌子（うたこ）だけだった（明治二十年以後は、旧水戸武士の娘であり、有栖川宮家に仕えた後に宮中出仕した小池道子（みちこ）がいる）。その二人が、和歌の才能を認められて宮中に出仕したのも似た経緯だ。が、宮中における二人の行状は、まるで違った。敦子は、老女官たちから、どんなにいじめに遭っても、柳に風と受け流したが、歌子は若さと気性が手伝って、いじめの相手に真っ向から立ち向かい、宮中ではいつも騒ぎ立てた。

いつしか、歌子は先輩の敦子を意識し始め、何かと対抗心を燃やすようになった。ある月例の歌会で、天皇が「おぼろ月夜」という歌題を出され、敦子が「しずかなる朧月夜もふく風の　あたるとはみえ散る桜かな」と詠んだ。一方の歌子は「大宮の玉のうてなにのぼりても　なおおぼろなり春の夜の月」と詠んだ。天皇は面白がって、御歌所の高崎正風に優位をお尋ねになったところ、「歌は人情、自然の声が有りのままに流露されてこそ誠の歌。題を与えられて詠まされた歌には誠の心がなく、技巧を凝らし、人の心に訴えるものはない。添削はするが、優劣は決し兼ねる」と答えたという。

次の「春の夜の月」を詠んだそれぞれの歌には、二人の性格が如実に表れている。敦子は「今は世に影もとめじと思う身の　心をしるや春の夜の月」と詠い、歌子は「手枕は花のふぶきにうずもれて　うたたねさむし春の夜の月」

と詠った。

敦子は、歌子の対抗心について当初より気にも留めていなかったが、歌子のほうは徐々に敦子を尊敬するようになった。二人の仲が一気に接近したのは、歌子が退官してからのことだ。実は、歌子は、出来の悪い弟が作った二千円ほどの高額な借金の返済に困り、宮中の敦子に相談を持ち掛けた。この時、敦子はその用立てをしてやったことが発端になった。以後、歌子が海外留学から帰国し、ドイツで知ったハイネの詩などを敦子に紹介し、敦子も新体詩に目覚め、歌子から西洋文学を吸収した。皇后が、「華族女学校」が「学習院」に併合された際にご下賜された歌「金剛石もみがかずば　珠の光はそはざらむ　人も学びてのちにこそ　まことの徳はあらわるれ……」は、敦子の作案だったという。この歌は、後に文部省唱歌として、全国児童に歌われた。

明治三十三年（一九〇〇）、敦子は前年度末から胃腸の具合が悪く（東京帝大医学教授・ベルツの診断によれば、胃癌だったという）牛込の自宅に養生していたが、最後の宮中ご奉仕と思い、無理をして一月二十六日の歌会始に出た。その後、二月四日に眠るように他界したという。享年七十五歳だった。最後まで看取ったのは、宮中の侍女であった初音（はつね）だった。

敦子は青山の墓地に葬られたが、天皇は敦子を掌侍に任じられ正五位に叙された。また、皇后は、敦子のためにお手許金でその墓地に石碑を作らせ、敦子の学徳を称えられた。後に、同僚だった掌侍の小池道子は、敦子が生前自薦した凡そ四万首の歌を『御垣（みがき）の下草』と『御垣の下草拾遺』の二冊の本にまとめている。その中に、最晩年の歌として「ねざめして老が昔をつくづくと　思へばながき秋の夜半かな」とある。

5「宮中の女狐」といわれた下田歌子

下田歌子は、安政元年（一八五四）八月九日、美濃岩村の武士の平尾鍒蔵の娘として生まれた。実名は、平尾鉐といった。鍒蔵は、勤皇論を唱えたため、前後二回、通算十年間蟄居を命じられた。鉐の幼年時代は、鍒蔵が蟄居中で経済的に何かと苦労をしたと、本人の後述譚として残っている。幼少の頃は、『四書五経』をはじめ、『唐詩選』、『文章規範』、『十八史略』などの漢籍から、『太平記』、『水滸伝』、『侠客伝』、『仇討物語』などの稗史小説を好んで読んだという。

明治四年（一八七一）四月、鉐は母と共に、蟄居を許され新政府の宣教使吏生として東京麹町平河町に住んでいた父を追って上京した。鉐が、十七歳の時だ。その時に詠ったという「絢錦着て帰らずば三国山　また再びは越えじとぞ思ふ」がある。鉐には、それなりの志があったと思われる。

当時、父方の祖父・東條琴台も東京にいた。その頃、琴台は鉐宛てに「女性は女性らしく、容姿風采、優雅美麗にして、而も志操堅固に、あれどもなきが如く、盈つれども空しきが如くなるを宜しという事を、呉々忘れらるまじく候」と書き送っている。鉐は学問の心得があったものの、地方の田舎娘で貧相且つお転婆だったようだ。ところが、化粧をするようになると、日が経つにつれて人の目につくほど容姿端麗の美人に変身したらしい。

明治五年（一八七二）、宮中では女官制度の改革が懸案になっていた。そこで、宮廷に奉仕していた高崎正風や福羽美静が、弟子だった鉐を女官に推薦した。翌年三月、十八歳の鉐の宮中出仕が決まった。鉐が女官になったといっても、最下級に近い宮内省・十五等判任官待遇の女孺としての任官だった。任命されたとき、田舎出の鉐は大きく夢をふくらませたに違いない。「帝の寵愛を浴びて、閨房に奉仕し、皇嗣を儲けられればこの世の極楽」と思ったであろう。が、出仕してみて直ぐに、その夢が醒める。女孺の身分では、天皇と会話を交わすどころか、天皇の傍に侍ることもできない。自分より身分の高い権命婦や命婦でさえ、天皇や皇后の前にやたらと姿を現すことが禁じられている。一瞬にして、鉐の夢は潰えた。ところが、鉐は我慢強い女だった。健気に勤めてさえいれば、いずれは命婦や掌侍に出世できるはずだ。そして、天皇や皇后の目に留まるはずだと思ったようだ。

鉐は、天皇や皇后のお好きな和歌を盛んに詠進した。その中で、「大宮の玉のうてなにのぼりても　なおおぼろなり春の夜の月」が、皇后の目に留まった。明治六年のことだった。その結果、鉐に転機が訪れた。皇后は、鉐に題を与えて次々に歌を詠進させられる。皇后は、どれもこれもお気に召して、鉐に「歌子」という名を賜った。そして、あっと言う間に出世し、三年後の明治八年五月に十二等出仕の権命婦に昇進する。異例の出世だった。以後、皇后が学校に行啓される時は、必ず歌子が随行することが慣例化した。そんな日々の中で、歌子は宮中の「御書物掛り」として宮中の書物を整理整頓している内に、書庫の書物全てを読破したという。

ところが、日が経つにつれ、歌子は自分の将来に不安を感じたようだ。このまま宮仕えを続けても、天皇の寵愛を受けられるどころか、権掌侍や掌侍はおろか、命婦にさえ昇進することは程遠い。たとえ一階級ずつ昇進したところで、意地の悪い女官たちと薄暗く陰湿な宮中大奥で暮らすことに違いはない。自己の我欲をひたすら押し殺し、女の悦びさえも味えない。

実際、女官にとって、男と接する機会は極めて少なかった。宮中で男と巡り会うのは、臣下の政府高官が皇后に拝謁する際に侍立するときくらいだ。その高位高官といっても、大久保利通、伊藤博文、山県有朋たちは、もとはと言えば田舎の下級武士の成り上がりで粗野で品のない者たちだ。一方、三條実美や岩倉具視たちも、もとはと言えば貧乏公家の成り上がりだ。しかし､歌子は男好きだったようだ。それは､後々新聞などで誹謗・中傷される根源となった。歌子は、宮中で片思いに過ぎなかったが、魅力を感じた男性が三人いたと証言している。一番目は、四歳年上のうら若き天皇、二番目は剛健で男らしい海軍中将・榎本武揚、三番目は粋で瀟洒な宮内省書記官兼フランス語通訳・長田銈太郎だったという（南條範夫著『妖傑下田歌子』）。

明治十二年（一八七九）一月、恒例の宮中歌会始の選歌五つの内の一つに入選する。ところが、突然、同年十一月に父・鍒蔵の命に従って退官した。歌子の宮中出仕は、凡そ七年間だった。鍒蔵は、邏卒（後の警官）たちに剣道を教えていた教え子の下田猛雄と歌子を結婚させるつもりだった。下田猛雄は、歌子が十三、四歳の頃、剣術の修業のために歌子の故郷である美濃岩村に修業に来たことがあり、鍒蔵と知り合いであった。歌子は、父親の言いなりに結婚した。一説によると、歌子は身体をこわして退官したともいわれているが定かではない。が、もし体調が悪くて退官したなら、直ぐに結婚をしなかっただろうと思われる。この時、歌子は二十五歳だった。当時、女官は一生涯勤め上げることが慣例であったので、容易には退官できなかった。が、先輩だった税所敦子が、歌子の将来を気遣い宮中関係者たちに根回をしたので、歌子は容易に退官できたのだ。

その後、歌子は夫・猛雄が病床に臥せったため、両親、祖母、弟の六人家族の家計の手助けに、新興華族の婦女子相手の学校「桃夭女塾」を麹町に開講する。明治十四年（一八八一）のことだ。当時、生徒の一人だった本町久子が証言している。

その頃の先生はまだ二十八くらいでしたが、たいへん黄八丈の流行した頃とて、丸髷にお髪をおあげになり、その黄八丈のお召物に、黒繻子の合わせの昼夜帯を、裾を引いてお召しになるお姿は、まことに粋なものでございました。また、一週間に一度か二度、先生が召されて御殿に伺候なさる時には、お髪は前髪をとって、ひっつめのお下げ、白絹のお召し物の上に、紫地に美しい刺繍のあるもみ裏のおかけを召してお出掛けになるお姿が、

下田歌子

全く絵を見るようにお美しく、私たちはよく覗き見したものでございました。（南條範夫著『妖傑下田歌子』）

明治十七年（一八八四）、猛雄が他界する。幸い、歌子は塾での実績が買われ、また皇后の推薦もあって、「華族女学校」の教授に年俸千八百円という高額で迎えられた。翌年には、学監に就任する。この時、歌子は、皇后から皇女・昌子内親王の「読書御相手」を命じられている。明治二十六年（一八九三）、女子教育の視察のため渡米する。帰国前には、英・独・仏・伊の諸国も視察した。帰国後、「帝国婦人協会」を設立し、大衆婦女子教育の啓蒙に専念する。明治二十九年（一八九六）五月、昌子内親王と房子内親王の皇女教育を命じられた。明治三十九年、「華族女学校」は「学習院」に統合され、乃木大将が院長に就任し、歌子は乃木と事ある毎に意見が対立する。その後、学習院を去り（罷免）、「実践女子学園」や「順心広尾学園」の設立の基礎を築いた。

歌子は、新しい学校の設立のために奔走し、その過程で伊藤博文、山県有朋、井上毅、佐々木高行、土方久元などに資金調達を巡って相談し、艶聞を馳せた。歌子は、もとより目的を完遂するためには手段を選ばない主義であったから、時の実力者である彼等を手玉に取ったことは十分に想像できる。他方、伊藤や山県たちも女好きで色街によく通い、芸者を妾にしていたことも事実だから、歌子との情事は充分に考えられる。また、歌子は、皇后との縁を頼って宮中によく出入りし、皇室を大いに利用したことも事実だ。

後世、発表された新聞記事や伝記によれば、歌子は「明治、大正、昭和とうち続いた三聖代を通じての女流先覚者、大教育家であり、他に比肩されるお方のない偉大な女性」とか、「先生を目する人に《神の如き人》とも《断じて常人にあらず》とも畏敬してやまない。先生の如きは、実に知って益々その偉大さを覚える稀世の人格者」（藤村善吉著『下田歌子先生伝』）などと書かれている。

が、一方では、「色雲狂い情煙があがる千軍万馬の巷に出入りし、背にかきがらの生えている妖魔歌子……悪虐無道醜怪卑陋、ほとんどこれに筆にすべからざるものあり」とか、「人物と言うものは油絵の如く遠くから見れば綺麗なれど、近付いて見れば彩色の絵具が穢いほどなすってある道理。下田歌子も遠い方から見れば曠世の女傑、天下の名婦なれど、彼に接近すれば随分ボロが出るものなり。さればにや、学習院女子部の生徒は下田歌子の倫理を教授するが不平なりと言い出で、あんな下田さんのような男妾を蓄えたり、元老の鼻毛を読んでおるようなアバズレ女から倫理を教わる必要はありませんと同盟して、倫理の時間は教室に入らぬ者多く、或いは教室に入っても小説本を読んだり、雑談して時を過ごす者多く、さすがの歌子も困りおれり」（山本博雄著『妖婦下田歌子―「平民新聞」より』）と、全く反対の評価・記述がされている。その他、「虚栄心の権化」、「女狐」、「やりてばばあ」、「宰相博文の愛妾」、「高等淫売」等々と『平民新聞』で叩かれている。

現に、晩年の歌子の秘書を務めていたある青年の告白によれば、「八十歳前後になっていた歌子は、教鞭（きょうべん）を執っていた実践学園からの帰りがけに、（送迎の自動車運転もさせていたその青年を）渋谷区丸山の待合に誘い込んでは肉体関係を求めた」という。その告白は、昭和五十年（一九七五）頃、國學院大學政経学部の教授をしていた南條範夫氏が、その青年（当時は、五十歳前後だったようだが）から直接聞いたと、著書『妖傑下田歌子』に記述している。

即ち、歌子という女は、両面の姿を見せながら一生を送った女性であったが故に、まさに「女狐」と言える。その辺りの事情を理解するために、南條範夫氏の著書から長くなるが引用させてもらう。

良人の死後、歌子の長い生涯を通じて云い得ることは、彼女がその生活を、全く異なる公的部面と私的部面とに分離し、世間のどんな批判にもめげず、その両部面において、それぞれ自分の思うままの生きざまを貫き通してきたことである。

彼女はその幼時から、極めて厳格な儒教的・武家的教育を受け、長じてからは、女子教育業をその天職として選んだ。

しかし彼女の性格は、強く逞しく、しかもその秀れた才能と並んで、極めて濃厚な情熱を保有し、その上、強靭な健康とそれに伴う肉体的欲求をも具有していた。それらを、宮廷の光源氏的世界において充足せしめようとした稚い夢に破れると、彼女は、明治の権力者たちの構成する政治社会の中で、極めて卑俗な形でそれを具現するほかなく、しかもその過程で、多少とも政治的権力闘争の中に捲き込まれる結果ともなった。……

明治の多くの男性は、武士的儒教的道徳を口にしながら、その私的生活は乱脈を極め、しかも誰もそれを怪しむことはなかった。口に愛国を唱え、忠君を叫べば、その私的素行は全く問題とされなかった。

歌子が、それと同じように考え、且つ行動したとしたら、どうしてそれを厳しく非難できるか。現実に彼女があれほど非難され弾劾されたのは、一に彼女が女であるという理由だけからではなかったか。

女であることが、ただそれだけで、恐るべき多くの束縛を与え、それを誰も怪しむことのない東洋の日本という国に生まれてきたこと、それも明治・大正という封建的感情がまだ極めて強く残存していた時代に、女として生まれ且つ生きてゆかねばならなかったこと―思うに、歌子にまつわる悪評のすべては、そこに根ざしているように思われる。

確かに、歌子は忍従という江戸時代の封建的道徳が色濃く残る明治時代に生きた一人の女だった。が、何のきっかけからそうなったのか定かではないが、自分の出自や置かれた環境からの脱出意欲、それに加えて向上心を燃やしたのではないかと思われる。それ故に、世の中の故習を否定もしくは無視して、どんな逆境にも耐え、目標を掲げて執念深く立ち向かったのではないかと筆者は推察する。

そんな歌子は、昭和十一年(一九三六)十月八日、八十三歳で他界した。歌子は、かなり長寿だった。蛇足ながら付記すれば、歌子と浮き名を流した明治の政官界の重鎮たちは、大正時代に入るとことごとく他界している。歌子が寵愛したといわれている医学博士・三島通良(みちよし)は大正十四年(一九二五)三月に、英文通信社社長・望月小太郎(こたろう)は昭和二年(一九二七)五月に、それぞれ他界。歌子の没後も生き残っていたのは、既述した秘書の青年以外に、新興宗教家・飯野吉三郎(きちさぶろう)は昭和十九年(一九四四)二月に、歌舞伎役者・十五世市村羽左衛門(うざえもん)は昭和二十年(一九四五)五月に他界している。

なお、歌子は東京都文京区の護国寺に葬られている。

了

参考文献

＊文中で出典を明記した引用文献は省く。

『進退録・女官ノ部・明治三年～三十六年』宮内庁書陵部
『女官録・明治五年～十三年』宮内庁書陵部
『重要雑録・皇后宮職・明治七年～二十二年』宮内庁書陵部
『女官内規・明治二十五年』宮内庁書陵部
『女官内賜金規程・明治三十年五月三十日決済（調査課稟議）』宮内庁書陵部
『お局生活』久留島武彦著　明治四十年七月　文禄堂書店
『雲井の雁』篠山克己著　明治四十一年一月　如山堂
『明治天皇』坂本辰之助編　大正元年八月　至誠堂書店
『女官物語』斉藤徳太郎著　大正元年十月　日東堂書店
『明治天皇興国史』平井叡編　大正元年十二月　帝国実業学会
『昭憲皇太后史』上田景二編　大正三年八月　公益通信社
『明治大帝』長谷川卓郎編　昭和二年十一月　有恒社
『装束図解　服制通史』関根正直著　昭和七年五月　林平書店
『皇居』田中萬逸編集　昭和七年五月　大日本皇道奉賛会出版部
『明治天皇行幸年表』矢吹活禪著　昭和八年十一月　聖文閣出版部
『御内儀の御日常と女官の公私生活』もと掌侍・藪嘉根子談話　昭和九年三月　宮内庁書陵部
『明治天皇御製謹話』千葉胤明著　昭和十三年二月　大日本雄弁会講談社
『下田歌子先生伝』藤村善吉著　昭和十八年十月　故下田校長先生伝記編纂所
『女官』河鰭實英著　昭和二十四年五月　風間書房

『宮廷秘歌』　小森美千代著　昭和二十五年三月　有恒社
『宮廷』　小川金男著　昭和二十六年六月　日本出版協同
『実録・天皇記』　大宅壮一著　昭和二十七年十二月　鱒書房
『明治天皇』　木村毅著　昭和三十一年七月　至文堂
『明治天皇』　渡辺幾治郎著　昭和三十三年二月　宗高書房
『皇城』　中島卯三郎著　昭和三十四年三月　雄山閣
『女官』　山川三千子著　昭和三十五年三月　実業之日本社
『明治天皇御年譜』　藤井貞文編　昭和三十八年七月　明治神宮社務所
『国文学・解釈と教材の研究・五月号』　昭和三十八年五月　學燈社
『明治維新のころ』　朝日新聞社編　昭和四十三年十一月　朝日新聞社
『明治天皇』　木村毅著　昭和四十九年一月　新人物往来社
『明治天皇紀』全十二巻　宮内庁編纂　昭和五十二年三月　吉川弘文館
『幕末の宮廷』　下橋敬長著　昭和五十四年四月　平凡社
『国文学・十月臨時増刊号―後宮のすべて』　昭和五十五年十月　學燈社
『太政官日誌』全七巻　石井良助編　昭和五十六年三月　東京堂出版
『天皇と明治維新』　阪本健一著　昭和五十八年一月　暁書房
『新訂女官通解』　浅井虎夫著　昭和六十年二月　講談社
『別冊国文学・王朝女流日記必携』　昭和六十一年一月　學燈社
『歴代天皇と后妃たち』　横尾豊著　昭和六十二年八月　柏書房
『明治大帝』　飛鳥井雅道著　昭和六十四年一月　筑摩書房
『国文学・解釈と教材の研究・八月号』　平成元年八月　學燈社
『妖婦下田歌子―『平民新聞』より』　平成四年二月　山本博雄著　風媒社

参考文献

『妖傑下田歌子』　南條範夫著　平成六年十月　講談社
『天皇のページェント』T・フジタニ著　平成六年十一月　日本放送出版協会
『楓内侍―明治の歌人　税所敦子』　平井秋子著　平成十三年四月　創英社・三省堂書店
『宮廷文学のひそかな楽しみ』　岩佐美代子著　平成十三年十月　文藝春秋
『平安朝　女の生き方』　服部早苗著　平成十六年九月　小学館
『宮廷の女性たち』　秦澄美枝著　平成十七年六月　新人物往来社
『幕末の天皇・明治の天皇』　佐々木克著　平成十七年十一月　講談社
『あやめ艸日記』　花山院慈薫著　平成二十一年二月　淡交社
『公家事典』　橋本政宣編　平成二十二年三月　吉川弘文館
『幻の室内装飾―明治宮殿の再現を試みる』　宮内庁三の丸尚蔵館編　平成二十三年九月　財団法人・菊葉文化協会

写真・図版出典一覧

京都御所平面図　作成
京都御所清涼殿　『皇居』　田中萬逸編集　昭和七年五月　大日本皇道奉賛会出版部
明治宮殿平面図　『明治宮殿の杉戸絵』　平成三年十月　博物館明治村
明治宮殿正殿　『皇居』　田中萬逸編集　昭和七年五月　大日本皇道奉賛会出版部
御内儀・御学問所平面図　『女官』（山川三千子著　昭和三十五年三月　実業之日本社）等をもとに作成
昭憲皇太后付女官たちの退官記念写真　『日本の後宮』　角田文衛著　昭和四十八年五月　學燈社
女官居住区　『明治三十三年二月調製　女官部屋其他地之間図　二百分一』（宮内庁宮内公文書館所蔵）
典侍部屋の間取り　右同
女官部屋便所・落し箱の図　『皇居造営録（典侍掌侍部屋）明治十八〜二十一年』（宮内庁宮内公文書館所蔵）
高倉寿子　『明治天皇写真歴史』　帝国軍人教育会　大正二年五月　日出通信社
高倉寿子の墓　筆者撮影
柳原愛子　『明治天皇写真歴史』　帝国軍人教育会　大正二年五月　日出通信社
園　祥子　『明治天皇写真歴史』　帝国軍人教育会　大正二年五月　日出通信社
税所敦子　『日本の後宮』　角田文衛著　昭和四十八年五月　學燈社
下田歌子　『下田歌子先生伝』　藤村善吉編　昭和十八年十月　故下田校長先生伝記編纂所

付録1

女官内規（明治二十五年）（宮内庁宮内公文書館所蔵）

第壱号　宮城女官定員内規
第弐号　宮城女官進官内則
第参号　宮城女官採用内規
第四号　宮城女官奉職心得書
第五号　東宮女官採用内規
第六号　東宮女官奉職心得書
第七号　後宮職員令
第八号　女官召名之事
第九号　尚侍ノ官ヲ置クコトノ絶エタル事
第拾号　親王御方ノ女中ノ事

宮城女官定員内規

一　典侍　　三人
一　権典侍　無定員
一　掌侍　　四人
一　権掌侍　無定員
一　命婦　　四人
一　権命婦　無定員

宮城女官進官内則

一　凡ソ女官ハ、権命婦以上ニ採用セラル、トキハ、先ヅ本官ノ候補トシ御雇ヲ以テ日常奉仕ノ事ヲ見習ハセ、進退動作ヲ試ムルモノトス。

一　凡ソ女官候補ノ御雇ハ、満六ヶ月ノ後本官ノ心得ヲ命ジ、勤仕満一ヶ年ヲ経過シ過失ナキモノハ本官ヲ命ズ。

一　凡ソ女官ハ、本官ヲ拝命セシヨリ満七ヶ年以上ヲ経過スルニアラザレバ、官ヲ進ムルコトヲ得ズ。
但シ、本文満期ヲ経過スト雖モ、欠員アルニアラザレバ、官ヲ進ムルコトヲ得ズ。

一　凡ソ女官ハ、満六十年ニ至レバ退職ヲ命ジ、終身恩給ヲ賜フ。
但シ、六十年以上ノモノト雖モ、特旨ヲ以テ留任セシムルコトアルベシ。

一　凡ソ女官ノ内、正官ノモノハ、交際掛ヲ命ズ。

宮城女官採用内規

一　典侍　権典侍　掌侍、権掌侍
旧堂上・旧諸侯華族子女ノ内ヨリ撰抜シ、採用スルモノトス。

【筆者注：以下楷書体部分は朱筆の書き込み、［　］内は割注】

前朝ニハ、典侍・掌侍ハ堂上ノ子女ヲ以テ之ニ任ズ。其採用ノ概略ヲ挙ゲレバ、左ノ如シ。

右大史三善亮信ノ記ニ云禁中女房ノ次第ハ典侍ヲ上臈ト称シ、華族［職原抄ニ中院、閑院、花山院、三家等華族也。清原秀賢ノ記ニ云典侍ヲ上臈ト号ス。赤青色ヲ着ケ、陪膳ニ候ス。上古ハ然ル可キ人ノ女、女御・更衣ト為ル〈中略〉］、羽林家等ヨリ召シ出サル［但シ、典侍ハ二位ノ納言ニ直任ノ家（直任トハ、二三位ノ中将ヨリ納言ニ直チニ任ズルヲ）（ニシテ、公卿ノ子女ニ限レリト云）ヲ云］。掌侍ヲ小上臈ト称シ、日野家、勧修寺家等ノ諸家ヨリ召出サル［秀賢ノ記ニ云、小上臈ハ、織物并ニ表着ヲ着ケル也。公達ノ女ハ勿論、諸大夫ノ公卿ノ孫或ハ小上臈ト為リ、或ハ中臈ト為ル也。父官ニ依ル可シ］。

一　御用掛女官
華士族ノ子女、又ハ寡婦ニシテ英仏ノ学ヲ修メ忠実ナル者ヲ選抜シテ、皇后陛下ノ通訳及交際ニ関スル事ヲ掌ラシム。

一　命婦　権命婦
旧官人及ビ旧社司ノ名家、又ハ現今ノ五位以上ノ良家ノ子女等ヲ選抜シ、採用スルモノトス。

前朝ニハ、命婦、女蔵人アリテ、命婦ヲ中臈トシ、女蔵人ヲ下臈［御下（オシモ）トモ云］トス。一ノ命婦ハ、必ラズ壬生官務ノ女ヲ以テ補任ス。尓余ハ女蔵人ヨリ撰任セリ。女蔵人［現今ノ権命婦ニ当リシ］ハ、官人ノ良家［外記、史ノ名家、又ハ六位蔵人、院蔵人トナル家ノ子女］、及ビ加茂、松尾、日吉、春日等ノ社司ノ名家ヨリ出仕セリ。大外記・清原秀賢［舟橋ノ先代］ノ記ニ云中臈是ヲ命婦ト号ス。諸大夫［職原抄ニ云諸大夫トハ、六條修理大夫ノ余流、南家、式家、菅（菅原）、江（大江）、及官史【筆者注：吏カ】、外記、医小森、陰陽幸徳井等諸大夫ノ一例也］之良家、又タ八幡ノ別当ノ［社僧ノ田中坊ナリ］女、凡ソ一切者多ハ中臈品也。下臈［女蔵人ヲ云］ハ、諸ノ侍ニ［職原抄ニ云五位、六位下、北面、又諸司ノ宮人是ナリ］、加茂［上下］、日吉ノ社司等女ハ皆ナ下臈、蔵人トス也。

一　女嬬　権女嬬

旧官人及旧社家ノ子女、又ハ宮内官史【筆者注：吏カ】等良家ノ子女ヲ撰抜シ、採用スルモノトス。

前朝ニハ、末ノ衆［現今ノ御膳掛ノ女嬬ナリ］、女嬬［現今ノ御道具掛ノ女嬬ナリ］、御物仕（オモノシ）［現今ノ御服掛ノ女嬬ナリ］ノ三役アリ、之ヲ総称シテ三中間ト云（末ノ衆ノ上座御下（オシモ）ノ下席ニ一、二、三ノ采女ト云女官アリ。儀式ノ陪膳役送ヲ奉仕セリ。又タ、刀自ト云女官アリ。内侍所ニ奉仕ス。是ヲ内侍所ノ采女ト称ス［内々御献ノ次第ニ云リ］。一ノ刀自［阿斎ト唱ヘ、必ズ行事官ノ家女ヲ以テ任ズ］ハ、一ノ采女ノ上座トス。尓餘ノ刀自ハ、末ノ衆ノ上席トス）。末ノ衆ハ、官位アル者ノ子女ヲ以テ之ニ補ス［御医并楽人ノ女ハ補任セラレズ］。女嬬ハ、官位アル輩及ビ口向侍分［執次中詰ノ使番ヲ云］等ノ子女ヲ以テ之ニ補任ス。御物仕ハ、官位ノ有無ニ拘ハラズ、侍分［口向、医楽人ヲ問ハズ］ノ女ニテ文筆、裁縫ニ巧ミナル者ヲ採用ス。

一　茶汲

旧官人、又ハ宮内官吏ノ内、良家ノ子女ニシテ十二歳以上ノ者ヲ以テ之ヲ採用ス。

前朝ニハ、官位アル者ノ女ヲ以テ之ニ充テ、末ノ衆、女嬬、欠員スルトキ、補任ス。

一　雑仕

士民ヲ問ハズ、家許正シク、善良ニシテ、宮内官吏ノ確実ナル保証アル者ヲ以テ採用スルモノトス。

前朝ニハ、櫃司中居トス。櫃司ハ、一ヲ供御ト号シ、一ヲ小屋々ト号ス。八瀬大原等ノ御領ノ富農ノ子女ヲ採用セリ。

宮城女官奉職心得書

凡ソ女官タル者ハ、形容端正［職原抄ノ文字ヲ用ユ］ニシテ忠実ヲ主トシ、和衷協同シテ勤務ニ服シ、内廷ノ事ハ総テ外洩スルコトヲ禁ズ。其職制服務ノ規定左ノ如シ。

尚侍［此官ニ任ズベキ人体ナキトキハ欠官トス］

一　天皇、皇后両陛下ニ常侍シ内事ヲ奏シ、内宣ヲ伝へ、総テ女官ヲ統理（令義解ノ文字ヲ用ユ）ス。

前朝ニハ、現任ノ人ナシ。大典侍ヲ女官ノ上首トシ、勾当内侍トヲ両頭ト称シ、女官ヲ総轄シ、奏請伝宣ヲ奉仕セリ。

典侍　権典侍

一　天皇、皇后両陛下ニ常侍昵近シ［令義解ノ文字ヲ用ユ］、天皇ノ服御、陪膳、御湯等奉仕シ、御前一切ノ事ヲ掌ル。典侍ハ、女官一般ノ勤惰行状ヲ監督ス。

前朝ニハ、典侍ヲ六人トス。大典侍ヲ正官トシ、爾余ハ権官トス。勤務此ノ條ニ同ジ。但シ、第一ヲ大典侍ト云ヒ、余ハ某ノ典侍ト唱フ。即チ、大典侍、新典侍、宰相典侍［此人ハ和宮御降嫁ノ時、随従セリ］、按察使典侍、新宰相典侍［後ニ、督典侍ト称ス。現今ノ二位局ナリ］、別当典侍［別当ノ称号ハ、大典侍ヲ経歴セシ人ニ限リ賜ハルノ例ナリ。然ルヲ誤リテ、当時若年ノ人ニ賜ハリシト云フ］トス。凡ソ典侍ノ新任ニハ、先ヅ御雇ニ召出サレ、称呼ヲ「お某」ト云フ。仮令バ、「お綱」、「お久万」ト呼ブノ類ナリ。

一　剣璽渡御ノトキ、典侍ハ剣璽ノ間ヨリ剣璽ヲ捧持シ、勅任侍従ニ伝フ［伝ノ字ハ旧式次第書ノ字ヲ用ユ］。典侍故障アルトキハ、掌侍之ニ代ル。

前朝ニハ、昼御座ノ御剣ハ四方拝ノトキ、勾当内侍ヨリ之ヲ極﨟ニ伝へ、近衛次将之ヲ執ル。又、年始諸礼等ニ清涼殿へ出御、御対面ノトキ、次将御剣ヲ持チ、蔵人御踞ニ候ス［但シ、近衛次将ハ、中将、小将ヲ指スナリ。兼日ニ当日ノ御剣、次将等ノ姓名ヲ折紙ニ記シ、天覧ニ供へ、御点ヲ受テ夫々へ相触レラルゝナリ］。惟タ、剣璽ハ必ズ内侍ノ職掌也。其儀ハ、勾当内侍ハ御剣ヲ捧持シ前行ス。御璽ハ、爾余ノ内侍捧持シ、御後ニ扈従ス。近衛次将ハ、内侍ヲ扶持スルノミ［扶持ノ意趣ハ、衣ノ裳飜シ、或ハ歩行難儀ノ時、之ヲ扶クルナリ」。内侍故障アルトキ、特ニ某典侍ニ当日ノ剣璽内侍ナルベキ之由仰出サル丶ナリ。

検案スルニ、内侍トハ元ト尚侍、典侍、掌侍ノ総称ナリ。剣璽内侍トアリテ、剣璽ノ掌侍ト称セラレズ。然ラバ、内侍トハ強チ掌侍ノ唱ヘニアラザル歟。

一　賢所、皇霊、神殿ノ御祭典ニ、皇后陛下御拝ノ儀アラセラレザルトキハ、典侍御代拝ヲ奉仕ス。典侍故障アルトキハ、掌侍、権掌侍之ニ代ル。

前朝ニハ、准后御方［今の皇太后陛下ナリ］ハ、正・五・九ノ三ヶ月ニ其ノ女房ヲ内侍所［賢所ヲ称ス］ニ御代参セシメ給フ。内侍所初旬［毎月一日］ノ御祭典ニハ、禁中ヨリ典侍、掌侍等ニ式服［五衣(イツツキヌ)］ヲ着シテ参リ、御祭儀ヲ奉仕セシメ給フ。［此ノ御祭典、現今ハ掌典ニテ奉仕セリ］且ツ、天皇ノ御代拝ヲ奉仕ス［現今、出御御拝アラセラレザルトキハ、侍従御代拝ヲ奉仕セリ］。天皇ハ、一ヶ月ニ一度［日限未定］出御、御拝アソバサレタリ。御拝ニハ［准后御方、供奉ノトキモアリ］典侍、掌侍、御児(チゴ)、御下(オシモ)等供奉セリ。

中旬［十一日］、下旬［二十一日］ノ両御祭典ハ、禁中ヨリ祭儀ヲ内侍所ノ刀自［現今ノ内掌典ナリ］ニ付(ツケ)ラレ、刀自之ヲ奉仕ス［現今ハ、掌典或ハ内掌典ニテ奉仕ス］。

日々ノ御代参ハ、禁中女房ノ内［月障リ浄後ノ人］ニテ輪番奉仕ス［現今ハ、侍従御代拝ヲ奉仕ス］。

皇霊ハ、御黒戸ニ於テ奉祀セラレタリ。但シ、歴代ノ御位牌等ハアラセラレズ、御守リ本尊ヲ安置セラル丶ノミ［此ハ仏説ニ依リ、其ノ天皇ノ御降誕ノトキ、諸寺中ニ仰セテ、守リ本尊ヲ奉ラサセラル丶ナリ］。

神殿ハ、神祇官代・吉田家ニテ奉仕ヲ勤仕セリ。此ハ、天正十八年三月十三日、卜部兼右奉勅、神楽岡ノ社内ニ遷シ奉ルト云フ。白川神祇伯家ニモアリ。

一　賢所へ御祈祷等仰出サル丶トキハ、典侍ヨリ直ニ内掌典［刀自ナリ］ヲ召シ伝宣ス。

此儀、前朝ニ於テモ亦同ジ。

一　皇后陛下ノ行啓ニハ、典侍陪乗ス。典侍故障アルトキハ、権典侍、掌侍之ニ代ル。

一　朝拝ノトキ、典侍ハ皇后陛下ニ扈従ス。

一　御内儀謁見所ニ於テ、皇后陛下ニ謁見スル者アルトキハ、典侍陪侍ス。典侍故障アルトキハ、掌侍、権掌侍之ニ代ル。

一　天皇、皇后両陛下ヨリ、御内儀ヲ経テ下賜アルトキハ、典侍之ヲ管理ス。又、御内儀ヲ経テ献上物等アルトキハ、典侍之ヲ執奏ス。典侍不参ノトキハ、権典侍又ハ掌侍、権掌侍之ニ代ル。
　前朝ニハ、大典侍、勾当内侍［長橋局ナリ］両頭ノ取扱トス。

一　皇族其他御由緒アル輩ニシテ、御内儀ヲ経テ両陛下ノ御機嫌ヲ伺フ者アルトキハ、典侍之ヲ執奏ス。典侍不参ノトキハ、権典侍之ニ代ル。
　前朝ニハ、勾当内侍ノ申次ナリ。

一　桐ノ間ニ於テ、皇后陛下ニ謁見者アルトキハ、典侍、掌侍、権掌侍之ニ扈従ス。

一　外国皇族及ビ各国公使等、宮中ニ於テ陪食ノ儀アリテ、皇后陛下臨御ノ節ハ、典侍ハ正・権掌侍、御用掛ノ女官等ト共ニ扈従シ、陪席ス。

一　御納戸金ハ、典侍之ヲ監督ス。其出納帳簿ノ事ハ、命婦ニ掌ラシメ、兼テ皇后宮大夫ノ検閲ヲ経ベキモノトス。
　前朝ニハ、御手許金ハ［即チ、御納戸金ヲ云ナリ］勾当内侍之ヲ統理シ、大乳人并御差ニ於テ其出納ヲ主任ス。

一　典侍ハ、候所ニ日記簿ヲ作リ、日常ノ御動止ヲ始メ、其主管ニ属スル一切ノ事ヲ注スベシ
　前朝ニハ、御湯殿ノ記又ハ勾当内侍ノ心覚書等ノ日記アリテ、恒例・臨時ノ諸儀其他、日常一切ノ事ヲ注記セリ。

掌侍　権掌侍

一　天皇、皇后両陛下ニ常侍シ、御膳ノ手長ヲ奉仕ス。又、日常、御前ノ庶務ヲ掌リ兼テ、皇后陛下ノ御服、陪膳、御湯等ニ奉仕ス。

一　剣璽渡御ノトキ典侍故障アレバ、一ノ掌侍［首座ヲ云フ。古言ヲ用ユ］之ニ代ル。
　前朝ニハ、掌侍ヲ四人トス。第一掌侍ヲ勾当内侍ト称ス。即チ、長橋局是ナリ。御内政ノ事ヲ専掌セリ。爾余ハ、何ノ掌侍ト唱フ。即チ、少将掌侍、右衛門（ヨモノ）掌侍、新内侍トス。新嘗祭儀ニ剣璽ノ内侍ヲ奉仕シ［現今、侍従之ヲ奉仕ス］、神嘉殿、御寝具ノ供進ヲ奉仕ス［現今、掌典奉仕セリ］。
　内侍奉仕ヲ摘要スレバ、左ノ如シ。

〈中略〉

一　賢所ヘ御祈祷等仰出サレシトキ、掌侍ハ内掌典ノ復奏ヲ申シ次グ。
　此ノ儀、前朝ニ於テモ亦同ジ。

一　皇后陛下ノ行啓ノ節、典侍、権典侍故障アルトキハ、掌侍陪乗ス。

一　朝拝ノトキ、掌侍、権掌侍ハ、皇后陛下ニ扈従ス。

一　皇后陛下ヨリ諸向へ御使アルトキハ、掌侍、権掌侍之ヲ勤ム。
前朝ニハ、内々ノ厳儀ニ属スル御使ハ、掌侍之ヲ奉仕ス。

一　皇子女ノ御式年祭ノ節、皇后陛下御代拝ハ、掌侍、権掌侍奉仕ス。

御用掛女官［正・権掌侍取扱］

一　外国人謁見ノトキ、皇后陛下ノ通訳ヲ掌ル。

一　外国皇族及ビ各国公使等、宮中ニ於テ御陪食、宴会等ノ節、皇后陛下臨御ノトキハ扈従シ陪席ス。

命婦　権命婦

一　正・権命婦ハ、正・権典侍及ビ正・権掌侍ノ指揮ヲ受ケ、日常御前向ニ関スル一切ノ雑務ヲ掌リ、御膳ノ役送ヲ奉仕ス。
前朝ニハ、命婦三人、女蔵人三人アリ。女蔵人ハ、現今ノ権命婦ニ当レリ。即チ、宮中ノ雑務ヲ奉仕セリ。命婦ノ第一ヲ伊予局ト称シ、御膳ノ役送ヲ奉仕シ、宮中ノ事務ヲ取リ扱フ。第二ノ命婦ハ、大乳人トス［当時、大乳人ハ、伊予局ノ叔母タルヲ以テ伊予局ノ上座ヲ特許セラルト云フ］。爾余ハ、単ニ国名ヲ以テ呼ビ、叙位ノ後ニ在ラザレバ命婦ト称スルヲ得ズ。即チ、大乳人、伊予局、越後ノ三人トス。

宮中ニテ、大典侍、長橋局［勾当内侍］、伊予局［一ノ命婦］ヲ顕職トス［大典侍ハ上卿ニ准ジ、長橋ハ蔵人頭ニ准ジ、伊予ハ極臈（六位蔵人ノ上首ヲ云フ）ニ准ズト云フ］。之ヲ後宮ノ三職ト唱フ。

一　命婦ハ、供御ノ時、進食［令義解ノ文字ヲ用ユ］ヲ検知シ、先嘗（オシツケ）［令義解ノ文字ヲ用ユ］ノ事ヲ勤ム。

一　命婦ハ、新嘗祭ニ陪膳後取ノ采女ヲ奉仕ス。
前朝ニ於テモ亦同ジ。

一　命婦ハ、典侍ノ指揮ヲ受ケ、御内儀諸般ノ事務ヲ処理ス。
此ノ儀、前朝ト異ナルナシ。

一　命婦ハ、御納戸金ノ出納ヲ掌リ、典侍ノ監督ヲ受ケ、皇后宮大夫ノ検閲ヲ経ルモノトス。
前朝ニ於テモ亦同ジ。

前朝ニハ、大乳人及ビ御差［御差乳ノ義ナリ。御和ヘ乳母ト云フガ如シ。然ルニ、乳ハ奉ラズ。奉乳者ハ、別ニ御乳持ト称シテアリ］、長橋局ノ指揮ニ依リ、金銀物品ノ出納ヲ専任ス［但シ、大乳人、御差ハ、御一代中ニ一人ノモノト限ラル故ニ、大乳人欠員トナレバ、其事務ハ伊予局之ヲ取扱フ］。□両女房ヲシテ金銀出納ニ関係セシム其由ハ、大乳人并御差ニ限リ寡婦ヲ採用スルヲ以テ本則トス。寡婦ハ嘗テ一家ヲ修メ、世故ヲ練習セルモノト見做シ、然スルナリト云フ。

御差ハ、天皇ノ御厠ニ供奉シ、尿矢ノ奉拭ヲ勤ム。又、御医拝診ノ導引ヲ掌リ、御薬ノ先嘗（オシツケ）ヲ奉仕ス。

女嬬　権女嬬

一　御膳、御道具、御服ノ三掛ニ分掌シ、正・権命婦ノ指揮ヲ受ケ、各掛ニ従事ス。

前朝ニハ、御膳掛ヲ末ノ衆ト称シ、六人トス（即チ、阿茶、阿嘉加、多登、梅、嘉加、勝トス［但シ阿茶ノ称号ヲ下サレテヨリ、十年勤続ノ労ニ依リ、特ニ国名ヲ推許セラレ、精好ノ袴ヲ着スト云フ］）。

御道具掛ヲ女嬬ト称シ、八人トス（即チ、茶阿、豊、滝、幾、八十、徳、久、初トス）。

御服掛ハ御物仕ト称シ、六人トス（即チ、右京大夫、新大夫、小大夫、三芳（芳野カ）、初瀬、高崎トス）。

一　御膳掛ノ女嬬ハ、大膳職造進［令義解ノ文字ヲ用ユ］ノ供御ノ飲膳［令義解ノ文字ヲ用ユ］ヲ台盤ニ伝供シ、及ビ御沙汰ノ庶味［令義解ノ文字ヲ用ユ］ヲ調和［文字同上］スル事ヲ掌ル。

前朝ニハ、御厨子所造進ノ儀式ノ供御及清所ニ於テ、調理スル御膳ヲ台盤ニ伝供スルヲ掌ル。

一　新嘗祭ニ只（タゞ）ノ［職原抄後附ノ文字ヲ用ユ］采女［陪膳後取ノ外ノ采女タルヲ云フ］ヲ奉仕ス。

前朝ト異ナルナシ。

一　御道具掛ノ女嬬ハ、御道具一切ヲ預リ、之ヲ出納シ、火燭［令義解ノ文字ヲ用ユ］ヲ供スル事ヲ掌ル。

前朝ニハ、奥向ノ諸布設、御道具并油炭ノ調度ヲ掌リ、新嘗祭ニ御殿ノ掌燈并闈司ヲ奉仕ス。

一　御服掛ノ女嬬ハ、御服一切ノ事ヲ掌ル。其掛中ニ御服、御物書（モノカキ）、表使ノ三役ヲ分掌ス［維新後、表使ヲ中使ト改称セラレタレドモ、表使ノ方然ルベキヤ］。

前朝ニ於テ、其ノ分掌亦同ジ。只、右京、新、小ノ三大夫ハ、長橋局ニ隷属シテ、諸目録并文書往復及ビ長橋局ヨリ発スル米、金、証券ニ裏書・署名ノ事ヲ掌ル（但シ、御物仕ハ、長橋局ノ家人ノ取扱ナリ）。

一　御服掛ハ、女工［令義解ノ文字ヲ用フ］一切ノ事ヲ務ム。

前朝ニ於テモ亦同ジ。

一　御物書ハ、御内儀ニ関スル書記一切ヲ掌ル。
前朝ニ於テモ亦同ジ。

一　表使ハ、命婦ノ指揮ヲ受ケ、侍医ノ召次ギヲ勤メ、賜物ノ綵帛［令義解ノ文字ヲ用ユ］及ビ器具等ノ調進ヲ皇后宮職ニ執達スル等ノコトヲ掌ル。
前朝ニハ、表方并ロ向ニ交渉スル事務ヲ掌ル任官、叙位ノ御礼等ヲ内々ヘ申次ヲ勤ム。

茶汲

一　命婦以上ノ女官ノ雑使トシ、女嬬勤務ノ試補トス。
前朝ニハ、御下以上ノ女房ニ召使ハレ、末衆及女嬬ニ補任ス。故ニ、席次ハ御服掛ノ上トス。

雑仕

一　女嬬ノ指揮ヲ受ケ、雑務ニ従事ス。
前朝ニハ、樋司、中居ノ四人アリ。現今ノ雑仕ニ当レリ。樋司ハ、御飯、薪炊ノ事ヲ掌リ［一人ヲ供御、一人ヲ小屋々ト呼ブ］、中居ハ末ノ衆ニ属シ雑事ヲ掌ル。
按ズルニ、前朝ハ禁中ト皇后御所トハ御別殿トシ、禁中ノ女房ハ典侍、掌侍、命婦、女蔵人、采女等ノ女官ニ補任ス。皇后宮ノ女房ハ、補任セラレズ、只ダ両局二人［首坐ヲ宣旨ト呼ブ。爾余ハ某小路ト唱フ］、小上臈二人、中臈二人、御乳一人、下臈四人、御年寄一人トシ、末ノ衆、女嬬、呉服所、茶汲等トス。准后女御ノ女中ハ、更ニ一格ヲ下シ取扱ハル。

東宮女官採用内規

上臈　小上臈

有爵ノ華族及各大臣ノ子女ヨリ撰抜シ、採用スルモノトス。
前朝ニハ、堂上ノ女ヲ以テ之ニ補ス。但シ、上臈ハ公卿以上ノ子女、小上臈ハ殿上人以上ノ子女ヲ採用ス。

中臈　下臈
旧官人及ビ旧社司ノ名家、又ハ現今六位以上ノ良家ノ子女ヲ選抜シ、採用スルモノトス。
前朝ニハ、命婦、女蔵人ニ出仕ノ家女ヲ採用ス。但シ、中臈ノ次席御乳人（御継代ノ后大乳人ト称ス）下臈ノ次席ニ御差等ノ女房アリ。

女嬬　権女嬬
旧官人及旧社家ノ子女、又ハ宮内官吏等良家ノ子女ヲ選抜シ、採用スルモノトス。
前朝ニハ、末ノ衆、女嬬、御物仕等ノ三役アルコト禁中ニ同ジ。

雑仕
士民ヲ問ハズ、家許正シク、善良ニシテ、宮内官吏ノ確実ナル保証アル者ヲ以テ採用スルモノトス。

東宮女官奉職心得書
凡ソ女官タル者、形容端正ニシテ、忠実ヲ主トシ、和衷共同シテ勤務ニ服スルコトヲ要ス。其職制服務ノ規定、左ノ如シ。

上臈［典侍ニ准ズ。清原秀賢ノ記ニ云、典侍、是ヲ上臈ト号ス］
一　皇太子同妃両殿下ニ常侍昵近シ、服御、陪膳、御湯等ニ奉仕シ、御側一切ノ事ヲ掌ル。一ノ上臈ハ、東宮女官一般ノ勤惰行状ヲ監督ス。
一　賢所、皇霊、神殿ノ祭典ニ妃殿下御拝ノ儀アラセラレザルトキ、御代拝ヲ奉仕ス。上臈、故障アルトキハ小上臈之ニ代ル。
一　妃殿下ノ御成ニハ［東宮ノ御息所ノ御出行ヲ、御成リト唱ヘシ慣例ニ依ル］、上臈陪乗ス。上臈故障アルトキハ小上臈之ニ代ル。
一　妃殿下ニ謁見スル者アルトキハ、上臈陪侍ス。上臈故障アルトキハ、小上臈之ニ代ル。
一　両殿下ヨリ御内儀ヲ経テ、天皇皇后両陛下ニ御献上物アルトキ、又ハ皇子女并皇族ヘ御贈進ノ事及ビ諸向ヘ下賜物アルトキ、上臈之ヲ管理ス。
一　天皇皇后両陛下ヨリ、御拝領物アルトキハ、上臈之ヲ上啓ス［啓ノ字、令義解ノ文字ヲ用ユ］。上臈不参ノトキハ、小上臈之ニ代ル。
一　皇族其他御由緒アル輩ニシテ、御内儀ヲ経テ両殿下ノ御機嫌ヲ伺者アルトキハ、上臈之ヲ上啓ス。上臈不参ノトキハ、小上臈之ニ代ル。
一　御納戸金ハ、上臈之ヲ監督ス。其出納帳簿ノ事ハ中臈ニ掌ラシメ、兼テ東宮大夫ノ検閲ヲ経ベキモノトス。
一　上臈ハ候所ニ日記簿ヲ作リ、日常ノ御動止ヲ始メ、其ノ主管ニ属スル一切ノ事ヲ注スベシ。

小上臈［掌侍ニ准ズ。掌侍ヲ小上臈ト号ス］
一　皇太子同妃両殿下ニ常侍シ、御膳ノ手長ヲ奉仕シ、又日常御側ノ庶務ヲ掌ル。
一　妃殿下御成ノ節、上臈故障アルトキハ小上臈陪乗ス。
一　妃殿下ヨリ諸向ヘ御使アルトキハ、小上臈之ヲ勤ム。

中臈［命婦ニ准ズ。中臈ヲ命婦ト号ス］
一　上臈ノ指揮ヲ受ケ、御内儀諸般ノ事務ヲ掌リ、御膳ノ役送ヲ奉仕ス。
一　中臈ハ供御ノ時、進食ヲ検知シ、先嘗（オシツケ）ノ事ヲ勤ム。
一　中臈ハ御納戸金ノ出納ヲ掌リ、上臈ノ監督ヲ受ケ、東宮大夫ノ検閲ヲ経ルモノトス。

下臈［権命婦ニ准ズ。下臈蔵人也］
一　上臈、小上臈ノ指揮ヲ受ケ、日常御側向ニ関スル一切ノ雑務ヲ掌リ、御膳ノ役送ヲ奉仕ス。

女嬬　権女嬬
一　御膳、御道具、御服ノ三掛ニ分掌シ、中臈ノ指揮ヲ受ケ、各掛ニ従事ス。

雑仕

一　女嬬ノ指揮ヲ受ケ、雑事ヲ勤務ス。

後宮職員令

内侍司

尚侍、二人。供奉、常侍、奏請、[〈割注略〉] 宣伝ヲ掌リ、女嬬ヲ [〈割注略〉] 検校ス。兼内外命婦ノ朝参及ビ禁内礼式ヲ [〈割注略〉] 知之事。

按ズルニ、政事要略云、「五位以上ノ婦人ヲ内命婦ト曰、五位以上ノ妻ハ外命婦ト曰也」トアリテ、延喜式ニ内命婦ハ一位十八人、二位十六人、三位十四人、四位十人、五位八人、六位以下四人ト云ヘリ。然ラバ、命婦ト称スルハ女房ノ総称ニシテ、近代ニ中臈ヲ命婦ト号スルノ義トハ異ナリ。

典侍、四人。尚侍ニ同ジク掌ル。准【筆者注：唯カ】奏請、宣伝ヲ得ズ。若シ尚侍無レバ、奏請、宣伝ヲ得ルナリ。

掌侍、四人。典侍ニ同ジ。唯、奏請、宣伝ヲ得ズ。

女嬬、一百人。

禁秘御鈔ニ、上古権典侍有リ [〈割注略〉]、掌侍六人（正四人、権二人）ト云。

此外ニ、蔵司、書司、薬司、兵司、闈司、殿司、掃司、水司、膳司、酒司、縫司アリ。皆、尚（カミ）、典（スケ）、掌（シャウ）ノ三等ニ分チ、各其職務ヲ掌ル。内侍司ヲ合セテ、後宮ノ十二司ト称ス。但シ、膳司ニハ女嬬ナシ、采女ヲ置カル。

按ズルニ、『令』ニ所謂命婦トハ女房ノ総称ニシテ、官名ニアラズ。後世ノ命婦ハ、官名ナリ。『令』以後ニ、命婦、女蔵人、又ハ得選（トクセン） [〈割注略〉] ヲ置カレタリ。御鈔ニ、得選ハ三人ト云。

女官召名之事

先朝輔任ノ女官召名、左ノ如シ。

一　典侍ノ部

大典侍［中山、後ニ三位ノ局タリ］、新中納言［勧修寺、後ニ大納言ノ局］、大夫典侍［葉室］、宰相典侍［庭田］、督典侍［広橋］、新典侍［坊条］、権典侍［中山、後ニ新宰相典侍。当御代ニ及ンデ督典侍ト称セラル。即チ、今ノ中山二位ノ局ナリ］、按察使典侍［甘露寺］、中将典侍［滋野井］、新典侍［綾小路］、新典侍［清水谷］、別当典侍［甘露寺。此ノ称号ハ、大典ヲ経タル人ニアラザレバ賜ハラザルナリ。然ルヲ先朝ニハ誤テ若年ノ人ニ賜ハリシナリト云］。

禁秘抄ニ典侍四人ナリ。禁中ニハ、小路名無シトアリ。

按ズルニ、小路名ハ仙洞、女院、后宮、東宮等ノ女房に定メラレ、禁中ニハ号ケザルヲ云ナリ。禁中ニテモ、隠居ノ女官ハ小路名ヲ賜ウナリ。御鈔ニ、又云フ小路名ノ事、一條、二條、三條、近衛、春日、是等ハ上ノ名也。大宮、京極、是等ハ中ノ名也。高倉、四條ナドハ小路ノ中ニモオトリタル也。中臈ノ「ナリアガリ」モ小路ノ名ガツク也ト。

一　掌侍ノ部

勾当内侍［梅園］、藤内侍［高松］、中将内侍［高野。後ニ勾当内侍。今の筑紫町ナリ］、少将内侍［今城］、右衛門内侍［堀河］、大夫内侍［豊岡。今ノ室町ナリ］、小式部［山本］、源内侍［千種］。

禁秘鈔ニ、掌侍六人［正四人、権二人］トアリ。

右、召名ノ外ニハ、

光格天皇ノ御宇ニ民部卿典侍、小侍従掌侍、仁孝天皇ノ御宇ニ馬内侍等ノ称アリ。

禁秘鈔ニ云ウ召名ハ、按察、大進、少進、大貳、小貳、小弁、左衛門、少将ノ類ナリ。

伝聞ニハ、猶少納言内侍、菖蒲内侍、侍従内侍、小少将内侍、弁内侍等ノ称号許多アリ。

按ズルニ、大典侍、勾当内侍ハ、各第一ノ称号ナリ。尓餘ハ、座次ニ依リテ称号ノ異同ハ生ゼズ。然レドモ、数度改称セラル、コトモアリ、其ノ一二ノ例ヲ挙グレバ、

光格天皇ノ御宇ニ新典侍［勧修寺］、宰相典侍、大夫典侍、権中納言典侍［後ニ三位ノ局］。

仁孝天皇ノ御宇ニ権典侍［正親町］、宰相典侍［三位ノ局、隠居後ハ］藤大納言ト称ス。

但シ新典侍、新内侍ナドハ、始テ本官ニ輔任ノ人ニ称スルナリ。

一　命婦ノ部
伊予［壬生］、大乳人［押小路］、越後［鴨脚。始メ女蔵人］。命婦ハ、国名ヲ称シ、中臈ト号ス。

按ズルニ、中臈ノ「ナリアガリ」ノ内侍ハ猶ホ国名を称セリ。其例ヲ挙グレバ、三善俊衡ノ女ハ播磨内侍ト号セシ類ナリ。

但シ、「ナリアガリ」ニテモ、公卿ノ猶子トナレバ、召名ヲ称スルヲ得ルト云。其例ヲ挙グレバ、泰重敦ノ女ハ岩倉大納言乗具ノ猶子トナリテ、右衛門佐局ト号セシナリ。現今ノ女官ニ、華族ハ二字号、士族ハ一字号ヲ用ヒラル、モ、此等ニ起因スルナランカ。

一　女蔵人ノ部
伊賀［東］、因幡［梨木］、能登［鴨脚］、加賀［東］、丹波［西］。

女蔵人ハ下臈ト号ク。皆候ヒ名ヲ称スル也。国名ニ及バズ。

按ズルニ、候名トハ、久、亀、鶴、ナド也ト御鈔ニ注セリ。然ラバ、下臈ノ国名ヲ称スルハ近代ノ事ト見ユ。

尚侍ノ官ヲ置クコトノ絶タル事
禁秘鈔ニ云尚侍、是大略更衣ニ准ズベシ。近代、絶畢。
按ズルニ、此ノ御鈔ニ依リテ、之ヲ観レバ建暦以前ニ既ニ絶畢ル歟。蓋シ後朱雀ノ皇后藤原嬉子始メ尚侍ニ補セラル。其後、尚侍現補ノ人ヲ聞カズ。然則チ順徳帝、所謂近代トハ後朱雀ノ頃ヲ指シ定メラル、歟。
又、按ズルニ、妃、夫人、嬪、更衣等ノ名称モ冷泉帝ノ頃ヨリ旧記ニ見エズ、サレバ同帝以後ハ内侍司ノ女房ヲ以テ侍御ニ充テサセラレシナラン歟。後三條帝ニ、侍従ノ内侍ト云アリ。白河帝ニ、典侍藤原綏子ト云アリ。則侍御ノ女房ナリ。

一　**親王御方女中**
一　上臈［高松ト称ス］
右、奉仕ノ人ハ、皇后宮上臈出仕ノ家格ニ同ジ。

一　御乳人

一　御小姓

右、奉仕ノ人ハ、皇后宮下臈出仕ノ家格ニ同ジ。

但シ、親王ノ御小姓ハ東宮立坊ノ日、下臈［御下（オシモ）ト称ス］ニ転補ス。践祚ノトキ、女蔵人ニ補ス。

一　**准后女御ノ女中**

一　上臈、三人［呼称ハ於某ト云。下之ニ同ジ。当時ハ八百（ヤヲ）、五百（イヲ）、菊ノ三人ナリ］。

右、奉仕ノ人ハ、皇后宮上臈出仕ノ家格ニ同ジ。

但シ、上臈ハ立后ノ日、皇后宮ノ小上臈ニ遷補ス［若シ、上臈出仕ノ里方ガ皇后宮上臈ニ出仕ノ家格ナレバ、皇后宮ノ両局ニ遷補スルコトヲ得］。

一　中臈四人［当時ハ、須賀、満寿（マス）、志津、喜多ノ四人ナリ］。

右、奉仕ノ人ハ、禁中女蔵人出仕ノ家格ニ同ジ。

但シ、中臈ハ立后ノ日、皇后宮ノ下臈ニ遷補ス［但シ、出仕ノ家筋ニ依リ、中臈ニモ遷補ス］。

一　御乳人［当時ハ、大貳ナリ］

一　御年寄一人［当時藤坂ナリ］

右、奉仕ノ人ハ、皇后宮御年寄出仕ノ家格ニ同ジ

一　御小姓二人［当時ハ、駒（コマ）、言（コト）ノ二人ナリ］

右、奉仕ノ人ハ、官人中名家并社司等ノ女ヲ以テ之ニ補ス。

但シ御小姓ハ禁中ノ御差又ハ皇后宮ノ御年寄ニ遷補スルヲ得［若シ遷補スベキ現在ノ地位ナキトキハ年功ノモノハ隠居願ヲ得。御奉公ノ年功浅キモノハ其職ヲ免ゼラル。末ノ衆ニ退補ヲ願フモノハ聞届ラル。其退補ヲ乞フト乞ハザルトハ其出仕ノ家格ニ依ル］

御小姓転補、依願免、退補ノ近例ヲ挙グレバ

孝明天皇ノ准后［英照皇太后ノ御事］ノ御小姓言（コト）、三上文子ハ、禁中御差ニ転補シ、駒（コマ）、堀川武子ハ、皇后宮ノ御年寄ニ転補セリ。　今上ノ女御立后ノ日、御小姓駒（コマ）、三善稲子ハ依願免ナリ。言（コト）、入谷富志子ハ末ノ衆ニ退補ヲ願ヒ

タリ。

一　三ノ間［御膳掛、御道具掛、呉服所ノ三職ヲ云ウ］
右、奉仕ノ人ハ、皇后宮ニ仲間出仕ノ家格ニ同ジ。

右壱本出処　皇后宮職

付録2

女官内賜金規程（宮内庁宮内公文書館所蔵）

明治三十年五月三十日決済　調査課稟議

女官退官又ハ死亡ノ節、特ニ給与可相成特別賜金之義ハ曩ニ女官恩給例改正之際、別ニ内規トシテ定メラルベシトノ理由ヲ以テ削除相成候ニ就テハ、此ノ際左案ノ通内規御定メ可相成哉仰高裁候也。

追テ施行手続ノ義ハ、女官退官又ハ死亡ノトキハ、其ノ部局ノ通牒ニ依リ、内事課ニ於テ内規ニ照シ取調上申シ、金員ハ内蔵寮ニ於テ贈賜金中ヨリ支出シ、之ヲ皇后宮職ニ回付シテ、同大夫ヨリ伝達候事ニ致可然哉。

女官内賜金規程

女官退官又ハ死亡スルトキハ、女官恩給例ニ依リ、恩給若クハ退官賜金、又ハ死亡賜金ヲ給セラル、ノ外、特ニ給与セラル、内賜金ハ此ノ規程ノ定ムル所ニ依ル。

一　退官スルトキハ、其ノ在官中勤労ノ多少ヲ斟酌シ、別表ノ割合ヲ以テ慰労金ヲ定ム。但、其ノ勤労顕著ナル者、又ハ特別ノ事情アル者ニハ詮議ノ上、其ノ相当額ヨリ一級上スコトアルベシ。

一　在官中死亡スル者ニ給スベキ祭祀料ハ、前項慰労金ノ割合ニ依ル。

一　出仕及ビ内掌典、権内掌典ハ、総テ女官ニ比準シテ之ヲ定ムルモノトス。

一　恩給ヲ受クル者、死亡シタルトキ給スベキ祭祀料ハ、恩給年額十分ノ一トス。

一　御用掛、勤務、雑仕、等外出仕、雇退職、又ハ死亡ノ際、其ノ勤労ニ拠リ、特ニ手当金ヲ給スベキモノアルトキハ、女官ニ超過セザル程度ニ於テ、其ノ金額ヲ定ムルモノトス。

女官内賜金表

官名 年数	尚侍	典侍	権典侍	掌侍	権掌侍	命婦	権命婦	女嬬	権女嬬	雑仕
五年未満	百円以内	七十円以内	六十円以内	五十円以内	四十円以内	三十円以内	二十五円以内	十五円以内	十円以内	五円以内
五年以上十年未満	二百円〃	百五十円〃	百二十五円〃	百円〃	七十五円〃	五十円〃	四十円〃	二十円〃	十五円〃	十円〃
十年〃十五年〃	四百円〃	三百円〃	二百五十円〃	二百円〃	百五十円〃	百円〃	八十円〃	四十円〃	三十円〃	二十円〃
十五年〃二十年〃	六百円〃	四百五十円〃	三百七十五円〃	三百円〃	二百廿五円〃	百五十円〃	百二十円〃	六十円〃	四十五円〃	三十円〃
二十年〃二十五年〃	八百円〃	六百円〃	五百円〃	四百円〃	三百円〃	二百円〃	百六十円〃	八十円〃	六十円〃	四十円〃
二十五年〃三十年〃	千円〃	七百五十円〃	六百廿五円〃	五百円〃	三百七十五円〃	二百五十円〃	二百円〃	百円〃	七十五円〃	五十円〃
三十年〃三十五年〃	千二百円〃	九百円〃	七百五十円〃	六百円〃	四百五十円〃	三百円〃	二百四十円〃	百二十円〃	九十円〃	六十円〃
三十五年〃四十年〃	千四百円〃	千五十円〃	八百七十五円〃	七百円〃	五百廿五円〃	三百五十円〃	二百八十円〃	百四十円〃	百五円〃	七十円〃
四十年〃四十五年〃	千六百円〃	千二百円〃	千円〃	八百円〃	六百円〃	四百円〃	三百二十円〃	百六十円〃	百二十円〃	八十円〃
四十五年〃五十年〃	千八百円〃	千三百五十円〃	千百廿五円〃	九百円〃	六百七十五円〃	四百五十円〃	三百六十円〃	百八十円〃	百三十五円〃	九十円〃
五十年〃五十五年〃	二千円〃	千五百円〃	千二百五十円〃	千円〃	七百五十円〃	五百円〃	四百円〃	二百円〃	百五十円〃	百円〃
五十五年〃六十年〃	二千二百円〃	千六百五十円〃	千三百七十五円〃	千百円〃	八百廿五円〃	五百五十円〃	四百四十円〃	二百二十円〃	百六十五円〃	百十円〃

［筆者注］
明治三十年前後の物価・月俸等の例を以下に掲げる。
・大阪朝日新聞一ヶ月購読料　三十三銭（明治三十年）
・高等文官初任給月俸　五十円（明治二十七年）
・銀行員初任給月俸　三十五円（明治三十一年）
・新聞記者月俸　十二〜二十五円（明治二十七年）

付録3　明治時代女官任官状況

源掌侍 千種芳子 （20）	小式部掌侍 山本釥子 （16）	大輔掌侍 豊岡穆子 （24）	勾當掌侍 花園総子 （20）		按察使典侍 甘露寺尚子 （28）	宰相典侍 庭田嗣子 （46）	帥典侍 広橋静子 （46）	大典侍 中山績子 （72）	慶応二年 （1866）
				今参典侍 清水谷豊子 （19）	新典侍 綾小路長子 （19）	中将典侍 滋野井在子 （20）	新宰相（典侍） 中山慶子 （32）	督典侍 中御門良子 （25）	
	新掌侍 唐橋貞子 （17）	二掌侍 植松務子 （28）	勾當掌侍 花園総子 （23）		新典侍 橋本夏子 （14）	三典侍 葉室光子 （18）	二典侍 四辻清子 （30）	大典侍 広橋静子 （49）	明治二年 （1869）
権掌侍 小倉輔子 （23）	権掌侍 唐橋貞子 （19）	権掌侍 花園総子 （25）	掌侍 植松務子 （30）	権典侍 橋本夏子 （16）	権典侍 葉室光子 （20）	権典侍 四辻清子 （32）	典侍 高野房子 （49）	典侍 広橋静子 （51）	明治四年 （1871）
権掌侍 慈光寺演子 （19）	権掌侍 千種任子 （17）	権掌侍 吉野文子 （20）	掌侍 細井秋子 （20）	権典侍 中御門斎子 （15）	権典侍 植松治子 （22）	権典侍 高倉寿子 （32）			
		権掌侍 唐橋貞子 （20）	掌侍 植松務子 （31）	権典侍 橋本夏子 （17）	権典侍 葉室光子 （21）	権典侍 四辻清子 （33）			明治五年 （1872）
権掌侍 柳原愛子 （17）	権掌侍 千種任子 （18）	権掌侍 吉野文子 （21）	掌侍 細井秋子 （21）			権典侍 高倉寿子 （33）			
権掌侍 唐橋貞子 （22）	権掌侍 西定子 （59）	掌侍 細井秋子 （22）	権典侍 柳原愛子 （18）	権典侍 植松務子 （32）	権典侍 橋本夏子 （18）	権典侍 葉室光子 （22）	典侍 高倉寿子 （34）	典侍 四辻清子 （34）	明治六年 （1873）
権掌侍 吉野文子 （22）	権掌侍 石山輝子 （不詳）								
権掌侍 千種任子 （23）	権掌侍 唐橋貞子 （26）	掌侍 細井秋子 （26）			権典侍 柳原愛子 （22）	権典侍 植松務子 （36）	典侍 高倉寿子 （38）	典侍 四辻清子 （38）	明治十年 （1877）
権掌侍 樹下範子 （35）	権掌侍 吉野文子 （26）								
権掌侍 税所敦子 （62）	掌侍 山川操 （35）	掌侍 樹下範子 （45）	掌侍 細井秋子 （36）	権典侍 小倉文子 （38）	権典侍 千種任子 （33）	権典侍 柳原愛子 （32）	典侍 高倉寿子 （48）	典侍 室町清子 （48）	明治二十年 （1887）
権掌侍 吉田鉦子 （24）	権掌侍 津守好子 （不詳）	権掌侍 藪嘉根子 （不詳）	権掌侍 姉小路良子 （31）	権典侍 園祥子 （20）					
権掌侍 鴨脚頼子 （不詳）	権掌侍 税所敦子 （72）	掌侍 山川操 （45）	掌侍 細井秋子 （46）	権典侍 小倉文子 （48）	権典侍 千種任子 （43）	権典侍 柳原愛子 （42）	典侍 高倉寿子 （58）	典侍 室町清子 （58）	明治三十年 （1897）
権掌侍 北島以登子 （45）	権掌侍 吉田鉦子 （34）	権掌侍 津守好子 （不詳）	権掌侍 姉小路良子 （41）	権典侍 園祥子 （30）					
権掌侍 藪嘉根子 （不詳）	掌侍取扱 豊岡穆子 （65）	掌侍取扱 樹下範子 （64）	掌侍 小池三千子 （不詳）	権典侍 園祥子 （40）	権典侍 小倉文子 （58）	権典侍 千種任子 （53）	典侍 柳原愛子 （52）	典侍 高倉寿子 （68）	明治四十年 （1907）
権掌侍 粟田口綾子 （不詳）	掌侍取扱 香川志保子 （不詳）	掌侍取扱 山川操 （55）	掌侍取扱 北島以登子 （55）	権典侍取扱 山井栄子 （75）	権典侍 今園文子 （不詳）	権典侍 姉小路良子 （51）			
権掌侍 日野西薫子 （不詳）	権掌侍 粟田口綾子 （不詳）	権掌侍 津守好子 （不詳）	掌侍 吉田鉦子 （51）	掌侍 藪嘉根子 （不詳）		権典侍 姉小路良子 （58）	典侍 小倉文子 （65）	典侍 高倉寿子 （75）	大正三年 （1914） ※大宮御所

*註：諸史料の人名及び年齢の記述の違いや誤りに鑑み、筆者の推察によって補正した。
（例）藤原忠子→高倉忠子→高倉寿子、持明院治子→植松治子、賀茂応子→鳥居大路応子、源務子→植松務子

付録3　明治時代女官任官状況

＊内女房（天皇付女官）のみ記載			命婦 東村子 （57）	命婦 鴨脚克子 （51）	命婦 鴨脚昭子 （67）	命婦 壬生広子 （19）	命婦 押小路甫子 （59）
明治2年10月12日女官制度改革			二命婦 樹下範子 （27）	二命婦 梨木持子 （51）	一命婦 鴨脚克子 （54）	一命婦 鴨脚昭子 （70）	一命婦 壬生広子 （22）
明治4年8月22日女官制度改革 天皇付女官→	権命婦 三上文子 （37）	権命婦 鳥居大路応子 （23）	権命婦 松室恒子 （27）	命婦 樹下範子 （29）	命婦 梨木持子 （53）	命婦 鴨脚克子 （56）	命婦 壬生広子 （24）
皇后付女官→		権命婦 中東成子 （不詳）	権命婦 藤島正子 （28）	権命婦 吉田祥子 （22）	権命婦 堀川武子 （37）	命婦 西西子 （22）	命婦 慈光寺延子 （不詳）
明治5年4月24日女官制度改革 天皇付女官→	権命婦 三上文子 （38）	権命婦 鳥居大路応子 （24）	権命婦 松室恒子 （28）	権命婦 樹下範子 （30）	命婦 壬生広子 （25）	命婦 鴨脚克子 （57）	命婦 梨木持子 （54）
皇后付女房→	権命婦 幸徳井延子 （25）	権命婦 中東成子 （不詳）	権命婦 藤島正子 （29）	権命婦 吉田祥子 （23）	権命婦 堀川武子 （38）	権命婦 西西子 （23）	
明治6年2月20日女官制度改革 （天皇・皇后各付女官の一本化） 明6年9月23日、葉室光子他界。 明6年11月14日、橋本夏子他界。	権命婦 三上文子 （39）	権命婦 鳥居大路応子 （25）	権命婦 松室恒子 （29）	命婦 堀川武子 （39）	命婦 樹下範子 （31）	命婦 壬生広子 （26）	権掌侍 千種任子 （19）
					命婦 鴨脚頼子 （不詳）	命婦 西西子 （24）	
	権命婦 三上文子 （43）	権命婦 鳥居大路応子 （29）	権命婦 松室恒子 （33）	命婦 堀川武子 （43）	命婦 西西子 （28）	命婦 壬生広子 （30）	権掌侍 石山輝子 （不詳）
						命婦 鴨脚頼子 （不詳）	権掌侍 税所敦子 （52）
明17年、四辻清子、室町に改姓。	権命婦 中東明子 （不詳）	権命婦 生源寺政子 （不詳）	権命婦 藤島朝子 （不詳）	命婦 堀川武子 （53）	命婦 西西子 （38）	命婦 壬生広子 （40）	権掌侍 鴨脚頼子 （不詳）
	権命婦 樹下定江 （18）	権命婦 生源寺伊佐雄 （24）	権命婦 平田三枝 （不詳）		命婦 松室伊子 （不詳）	命婦 鳥居大路信子 （不詳）	権掌侍 北島以登子 （35）
明32年2月4日、税所敦子他界。 明35年1月10日、室町清子他界。	権命婦 中東明子 （不詳）	権命婦 生源寺政子 （不詳）	権命婦 藤島朝子 （不詳）	命婦 堀川武子 （63）	命婦 西西子 （48）	命婦 小槻広子 （不詳）	権掌侍 薮嘉根子 （不詳）
	権命婦 樹下定江 （28）	権命婦 生源寺伊佐雄 （34）	権命婦 平田三枝 （不詳）		命婦 松室伊子 （不詳）	命婦 鳥居大路信子 （不詳）	
	権命婦 大東登代子 （不詳）	権命婦 樹下定江 （38）	権命婦 生源寺伊佐雄 （44）	権命婦 平田三枝 （不詳）	命婦 西西子 （58）	権掌侍 吉田鉦子 （44）	権掌侍 津守好子 （不詳）
	権命婦 鴨脚鎮子 （不詳）	権命婦 樹下巻子 （不詳）	権命婦 藤島竹子 （不詳）			権掌侍 六角章子 （不詳）	権掌侍 日野西薫子 （不詳）
大正3年4月11日、皇太后崩御。	権命婦 蒔島朝子 （不詳）	権命婦 藤島竹子 （不詳）	命婦 樹下定江 （45）	命婦 生源寺伊佐雄 （51）	命婦 平田三枝 （不詳）	命婦 西西子 （65）	権掌侍 久世三千子 （22）

＊出典：『女官録』、『進退録・女官ノ部』、『禁中女房補略』『重要雑録・皇后宮職』（宮内公文書館）、『官員録』、『太政官日誌』（国立国会図書館）、『明治天皇紀』、『幕末の宮廷』（下橋敬長著）

著者紹介

扇子　忠（せんす　ただし）

1940年、京都市生れ。立教大学法学部卒業。

［主要著書］

『皇室の饗宴とボンボニエール』（思文閣出版）、『弱者だから勝てる―「伝説の営業マン」と呼ばれて』（三一書房）、『皇室のボンボニエール』（阿部出版）、『錦絵が語る天皇の姿』（遊子館）、『明治の女官長・高倉寿子』（叢文社）、『実録・転職物語』（青松書院）ほか。

平成26年（2014）10月30日　初版発行
平成30年（2018）4月25日　新装版 初版発行

《検印省略》

明治の宮廷と女官【新装版】

著　者　扇子　忠
発行者　宮田哲男
発行所　株式会社 雄山閣
東京都千代田区富士見2-6-9
TEL　03-3262-3231 / FAX　03-3262-6938
URL　http: //www.yuzankaku.co.jp
e-mail　info@yuzankaku.co.jp
振　替：00130-5-1685
印刷・製本　株式会社 ティーケー出版印刷

©Tadashi Sensu 2018
Printed in Japan

ISBN978-4-639-02577-1 C0021
N.D.C.210　269p　22cm